BUONGIORNO ITALIA!

COURSE WRITER

Joseph Cremona MA PhD
Fellow of Trinity Hall and Lecturer in
Romance Philology, University of Cambridge

LANGUAGE ASSISTANT
Tiziana Andreis

RADIO PRODUCER
Alan Wilding

TELEVISION PRODUCER
Maddalena Fagandini

BRITISH BROADCASTING CORPORATION

Distributed by

EMC PUBLISHING
300 YORK AVENUE
SAINT PAUL, MINNESOTA 55101

Cover illustration front: Palladio's Rotonda (*left*) Cathedral, Orvieto
(*right*) Isola Bella, Lake Maggiore (*below*) *Back:* Venice

Published to accompany a series of programmes in consultation
with the BBC Continuing Education Advisory Council

© The Author and the British Broadcasting Corporation 1982
First published 1982. Reprinted 1982, 1983, 1984 (twice)
Published by the British Broadcasting Corporation
35 Marylebone High Street, London W1M 4AA
ISBN 0 563 16479 4

This book is set in 10/11 Ehrhardt Monophoto and
printed in England by Jolly & Barber Ltd, Rugby
Cover printed by Belmont Press, Northampton
Bound by Mackays of Chatham Ltd

CONTENTS

INTRODUCTION

The course

Buongiorno Italia! is a course for beginners in Italian. It is based entirely on conversations and interviews with Italians filmed and recorded on location in Italy.

The aim of the course is to get you to understand and to use simple colloquial Italian. You'll be able to cope with situations like buying things, asking the way, making travel arrangements, or ordering a meal, and you'll also learn the language needed for telling people something about yourself, for talking about your family and work, and for exchanging views and information generally.

The programmes

There will be 20 programmes on television and 20 on radio, covering the same basic language each week. In them you'll see and hear Italian people going about their daily lives and talking about themselves.

For television we filmed in Stresa, which is on Lake Maggiore in Northern Italy, and also in Orvieto, in Central Italy. The programmes will include conversations illustrating the language we want you to learn to use as well as documentary film showing different aspects of Italian life.

Gianna Andreoli

Maddalena Ceino

For the radio programmes we went to Orvieto and to Vicenza, in the region of Veneto. The recordings made will form the core of each programme, and there'll be explanations, quizzes and exercises so that you'll have a chance to practise aloud what you've learnt. Gianna Andreoli was our interviewer in Vicenza; Maddalena Ceino and Walter Cerrone helped us in Orvieto.

The book

Each chapter contains: the texts of conversations and interviews included in the television and radio programmes; explanations and notes on the language; information about Italy; plenty of exercises. There are also sets of reading passages based on the documentary content of the television programmes and, at the back of the book, a reference section with a short grammar, a pronunciation guide, a key to the exercises and a glossary.

Cassettes and records

The accompanying cassettes, or LP records, contain pronunciation practice, a selection of the conversations printed in this book and exercises for you to take part in. By using these regularly you should become thoroughly familiar with the basic course material and with the sound and rhythm of the language.

Teachers' Notes

The Teachers' Notes are intended mainly for tutors running adult courses linked to *Buongiorno Italia!*, though all teachers of Italian should find them useful. They contain suggestions on how the basic course can be expanded, by means of various activities and class practice, into a weekly two-hour evening class.

Using the course

The course has been designed for people studying at home on their own, so a couple of hints on learning a foreign language may be useful: don't try to learn everything all at once, but keep at it, doing a little at a time, as often as possible. It's better to spend half an hour a day with the course than do one mammoth session a week, and if at first you find that you can't say or understand very much, don't worry, it's quite normal! With patience and above all persistence you'll find yourself remembering and understanding more and more, and so you'll be able to speak more. But the best way to learn to speak a language is through practice, so try getting together with people who are learning and, if possible, join an evening class.

For those who want to continue with their Italian, a 2nd year course on BBC Radio, *L'Italia dal Vivo*, has been made to follow *Buongiorno Italia!*

1 BUONGIORNO!

HOW TO ASK FOR SOMETHING

> Each chapter starts with a series of texts. These are conversations, interviews and scenes from daily life recorded in Italy for the television and radio programmes. They are meant to illustrate the basic structures and vocabulary of Italian. You'll need to look some of the words up in the glossary at the back of the book, but the texts are followed by translations of the less obvious phrases. Between some of the texts you'll find brief notes aimed to help you build up your Italian bit by bit.

RADIO   1

On the terrace of a café in Vicenza, Gianna and a friend ask the waitress for a black coffee and a cappuccino.

Cameriera   Buongiorno. Prego?
Gianna   Buongiorno. Un caffè e un cappuccino.
Cameriera   Allora, un caffè e un cappuccino. Va bene.
Gianna   Grazie.

buongiorno!   *good morning!, good afternoon!*
prego?   *what would you like?*
allora   *so, right then*
va bene   *fine*

> To ask for something in a café you can simply name it:
> **un caffè e un cappuccino**
>
> To thank people, say: **grazie**

RADIO   2

In Orvieto, Maddalena drops into a bar for a mid-morning coffee and a pastry. She goes to the cashier first.

Maddalena   Buongiorno.
Cassiere   Buongiorno.
Maddalena   Una pasta e un cappuccino.
Cassiere   Una pasta e un cappuccino . . . settecento. (*she pays*) Grazie.
    (*Maddalena goes to the counter, helps herself to a pastry and asks the barman for a coffee*)
Maddalena   Scusi, un cappuccino . . .
Barman   Va bene. (*passing her the sugar*) Ecco lo zucchero.

> To attract someone's attention say: **scusi**
> To say please: **per favore**

Nearer lunchtime, Gianna asks the owner of a little local bar for a glass of white wine.

Signora	Buongiorno.
Gianna	Buongiorno. Un bicchiere di vino, per favore.
Signora	Bianco o rosso?
Gianna	Bianco. *(the wine is poured)* Grazie.
Signora	Prego. Centocinquanta.
Gianna	*(paying)* Cento . . . cinquanta.
Signora	Grazie.

prego   *that's all right, not at all*

Mr and Mrs Sala go to their favourite **bar-ristorante** in Someraro, a small village above Stresa, for a coffee and a glass of white wine. The owner, Maria Cardini, attends to them.

Maria	Buongiorno.
Sig. Sala	Buongiorno, signora.
Sig.ra Sala	Buongiorno.
Maria	Desidera?
Sig.ra Sala	Un cappuccino, per favore.
Maria	*(to Mr Sala)* E lei?
Sig. Sala	Un bicchiere di vino.
Maria	Bianco o rosso?
Sig. Sala	Bianco.
Maria	Va bene. Grazie.
	(She returns with the coffee and wine)
Sig. Sala	Grazie, signora.
Maria	Prego.

desidera?   *what would you like?*
e lei?   *and for you?*

While waiting for a train, Walter and a friend go to the station buffet for a beer and an orange squash.

Cassiere	Buonasera. Dica.
Walter	Buonasera. Una birra e un'aranciata.
Cassiere	Sì. Novecento.
Walter	*(paying)* Grazie. *(goes to the counter)* Per favore, una birra e un'aranciata.
Barman	Subito.

dica   *yes?, what can I do for you?*
subito   *right away*

A visit to the zoo in Stresa can be quite tiring. Mariella, her daughter Paola and son Mario go to the café for a tea with milk, a non-alcoholic aperitif and a beer.

Cameriera	Buongiorno, signori.
Mariella	Buongiorno.

Cameriera	Desiderano?
Mariella	Un tè, per favore.
Cameriera	Al latte o limone?
Mariella	Latte.
Cameriera	Latte. *(to Paola)* La signorina?
Paola	Un bitter analcolico.
Cameriera	*(to Mario)* Il signore?
Mario	Una birra, grazie.
Cameriera	Una birra. Benissimo.
	(She returns with the drinks)
Mario	Grazie.

desiderano?	*what would you like?*
al latte o limone?	*with milk or lemon?*
benissimo	*certainly, right*

The most convenient place for making a phone call is often a bar, **un bar**, or café, **un caffè**, whether you're having a drink or not. After ordering for herself and a friend, Gianna asks the barman if they've got a phone.

Barman	Buongiorno, signora.
Gianna	Buongiorno.
Barman	Desidera?
Gianna	Un cappuccino e una birra.
Barman	Un cappuccino e una birra? Va bene.
Gianna	Scusi, c'è un telefono qui?
Barman	Telefono? Sì, là in fondo.
Gianna	Grazie.
Barman	Prego.

c'è un telefono qui?	*is there a phone here?*
là in fondo	*down there, at the end.*

This time Gianna asks for the toilet.

Gianna	Buongiorno.
Barman	Buongiorno.
Gianna	Un caffè, per favore.
Barman	Sì.
Gianna	C'è una toilette, per favore?
Barman	Sì, è lì.
Gianna	Grazie.
Barman	Prego.

è lì   *it's (over) there*

To ask if there's a phone you can use:
scusi, c'è un telefono (qui)?

To ask if there's a bank in the vicinity:
scusi, c'è una banca qui vicino?

At his hotel just outside Stresa, Giovanni asks the porter if there's a phone he can use.

Giovanni	Scusi, c'è un telefono qui?
Portiere	Sì, è lì. Prego, s'accomodi.
Giovanni	Grazie. *(he goes to the phone booth)*

prego, s'accomodi   *please go ahead*

And Alberto wants to know if there's a bank nearby: the nearest is in the centre of town, right behind the church.

Alberto	Buongiorno, scusi, c'è una banca qui vicino?
Portiere	Sì, in centro. Ce n'è una proprio dietro la chiesa.
Alberto	Grazie. Buongiorno.
Portiere	Buongiorno. Arrivederla.

ce n'è una   *there's one*
arrivederla   *goodbye*

At her hotel in town, Iria asks if there's a chemist's nearby: there's one immediately after the church.

Iria	C'è una farmacia qui vicino?
Portiere	Subito dopo la chiesa.
Iria	Grazie. Buongiorno.
Portiere	Buongiorno, signora.

In Vicenza, Gianna also needs to find a bank, so she stops and asks a passer-by.

Gianna	Scusi, c'è una banca qui vicino?
Passante	Sì, c'è una banca in Corso Palladio.
Gianna	Grazie.
Passante	Prego.
Gianna	Buongiorno.
Passante	Buongiorno.

Now she asks if there's a supermarket nearby.

Gianna	Scusi, c'è un supermercato qui vicino?
Signore	Sì, ce n'è uno in Piazzale Roma.
Gianna	Grazie.
Signore	Prego.

In a travel agency on the lake front, Paola asks for a guidebook and a map of Stresa.

Paola	Buongiorno.
Liliana	Buongiorno.
Paola	C'è una guida di Stresa?

Liliana	No, una guida di Stresa, no. *(showing her one of Lake Maggiore)* C'è questa sul Lago Maggiore che comprende anche Stresa.
Paola	E una piantina?
Liliana	Sì, eccola.

questa	*this one*
che comprende	*which includes*
anche Stresa	*Stresa too*
eccola	*here it is*

ALLORA . . .

> This section is a summary of the basic items of Italian that have appeared in this chapter's texts: it's what we'd like you to learn. The exercises are based on this section too, so it's worth spending a bit of time on it.
>
> The **Vocabolarietto** is a list of the new words we think are most worth learning, and **Parole e usanze** will give you a little more information on words and usages. At the end of each **Allora** . . . section, there is a reference to further grammatical explanations at the back of the book. But these are purely optional, and you won't need to have read the explanations in order to do the exercises.

VOCABOLARIETTO

un caffè	una pasta	una banca
un cappuccino	zucchero	una chiesa
un tè	al latte / al limone		una farmacia
	un albergo	
un bicchiere	un bar	un telefono
	un ristorante	una toilette
di vino	bianco / rosso	un supermercato	
una birra	un'agenzia	una guida
un'aranciata	di viaggio	una piantina

To ask for something and say please:

un | cappuccino, / caffè, | per favore

una | birra, / pasta, | per favore

per favore can be left out, especially if you've got rather a lot to say:
   un caffè e un cappuccino

or you can say it first:
   per favore, una birra e un'aranciata

To say thank you: **grazie**

> Nouns in Italian are either masculine or feminine. Most nouns ending in −o are masculine; many nouns ending in −a are feminine. Some nouns ending in −e are masculine, some are feminine.

To attract attention: **scusi**

To ask if what you're looking for is here, or nearby:

scusi, **c'è** | un telefono **qui?**
              | una banca **qui vicino?**

> **un** is used with *masculine* nouns, **una** with *feminine* nouns; **una** becomes **un'** with *feminine* nouns that start with a vowel.

Want to know more? See **Grammatica** 1, 18, 19; 51; 79

PAROLE E USANZE

Buongiorno and **buonasera** are used to say both *hello* and *goodbye*. **Buongiorno** is used till around mid-afternoon, after which people say **buonasera**. (When about to go to bed you say **buonanotte**)

Arrivederci and **arrivederla** are only used to say *goodbye*. **Arrivederla** is more formal than **arrivederci** and is generally used with someone you barely know or with whom you feel you should be, or would like to be, particularly polite.

Prego, which literally means *I pray*, is used in a number of situations. In reply to **grazie** it means *don't mention it* or *not at all*. And it's also used to say *can I help you?* **Prego** or **prego, s'accomodi** means *please do*, *help yourself* or *do sit down*.

Va bene means *fine, certainly, all right, OK*. You'll often hear a waiter or barman say **va bene** after you've ordered or asked for something.

Signore is used in much the same way as *sir* in English (before a name it's shortened to **signor**). **Signora** and **signorina**, on the other hand, are used much more frequently than *madam* or *miss*. They are the normal way of addressing a woman or young lady.

In writing, **Signor** (*Mr*) is usually abbreviated to **Sig.**, **Signora** (*Mrs*) to **Sig.ra** and **Signorina** (*Miss*) to **Sig.na**. There is no equivalent of *Ms*.

VITA ITALIANA

> This section tells you more about Italian life and customs and gives information you'd find useful on a trip to Italy.

Al bar

Italian bars serve soft drinks, coffee and snacks as well as alcoholic drinks. People tend to mill around the counter and often there aren't many tables to sit at. So for a more relaxed drink you go to a café.

In big cities and places where there are always a lot of people around, you won't get served unless you first pay at the cash desk. You'll get a receipt, **uno scontrino**, which you then take to the counter and tell the barman what you want. It's usual to leave a tip when doing so – a 50 or 100 lire coin.

You might prefer to sit down and be served by a waiter or waitress, in which case you pay when you've finished – and it may cost you rather more than standing at the counter.

Un caffè o un cappuccino?

Coffee-drinking is as much a ritual as tea-drinking is in Britain. **Un caffè** is two mouthfuls of strong black coffee; **un cappuccino** is the same amount of black coffee, but served with hot frothy milk.

You can have black coffee in a variety of ways: **un caffè lungo** is a black coffee with extra hot water; **un caffè doppio** is double the amount of strong black coffee; **un caffè ristretto** is a very small (one mouthful!) but very concentrated black coffee. For breakfast you can have **caffelatte**, mild black coffee with hot milk. And in the summer months you can always have refreshing cold coffee: **un caffè freddo** or **un cappuccino freddo**. On the counter the sugar, **lo zucchero**, is served loose, in a

BAR TORINO
400
350
TOTALE 750

13

large metal bowl with a flap lid, and you help yourself with the long-handled spoon provided.

Un bitter, un amaro, o un bicchiere di acqua minerale?
Un bitter is a type of aperitif; **un bitter analcolico** is similar but contains no alcohol. **Un amaro**, on the other hand, which actually means *bitter* in English, is an after-dinner liqueur made from herbs. It can be pretty strong, particularly some of the locally made varieties. It's often called **un digestivo**, 'something to help you digest your meal', and most brands claim to have medicinal properties.

PROVA UN PO'...

These exercises have been written to give you a chance to see how much you've learnt so far. Don't worry if you don't get all the answers: the key at the back of the book is there to put you right. And if you still can't work things out, re-read the **Allora...** section, or glance back through the texts. Every fifth chapter or so you'll find special revision exercises, and for these the key will tell you exactly where to brush up on anything you got wrong.

1   One and only one of the words listed will fit appropriately into each of the blanks. Can you complete the sentences?

1 Scusi, c'è un .... qui?	pasta
2 Un cappuccino e una ...., per favore.	banca
3 Scusi, c'è .... farmacia qui vicino?	bicchiere
4 Un .... di vino .... e un caffè, per favore.	aranciata
	telefono
5 Scusi, c'è una .... qui vicino?	una
6 Un bitter e un' ...., per favore.	guida
7 Si, signora, c'è un' .... in centro.	agenzia di viaggio
8 Scusi, c'è una .... di Stresa, per favore?	bianco

2   You've just arrived in a town and you're very thirsty. Stop a passer-by and ask if there's a bar in the vicinity.

You   ...., ...?
Passante   Si, ce n'è uno dietro la banca.
You   ....
Passante   Prego.

You've found the bar; say hello to the barman and then ask for a beer.

Barman   Buongiorno.
You   ....
Barman   Desidera?
You   ...., ...

Barman	Subito. Ecco una birra.
You	....
Barman	Prego.

Now call the barman back and ask if there's a bank nearby.

You	.............................., ...?
Barman	Sì, ce n'è una proprio qui, in Corso Roma, subito dopo il supermercato.
You	....
Barman	Prego.

3 Complete this conversation using the words listed on the right.

Barman	Buonasera.	Piazza
Cliente	Un ...., per favore.	una
Barman	Al latte .... limone?	qui
Cliente	........., grazie.	grazie
Barman	Va bene.	limone
Cliente	........., ... una banca .... vicino?	c'è
Barman	Sì, ce n'è .... qui dietro, in .... Garibaldi.	tè
Cliente	....	o
Barman	Prego.	scusi

4 Try this puzzle: all the words you need are in this chapter's *Vocabolarietto*.

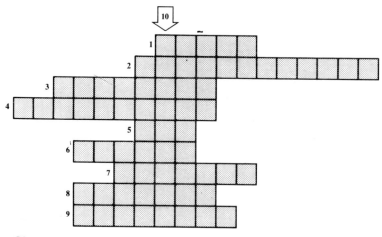

Clues

You'll need to find a .... if you want:

1 money
2 to do some shopping
3 to ring someone up
4 to eat
5 a drink
6 to worship
7 a town plan
8 a bed for the night
9 aspirin

If you've got it all right, the vertical column numbered 10 will give you a common greeting or goodbye.

2 DOV'È?

HOW TO ASK WHERE SOMETHING IS

RADIO   1 Gianna is looking for a bar with a phone so she stops a passer-by . . .

Gianna	Scusi, c'è un bar qui vicino?
Passante	Si, ce n'è uno lì, sulla sinistra.
Gianna	Grazie.
Passante	Prego.
Gianna	Buongiorno.
Passante	Buongiorno.

sulla sinistra   *on the left*

TV   2 . . . Iria wants to know if there's a market in Stresa . . .

Iria	Scusi, c'è un mercato qui a Stresa?
Portiere	Si, signora, ogni venerdì.
Iria	E dov'è?
Portiere	Qui vicino, in Piazzale Cadorna.
Iria	Grazie.

ogni venerdì   *every Friday*
dov'è?   *where is it?*

TV   3 . . . and Paola asks the travel agent where the boat station is.

Paola	Scusi, dov'è l'imbarcadero?
Liliana	L'imbarcadero è qui a cento metri a sinistra, in fondo alla piazza.
Paola	Ho capito, grazie. Buongiorno.
Liliana	Prego, buongiorno.

100 m

a sinistra   *on the left*
in fondo alla piazza   *at the far end of the square*
ho capito   *I see (I've understood)*

L'imbarcadero
di Stresa

> To ask where something is:
>
> scusi, dov'è | **il mercato?**
> | **l'imbarcadero?**
> | **la stazione?**

RADIO 4

Maddalena is looking for the Orvieto Tourist Office, **l'Azienda di Turismo.**

Maddalena	Signora! Signora, scusi!
Signora	Sì?
Maddalena	Dov'è l'Azienda di Turismo?
Signora	Non è qui; è in centro, vicino al duomo.
Maddalena	E' lontana?
Signora	No. Da qui è cinque minuti a piedi.
Maddalena	Grazie.
Signora	Prego.

non è qui	*it isn't here*
duomo	*cathedral*
cinque minuti a piedi	*five minutes on foot*

> To ask if it's far (from here):
>
> è | **lontano** | (da qui)?
> | **lontana** |

TV 5

Carlo asks the way to the Conference Centre, **il Palazzo dei Congressi**, in Stresa.

Carlo	Scusi, signora, dov'è il Palazzo dei Congressi?
Signora	Giù di qui, la prima a sinistra, poi la seconda a sinistra, e il Palazzo dei Congressi è subito lì sulla destra.
Carlo	E' lontano da qui?
Signora	No, due passi.
Carlo	Grazie, signora. Buongiorno.
Signora	Prego. Buongiorno.

giù di qui	*down here*
poi	*then*
due passi	*very near (two steps)*

RADIO 6

Sometimes you need transport to get somewhere. The station at Orvieto is outside the town, at Orvieto Scalo, as Maddalena finds out from a policewoman.

Maddalena	Scusi, dov'è la stazione?
Vigilessa	E' ad Orvieto Scalo.
Maddalena	E' lontana?
Vigilessa	Sì, abbastanza, ma c'è l'autobus.

Maddalena	Dov'è la fermata?
Vigilessa	E' proprio qui.
Maddalena	Grazie.
Vigilessa	Prego.

abbastanza *fairly, quite*
proprio qui *just here*

```
        a t c        ᴜᴄᴄᴜ...ᴜ

     FERMATA
  2    P.ZZA REPUBBLICA
       ORVIETO SCALO

  3    CORSO CAVOUR
       LICEO MAZZINI
```

TV   7

Near Stresa, there's a cable car that takes you up the mountain. Marco and Fabio ask about it at the tourist office.

Marco	C'è una piantina di Stresa, per piacere?
Raffaella	Sì . . . *(giving him one)* Ecco.
Marco	*(looking at the map)* Scusi, dov'è l'Alpino?
Raffaella	*(pointing)* Qua.
Marco	E la stazione della funivia?
Raffaella	All'Alpino qua, e a Stresa, a Stresa-Lido.
Fabio	La stazione è lontana da qui?
Raffaella	A piedi?
Fabio	Sì, a piedi.
Raffaella	Dieci minuti circa.
Marco	Grazie. Arrivederci.
Raffaella	Arrivederci.

per piacere   *please*
qua   *here*
stazione della   *cable car*
    funivia   *station*
dieci minuti circa   *about ten minutes*

RADIO   8

The **Teatro Olimpico**, the work of the architect Palladio, is one of Vicenza's most famous tourist attractions. Gianna wants to go there and interview some of the visitors.

Gianna	Scusi, dov'è il Teatro Olimpico?
Passante	Sempre dritto, la prima a sinistra.
Gianna	E' vicino?
Passante	Circa trecento metri.
Gianna	Grazie.
Passante	Prego.

sempre dritto *straight on*

RADIO   9

There was to be a performance of Sophocles's *Oedipus Rex* that evening and in the theatre gardens Gianna discovers members of the cast as well as tourists.

Gianna	Scusi, come si chiama?
Signore	Paolo Lelli.
Gianna	Di dov'è?
Signore	Di Firenze.
Gianna	Ah, in Toscana! E' qui per lavoro o in vacanza?

Signore	Per lavoro.
Gianna	Grazie.
Signore	Prego.
Gianna	Buongiorno.
Signore	Buongiorno.

è qui per lavoro   *are you here for work*
o in vacanza?   *or are you on holiday?*

To ask someone's name: **come si chiama?**
and where they're from: **di dov'è?**

RADIO   10

Gianna	Scusi, come si chiama?
Signora	Maria Castagneti.
Gianna	E di dov'è?
Signora	Piacenza.
Gianna	Ah, in Emilia! E . . . è qui in vacanza o per lavoro?
Signora	In vacanza.
Gianna	Grazie.
Signora	Prego.

RADIO   11

Gianna	Scusi, signora, come si chiama?
Signora	Be', io sono Luisa Spinatelli.
Gianna	Di dov'è?
Signora	Di Milano.
Gianna	E' qui per lavoro o in vacanza? Per lavoro?
Signora	Per lavoro, sì.
Gianna	Grazie.
Signora	Prego.

be' . . .   *well . . .*
io sono   *I am*

RADIO   12

Gianna	Scusi, signore, come si chiama?
Signore	Mi chiamo Marco Bragadin.
Gianna	E' di Vicenza?
Signore	No, sono di Venezia.
Gianna	E' qui in vacanza o per lavoro?
Signore	No, sono qui in vacanza.
Gianna	Grazie.
Signore	Prego.

mi chiamo   *my name is*
sono   *I am*

Another way of asking someone's name is: **il suo nome?**

The producer of the television programmes, Maddalena Fagandini (Anna) interviewed some of the people who live and work in Stresa. First, she spoke to Liliana Borroni, a local girl who runs a travel agency.

Anna	Il suo nome, per favore?
Liliana	Liliana.
Anna	E il cognome?
Liliana	Borroni.
Anna	E' di qui, di Stresa?
Liliana	Sì, sono di Stresa.

cognome   *surname*

Giacomo Carioli is the manager of the local tourist office. He comes from Novara, the provincial capital.

Anna	Buonasera.
Sig. Carioli	Buonasera, signora.
Anna	Il suo nome, scusi?
Sig. Carioli	Sono Giacomo Carioli.
Anna	E qual è il suo lavoro qui?
Sig. Carioli	Sono il direttore dell'Azienda Autonoma di Soggiorno e Turismo di Stresa.
Anna	Lei è di qui, di Stresa?
Sig. Carioli	No, io sono di Novara.

qual è il suo lavoro?   *what's your job?*
lei   *you*

> To ask a child his or her name: **come ti chiami?**
> and where he or she is from: **di dove sei?**

Here Anna is talking to a couple of 11-year-olds in the local secondary school. Antonio lives in Stresa, but comes originally from Vicenza.

Anna	Ciao! Come ti chiami?
Antonio	Antonio Mazzetti.
Anna	Sei di qui, di Stresa?
Antonio	No.
Anna	Di dove sei?
Antonio	Di Vicenza.
Anna	Di Vicenza.
Antonio	Nel Veneto.
Anna	Nel Veneto. Ma Vicenza è lontano.
Antonio	Sì.
Anna	Però abiti a Stresa.
Antonio	Sì.

nel Veneto   *in the Veneto region*
però   *but*
abiti   *you live*

Stefano comes to school every day from Binda, a nearby village.

Anna	Ciao! Come ti chiami?
Stefano	Stefano Ricci.
Anna	Tu sei di qui, di Stresa?
Stefano	Be', sono di una frazione di Stresa.
Anna	Come si chiama?
Stefano	Binda.
Anna	E' lontana, Binda?
Stefano	No, due chilometri.

tu	*you*
una frazione	*a small village (see p. 25)*
come si chiama?	*what's it called?*

STRESA

1 Municipio
2 Imbarcadero
3 Piazza Cadorna
4 Scuole elementari
5 Chiesa di S. Ambrogio
6 Palazzo dei Congressi
   e Azienda di Turismo
7 Stazione Funivia Stresa-
   Alpino - Mottarone
8 Stazione Ferroviaria FS
9 Collegio Rosmini

(i)   Hotel Regina Palace
(ii)   Grand Hotel et des Iles Borromées
(iii) Hotel Bristol
(iv)   Speranza Hotel du Lac
(v)   Hotel Milano au Lac
(vi)   Hotel Villa Aminta

Lago Maggiore

ALLORA . . .

VOCABOLARIETTO

la piazza	l' autobus	il minuto
il mercato	la fermata	il metro
il duomo	dell'autobus	il chilometro
il teatro	la funivia	
l'Azienda	la stazione	italiano
di Turismo	l'imbarcadero	inglese
		scozzese
il lavoro	il nome	gallese
la vacanza	il cognome	irlandese

To ask where something is:

dov'è	il mercato?
	la fermata dell'autobus?
	l'Azienda di Turismo?

> When talking about only one of something, *the* is **il** with most masculine nouns, **la** with feminine nouns and **l'** with all nouns beginning with a vowel, whether masculine or feminine.

and to ask if it's far:

| è | lontano | (da qui)? |
| | lontana | |

You might be told it's on the right or the left:

| è | qui | a/**sulla destra** |
| | li | a/**sulla sinistra** |

which street to take:

| **la prima** | a destra |
| **la seconda** | a sinistra |

or how far it is (from here):

è a	due passi	
	cento metri	(da qui)
	cinque minuti	
	due chilometri	

To ask where someone comes from: **di dov'è (lei)?**

or if someone is a local inhabitant: (lei) **è di qui?**

> **lei**, *you*, isn't strictly necessary: here **è** means *you are*, and is sufficient on its own.

To the question **è di qui?** you may be answered:

| sì, | sono di qui |
| no, non | |

To tell someone where you are from:

(io) **sono di**	Venezia
	Londra
	Birmingham

> **io**, *I*, isn't necessary: here **sono** means *I am* and is sufficient on its own.

or to give your nationality:

| (io) **sono** | italiano, –a; tedesco, –a; americano, –a; |
| | inglese, scozzese, gallese, irlandese, francese. |

> An Italian is **italiano** for a man, **italiana** for a woman; if your nationality ends –**e** like **inglese**, then there's no change whether you're a man or a woman.

You may be asked your name: **il suo nome?**

or what you're called: **come si chiama?**

You can simply state your name, or say

| **sono** | + your name |
| **mi chiamo** | |

Want to know more?   See **Grammatica** 3; 34, 36; 65, 67; 72, 73; 77, 79

| (lei) è di qui, di Stresa? | *are you from here, from Stresa?* |
| (tu) **sei** di qui, di Stresa? | |

In English there's basically only one way of addressing somebody but in Italian there are two: the **tu** form, used with family, friends and children, and the **lei** form, which is used with everyone else.

The words **tu** and **lei** are often left out, but other words show which form is being used:

(**lei**) di dov'**è**? come **si** chiama?
(**tu**) di dove **sei**? come **ti** chiami?

Young people always use **tu** amongst themselves whether they've met before or not, and in recent years there's been a tendency to use **tu** much more widely. But when visiting the country, it's probably safer to use **lei** unless invited to use **tu** by Italians.

Ciao! This is for saying hello or goodbye to someone with whom you're using **tu**.

VITA ITALIANA

Il palcoscenico, Teatro Olimpico, Vicenza

Andrea Palladio

Vicenza is the city of Andrea Palladio (1508–80), one of the great architects of the late Italian Renaissance. In England Inigo Jones was greatly influenced by him and admiration for his work gave rise to the 18th-century Palladian movement.

Palladio's designs are based on Greek and Roman architecture and Vicenza contains many fine examples of his work. Among the best known is the *Teatro Olimpico*, built to his designs between 1580 and 1584 on the model of the theatres of antiquity. It is the best surviving example of a Renaissance theatre; the stage has a remarkable permanent painted set representing a piazza and streets in ancient Thebes which cleverly uses perspective to give an impression of depth.

THE
Regions
OF
Italy

The regions and provinces of Italy

Italy is divided into twenty regions. These often correspond to ancient political divisions, some of which go back to Roman or even pre-Roman times (eg Tuscany, Latium, Campania) and many correspond to natural divisions of the land (eg Sicily, Sardinia). Each region has its own capital and the ones mentioned so far are Veneto (cap. Venice), Emilia-Romagna (cap. Bologna) and Tuscany (cap. Florence). Vicenza is also in Veneto, Stresa is in Piedmont and Orvieto is in Umbria.

Each region is divided into a number of provinces, which are named after the main towns. Stresa is in the province of Novara, Orvieto in the province of Terni and Vicenza is the capital of its own province.

The smallest administrative unit is the **comune**, which can range in size from a large town to a country village.

An outlying hamlet of a **comune** is called a **frazione**. In the mountains above Stresa, for instance, there are several hamlets, **frazioni di Stresa**: Binda, Vedasco, Someraro, Levo, Gignese.

Number plates on Italian cars include two letters which show you in which province the car is registered, e.g.:

MI	(Milano)	FI	(Firenze)	NO	(Novara)
NA	(Napoli)	GE	(Genova)	PR	(Parma)
BO	(Bologna)	VE	(Venezia)	PI	(Pisa)
TO	(Torino)	VI	(Vicenza)	PG	(Perugia)

Rome allows itself the full word: **R**oma.

Orvieto Scalo

The railway station serving a provincial town may well be some distance away, especially if the town is on top of a hill. This is the case at Orvieto, where the station is known as Orvieto Scalo, 'the place where you get off for Orvieto'. Such outlying stations often attract hotels, restaurants, small factories, etc., around themselves to form quite a sizeable suburb.

PROVA UN PO'...

1   From the answers on the right can you work out the questions?

Domande	*Risposte*
1 Scusi, ...?	Il duomo è giù di qui, la prima a sinistra, in fondo alla piazza.
.... ?	No, a due passi.
2 ...., ... ?	La stazione è a Orvieto Scalo.
.... ?	Eh, sì, a circa tre chilometri. Ma c'è l'autobus.
.... ?	La fermata è proprio qui, sulla destra.
3 ...., ... ?	Il Teatro dell'Opera è in centro, vicino al duomo.
.... ?	No, cinque minuti a piedi.

2 It's your first trip to Rome and you don't know your way around. How would you ask people for the information you need?

1 First thing in the morning you need some money. Any bank will do.
2 Now for a coffee and something to eat, but you can't see a bar from where you're standing.
3 In the café you decide to call your friend Clara. But you can't see the phone, so ask the waiter.
4 On the phone Clara asks you to meet her at the Caffè Greco. Ask her where it is.
5 She tells you it's near the Piazza di Spagna. Ask her if it's far.
6 Apparently you've got to get a bus; ask the waiter where the bus stop is.
7 You get off in the Piazza di Spagna. No sign of the café. Ask where it is.
8 You've found it at last. Why not have another coffee while you're waiting for Clara?

3 If you follow the directions on the map below, where do you end up?

1 Sempre dritto, la prima a destra ed è subito lì sulla destra.
2 Sempre dritto per il Corso Cavour, la seconda a sinistra poi la prima a destra, ed è proprio lì sulla destra.
3 Dritto qui, la prima a destra, in fondo alla piazza.
4 La prima a sinistra, poi a destra, subito dopo il duomo, sulla sinistra.
5 E' proprio qui sulla destra.

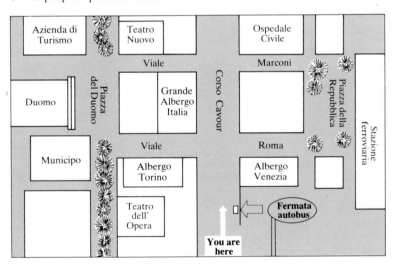

4 Ask for the following, using **Scusi, c'è . . . ?** or **Scusi, dov'è . . . ?** depending on what you're looking for.

1	l'Albergo Venezia	6	la stazione
2	un bar qui vicino	7	Corso Palladio
3	il Teatro Olimpico	8	il bar Gigi
4	l'Azienda di Turismo	9	una banca qui vicino
5	una toilette qui	10	una piantina di Vicenza

3 QUANTO COSTA?

BUYING THINGS AND ASKING THE PRICE

Villa 'La Rotonda', Vicenza

RADIO   1

Gianna is buying entrance tickets for Palladio's **Rotonda** in Vicenza.

Gianna	Scusi, quanto costa il biglietto d'entrata?
Bigliettaio	Cinquecento lire.
Gianna	Allora due biglietti, per favore.
Bigliettaio	Mille. *(Gianna pays)* Grazie.
Gianna	Grazie.
Bigliettaio	Prego.
Gianna	Buongiorno.
Bigliettaio	Buongiorno.

RADIO   2

In a shop she sees an umbrella she likes, so she asks the shopkeeper the price.

Gianna	Scusi, quanto costa questo ombrello?
Negoziante	Costa ventitremila.
Gianna	E questo?
Negoziante	Ventitremila anche questo.
Gianna	Grazie.
Negoziante	Prego.

questo   *this, this one*

To ask the price	of one thing:	quanto	costa?
	of more than one:		costano?

At Liliana Borroni's travel agency in Stresa, Paola buys a guide book and some photographs; the map of the town is free.

Paola	Quanto costa la guida?
Liliana	La guida costa tremila lire.
Paola	E la piantina?
Liliana	La piantina è gratuita.
Paola	E queste fotografie?
Liliana	Queste costano millecinquecento lire le grandi, e mille le piccole.
Paola	*(choosing the small ones)* Prendo queste.
Liliana	Va bene.
Paola	Quant'è?
Liliana	Tremila la guida e mille le fotografie.
Paola	Va bene. *(pays)*
Liliana	Allora, mille, due, tre, quattromila. Grazie.
Paola	Buongiorno.

PREZZO L.3.000

L.I.500

L.I.000

le grandi   *the large ones*
le piccole   *the small ones*
prendo queste   *I'll have these*

> To ask how much it all comes to: **quant'è?**

At a tobacconist's, Marco buys some postcards to send to friends in Britain.

Marco	Buongiorno. Queste due cartoline e due francobolli per la Gran Bretagna, per piacere.
Tabaccaio	Sì. *(giving Marco two stamps)* Ecco a lei.
Marco	Quant'è?
Tabaccaio	Allora sono: trecento lire i francobolli e duecento lire le cartoline . . . cinquecento lire in tutto.
Marco	*(giving him a thousand lire note)* Grazie.
Tabaccaio	*(giving him the change)* Cinquecento di resto a lei. Grazie mille.
Marco	Arrivederci.
Tabaccaio	Buongiorno, grazie.

sono   *it comes to (they are)*
in tutto   *in all, altogether*
grazie mille   *many thanks*

In Vicenza, Gianna also buys some postcards and stamps at a tobacconist's. But is she being sold the right stamps?

Gianna	Buongiorno.
Tabaccaio	Buongiorno.
Gianna	Quanto costano le cartoline?
Tabaccaio	Cento lire l'una.
Gianna	*(choosing the cards)* Allora, mi dà queste due cartoline e due francobolli per la Gran Bretagna?
Tabaccaio	Allora, due da cento e venti . . .

Gianna	Sì.
Tabaccaio	*(giving her the stamps)* Ecco a lei.
Gianna	Quant'è?
Tabaccaio	Quattro e quaranta in totale.
	Quattrocento e quaranta lire.
Gianna	Ecco mille lire.
Tabaccaio	Quattrocinquanta, cinquecento, e cinquecento . . . mille. Grazie.
Gianna	Prego.
Tabaccaio	Arrivederci, buongiorno.
Gianna	Buongiorno.

l'uno, l'una   *each*
in totale   *altogether*

> To ask someone to give you something: **mi dà . . . ?**

At her hotel, Iria asks the porter for her room key.

Iria	Buonasera.
Portiere	Buonasera, signora.
Iria	Mi dà la chiave, per favore?
Portiere	Sì, signora. Quattrocentododici . . . ?
Iria	Sì, grazie. *(he gives her the key)* Buonasera.
Portiere	Prego. Buonasera, signora.

In the market in Orvieto, Maddalena asks the price of fruit and vegetables. First tomatoes and pears . . .

Orvieto: il mercato
in Piazza del Popolo

Maddalena	Scusi, quanto costano i pomodori?
Fruttivendolo	Trecento.
Maddalena	E le pere?
Fruttivendolo	Cinquecento.
Maddalena	Grazie.
Fruttivendolo	Prego.

29

Then bananas at another stall . . .

Maddalena	Scusi, quanto costano le banane?
Fruttivendolo	*(pointing to two qualities)*
	Queste mille e cinque, e queste mille e tre.
Maddalena	Grazie.
Fruttivendolo	Prego.

This time she buys something: three pears, a grapefruit and a kilo of apples.

Fruttivendolo	Buongiorno, signora.
Maddalena	Buongiorno.
Fruttivendolo	Cosa voleva?
Maddalena	Tre pere.
Fruttivendolo	Tre pere. Uno, due . . . e tre. Va bene così?
Maddalena	Sì, e anche un pompelmo.
Fruttivendolo	Benissimo. Allora, va bene così, uno solo?
Maddalena	Sì, uno solo.
Fruttivendolo	Benissimo. Va bene così, signora? Altro?
Maddalena	Un chilo di mele.
Fruttivendolo	Benissimo. Subito, eh! Allora, un chilo di mele. Uno, due . . . *(continuing to put them in the pan of the scales)* basta così, signora?
Maddalena	Sì, grazie. Quant'è?
Fruttivendolo	Allora sono *(adding up)* cinque e cinque . . . sono mille e ottocento. Mille e otto.
Maddalena	Grazie. Buongiorno.
Fruttivendolo	Buongiorno.

cosa voleva?	*what would you like?*
va bene così?	*is that all right?*
uno solo?	*just one?*
altro?	*anything else?*
basta così?	*is that all?*

500
500
800
£1.800

In Stresa, Paola buys some fruit at one of the greengrocer's on the market square. She enquires about the prices first.

Fruttivendolo	Buongiorno.
Paola	Buongiorno. Quanto costano le mele?
Fruttivendolo	Ottocento . . . e mille e cinque.
Paola	Mi dà un chilo di queste? *(he serves her)* E le arance?
Fruttivendolo	Le arance, mille e due, e mille e cinque.
Paola	Mezzo chilo di queste. E un pompelmo.
Fruttivendolo	E un pompelmo.
Paola	E le fragole quanto costano?
Fruttivendolo	Le fragole tre e cinquanta e quattro e cinquanta.
Paola	Mi dà due cestini di queste? *(he serves her)* Quant'è?
Fruttivendolo	Le mele, ottocento; arance, seicento; fragole, novecento; pompelmo, trecento: duemilaseicento.
Paola	Ecco . . . *(she pays)* Grazie.

arancia	*orange*	
mezzo chilo	*half a kilo*	
pompelmo	*grapefruit*	
fragola	*strawberry*	
cestino	*punnet*	

ALLORA . . .

VOCABOLARIETTO

la mela	il cestino	l'ombrello
la pera	il chilo	la borsa
l'arancia	il mezzo chilo	la chiave
la banana		il biglietto
la fragola	la cartolina	
il pompelmo	il francobollo	quanto . . . ?
il pomodoro	la fotografia	la lira
		il resto
francese	questo	
tedesco	grande	la Gran Bretagna
	piccolo	

To ask for *this . . . , please:*

questa cartolina,
questo cestino, | per favore

or for *these . . . , please:*

queste due cartoline,
questi due cestini, | per favore

You can also ask for something by saying:

mi dà | una borsa,
due biglietti, | per favore?
queste cartoline,

> When talking about more than one of something, the endings of
> nouns change: most masculine nouns end in –**i**, many feminine
> nouns in –**e**.

To ask the price of one thing:

quanto costa | il pompelmo?
la guida?

or of more than one:

quanto costano | i pomodori?
le banane?

> The words for *the* also change: **il** becomes **i** and **la** becomes **le**.
> For all forms of the words for *the* see p 249.

To give more information about what you want:

Mi dà	il cestino la fotografia	piccolo piccola	grande	?
Mi dà	i cestini le fotografie	piccoli piccole	grandi	?

> Adjectives ending –e (like **grande, inglese, scozzese, francese**) do not have separate masculine and feminine forms.

When buying things by weight, you say:

un chilo due chili	di	mele, per favore pere, per favore

When buying stamps, you can state the destination:

un francobollo due francobolli	per	la Gran Bretagna, per favore la Francia, per favore

or, if you know it, the value:

tre francobolli un francobollo	da	centocinquanta (lire), per favore duecento (lire), per favore

And when you've bought several things, you can ask what it all comes to: **quant'è?**

Want to know more? See **Grammatica** 3, 4; 8; 20, 22; 24, 25, 27, 29; 72

PAROLE E USANZE

People often quote prices without adding the word *lire*: **queste mele costano millecinquecento**. And the price itself is often quoted in a shorter form: the words **cento** (and sometimes **mila**) are left out and replaced by **e**, *and*.

	Full form	**Short form**
350	trecentocinquanta (lire)	tre e cinquanta
420	quattrocentoventi (lire)	quattro e venti
1.200	milleduecento (lire)	mille e due
2.500	duemilacinquecento (lire)	duemila e cinque
6.800	seimilaottocento (lire)	sei e otto

In writing, the full form is written as one word.

You'll have noticed by now that there are many ways in which you'll be asked what you want . . .

Prego?
Cosa voleva?
Dica!
Desidera?

. . . that there are various ways in which you'll be asked if you want anything else . . .

Altro?
Basta così?
Va bene così?
Ecco (a lei)!

. . . and that when you're handed something, goods or money, you'll often hear:

Remember that **c** and **g**, followed by **a**, **o** or **u**, have the hard sound of the English *c* as in *cat*, or *g* as in *got* (see p 247):

banca   bianco   albergo

In the plural, an **h** is added in writing to indicate that the hard sound is maintained:

una banca   un vino bianco   un grande albergo
due banche   due vini bianchi   due grandi alberghi

Without the **h**, **c** followed by **e** or **i** sounds like the English *ch* in *chat*:

arrivederci   farmacia   centro

and **g** sounds like the *g* in *gin*:

agenzia   **Gino**   Genova

VITA ITALIANA

Lire italiane
Italy uses banknotes of the following denominations:

The coins in current usage are:

The written symbol for **lira** or **lire** is £; the official abbreviation is **Lit.** (lire italiane) or just **L.**

33

The metric system is used in Italy and the basic unit of weight is the gram, **il grammo**. For everyday purposes, the weights you'll need to know are:

un chilo (1 kg)   or **1.000 grammi** equivalent to 2.2 lbs.

mezzo chilo   or **500 grammi** equivalent to 1.1 lb.

un etto   or **100 grammi**, which comes to just under $3\frac{1}{2}$ oz, so it's the nearest equivalent to a British $\frac{1}{4}$ lb.

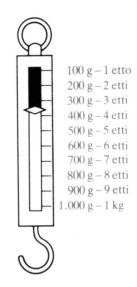

100 g – 1 etto
200 g – 2 etti
300 g – 3 etti
400 g – 4 etti
500 g – 5 etti
600 g – 6 etti
700 g – 7 etti
800 g – 8 etti
900 g – 9 etti
1.000 g – 1 kg

Sale e tabacchi

The manufacture and sale of tobaccos, **tabacchi**, in Italy is a monopoly of the state – **un Monopolio di Stato**. All Italian cigars, cigarettes and tobaccos are made in state factories and all foreign brands are imported by the state. A tobacconist, **un tabaccaio**, trades under licence from the government and his shop, **la tabaccheria**, is marked by a sign carrying a large white T on a black background. Postage stamps, **francobolli**, also a state monopoly, can be bought at a tobacconist's and there's usually a postbox, **una buca delle lettere**, just outside the shop. At times when postage rates keep going up, tobacconists can have trouble knowing what to charge. But don't think you've got a special deal if you're charged less for your stamps at one tobacconist's than at another – the recipient may be charged 'postage due'!

Another state monopoly is salt, **il sale**, which is sold under the same licence. Some of the older tobacconist shops still display the sign: **Sale e Tabacchi**.

Tobacconists also sell revenue stamps, **marche da bollo**, and sheets of specially stamped paper, **carta bollata**. These are required by law when writing wills, contracts and statements. A written statement to the police, about an accident or loss for instance, should be made on stamped paper.

PROVA UN PO' . . .

1   Can you fill in the gaps with the correct form of the words given in the brackets?

1   Mi dà due cestini .... di fragole, per favore? (*grande*)
2   Vicenza è una provincia .... (*italiano*)
3   Le fotografie .... costano mille lire, le .... costano millecinquecento. (*piccolo, grande*)
4   Ci sono sempre molti turisti .... a Venezia. (*inglese*)

5 Il Valpolicella e il Chianti sono due vini ....
   (*rosso, italiano*)
6 Quanto costa .... borsa? (*questo*)
7 E .... ombrello? (*questo*)
8 Mi dà una birra, per favore?
   Sì, signore. Desidera una birra .... , ... , ... ,
   .... ? (*italiano, inglese, irlandese, tedesco*)

2 One and only one of the items mentioned in the list on the right fits each space. Can you complete the sentences?

1 Quanto costa un cestino di .... ?
2 Due .... per la Gran Bretagna, per piacere.
3 Quanto costa questa .... ?
4 Queste tre .... , per favore.
5 Mi dà una bottiglia di .... , per favore.
6 Due chili di .... , per favore.
7 Un .... da centocinquanta, per favore.
8 Quanto costa il .... d'entrata?

vino rosso
pomodori
biglietto
fragole
francobollo
borsa
cartoline
francobolli

3 Ask the price of these items:

Example: **Quanto costa questa guida?**

1 .... ? 5 .... ?
2 .... ? 6 .... ?
3 .... ? 7 .... ?
4 .... ? 8 .... ?

Now can you select the appropriate answer for each of the questions you have just asked?

a Questa è gratuita.
b Queste costano mille lire al chilo.
c Quarantamila.
d Questi costano 800 lire al chilo.

e Questo costa 20 mila lire.
f Questo? 200 lire.
g Costano cento lire l'una.
h 400 lire al cestino.

4 Can you sort out this dialogue between a customer and a tobacconist? The customer starts.

Cliente	*Tabaccaio*
Buongiorno.	Per l'Italia?
Grazie. Quant'è?	E 250 di resto.
Allora, queste tre e tre francobolli, per favore.	Buongiorno. Desidera?
Grazie. Buongiorno.	Cento lire l'una.
No, per la Francia.	Settecentocinquanta in tutto.
Quanto costano le cartoline?	Grazie a lei. Buongiorno.
Ecco mille lire.	Allora, tre da centocinquanta.

5 You're in the market one morning, buying tomatoes and some fruit. Take your part in the following conversation:

You	*(Say hello to the greengrocer)*
Fruttivendolo	Buongiorno. Desidera?
You	*(Ask him to give you a kilo of tomatoes)*
Fruttivendolo	Va bene. *(he weighs them)* Ecco un chilo.
You	*(How much are they?)*
Fruttivendolo	Seicento lire al chilo. Altro?
You	*(How much are the apples?)*
Fruttivendolo	Costano ottocento e mille al chilo.
You	*(Ask him to give you a kilo of these)*
Fruttivendolo	Subito. Altro?
You	*(Now ask him for a grapefruit)*
Fruttivendolo	Uno solo? Va bene. Ecco a lei. Altro?
You	*(No, thanks. What does it come to?)*
Fruttivendolo	Allora, i pomodori seicento, le mele ottocento, il pompelmo trecento . . . mille e sette in tutto.
You	*(You give him a 2.000 lire note)*
Fruttivendolo	E trecento lire di resto. Grazie.
You	*(Say goodbye and wish him a good day)*
Fruttivendolo	Buongiorno.

4 BUONO, BUONISSIMO!

HOW TO SAY YOU LIKE SOMETHING

> To say something's good, or extremely good:
>
> è | buono ...,   buonissimo
> | buona ...,   buonissima

RADIO   1

On Thursday and Saturday mornings, Orvieto's open air market buzzes with life and what first catches Walter's eye is the roast whole pig, **la porchetta**.

Walter	Buongiorno, signora.
Signora	Buongiorno.
Walter	E' buona questa porchetta?
Signora	Buonissima, buonissima!
Walter	E quanto costa al chilo?
Signora	Settecento lire all'etto, settemila lire al chilo.
Walter	Grazie.
Signora	Prego.

all'etto   *per 100 grams*

> To say something's lovely ..., but expensive:
>
> è | bello, ma è caro
> | bella, ma è cara
>
> and maybe a bit (too) expensive!
>
> è un po' (troppo) | caro!
> | cara!

RADIO   2

Gianna is in a leather shop in Vicenza, when an expensive looking leather bag catches her eye.

Negoziante	Buongiorno, signora.
Gianna	Buongiorno.
Negoziante	Prego?
Gianna	Quanto costa questa borsa?
Negoziante	Questa borsa costa centoquattordicimila.
Gianna	E' di pelle?
Negoziante	Tutta vera pelle, signora.
Gianna	*(studying the bag)* Sì, è bella, mi piace ma ... è un po' troppo cara.
Negoziante	*(offering another one)* C'è questa che costa novantottomila.
Gianna	*(spotting another that might be cheaper still)* E questa?
Negoziante	Questa borsa costa settantaduemila.
Gianna	*(picking it up and examining it)* Bella, è spaziosa, sì, è pratica. Sì, mi piace. Quant'è?
Negoziante	Settantaduemila.

L114.000

L.98.000

L.72.000

37

Gianna	Sì, la prendo, grazie . . . Ecco, *(paying)* cinquantamila, sessanta,
	settanta . . . , mille, duemila. Va bene?
Negoziante	Grazie, signora.
Gianna	Buongiorno.
Negoziante	Arrivederla, grazie. Buongiorno.

(vera) pelle	*(real) leather*
pratico	*practical*
la prendo	*I'll take it*

To say you like | one thing: **mi piace**
| more than one: **mi piacciono**

TV   3 In a shoe shop in Stresa, Carla tries on a pair of brown shoes she's seen in the window. Although they are a bit expensive, they're very comfortable and she decides to have them.

Carla	Buongiorno, signora.
Negoziante	Buongiorno, signora. Come sta?
Carla	Bene grazie, e lei? Vorrei un paio di scarpe, come quelle in vetrina.
Negoziante	Sì? Mi vuol far vedere?
Carla	*(pointing to brown shoe on display)*
	Quella lì, quella marrone.
Negoziante	Sì, signora. Che numero, signora?
Carla	Trentasette. *(they're brought and she tries them on)* Sono comode . . .
	Quanto costano?
Negoziante	Ottantacinquemila lire.
Carla	Un po' care, eh?!
Negoziante	Ma sono belle. Sono di ottima qualità, signora.
Carla	Mi piacciono molto. Le prendo. Grazie.
Negoziante	Va bene, signora. Con scatola, o senza?
Carla	In scatola. *(counting the money)* Venti, quaranta, sessanta, ottanta
	. . . cinque.
Negoziante	Grazie, signora.
Carla	Grazie a lei. Buongiorno.
Negoziante	Buongiorno. Arrivederla, signora.

come sta?	*how are you?*
come quelle	*like those*
in vetrina	*in the window*
mi vuol far vedere?	*could you show me?*
che numero?	*what size?*
di ottima qualità	*of excellent quality*
le prendo	*I'll take them*
con/senza scatola	*with/without box*

To say you'd like a pair of shoes:
  vorrei un paio di scarpe
or that you'd like to try on those blue sandals:
  vorrei provare quei sandali blu

In a shoeshop in Orvieto, Maddalena tries on some sandals. They're a bit small, but the shop has got them in a larger size.

Commessa	Buongiorno.
Maddalena	Buongiorno.
Commessa	Che desidera?
Maddalena	Vorrei provare quei sandali blu in vetrina.
Commessa	Va bene, s'accomodi. *(fetching them)* Sono questi?
Maddalena	Sì, questi. Il trentasette.
Commessa	Va bene. Ecco il trentasette. *(taking them out of box)* Li proviamo?
Maddalena	Sì. *(she tries them on)*
Commessa	Come vanno?
Maddalena	Mi piacciono, ma . . . non sono molto comodi, sono un po' stretti.
Commessa	Abbiamo il numero più grande. Vuole provarli?
Maddalena	Sì, grazie. *(she's given size 38)* Grazie. Sì, questi vanno bene. Quanto costano?
Commessa	Ventottomila lire.
Maddalena	Li prendo.
Commessa	Va bene. Vuole il sacchetto con la scatola o senza?
Maddalena	Senza scatola, è più comodo.
Commessa	Va bene. *(putting the sandals into a bag)* Ecco.
Maddalena	Grazie.

L.28.000

quei sandali blu	*those blue sandals*
li proviamo?	*shall we try them on?*
come vanno?	*do they fit?, how are they?*
abbiamo il numero più grande	*we've got the larger size*
vuole provarli?	*would you like to try them on?*

> To find out what someone does for a living, you can ask:
> **che lavoro fa?** or: **qual è il suo lavoro?**

Gianna did a quick survey of customers in a bar drinking coffee early one morning. She asked what work they did and if they enjoyed it. First a man in a white coat, who looked as though he might be delivering things.

Gianna	Buongiorno.
Signore	Buongiorno.
Gianna	Scusi, che lavoro fa, lei?
Signore	Faccio il commerciante di frutta e verdura.
Gianna	Le piace il suo lavoro?
Signore	Sì, molto.
Gianna	Grazie.
Signore	Prego.

faccio il commerciante di frutta e verdura	*I've got a fruit and vegetable business (I'm a dealer in . . .)*
le piace il suo lavoro?	*do you like your job?*

Turning to another customer . . .

Gianna	Scusi, che lavoro fa, lei?
Signore	Faccio il cameriere di ristorante.

Gianna	Le piace il suo lavoro?
Signore	Moltissimo.
Gianna	Grazie.

And now a woman . . .

Gianna	Scusi, che lavoro fa, lei?
Signora	Faccio la cuoca in un ristorante.
Gianna	Le piace?
Signora	Così così.
Gianna	Grazie.
Signora	Prego.

cuoco, –a   *cook*
così così   *so so*

In and around Stresa, Anna asked various people what their job was. First Ione Minzoni, caretaker of the umbrella museum in Gignese.

Anna	Signora, qual è il suo lavoro qui?
Sig.ra Minzoni	Qui, dunque, io sono custode del museo degli ombrelli.

Felice Pollini is also a caretaker, in the Borromeo Palace on Isola Bella . . .

Il Palazzo Borromeo,
Isola Bella

Anna	Qual è il suo lavoro?
Sig. Pollini	Sono custode nel palazzo.

. . . and Gianfranco Giustina is head gardener of the botanical gardens on Isola Madre.

Anna	Il suo nome, scusi?
Gianfranco	Gianfranco Giustina.
Anna	E' di qui, del Lago Maggiore?
Gianfranco	Sì, qui della zona.
Anna	Di dove?
Gianfranco	Di Borgomanero.
Anna	Dov'è Borgomanero?
Gianfranco	E' qui vicino a Stresa.
Anna	E dove abita?
Gianfranco	A Borgomanero sempre.
Anna	Qual è il suo lavoro qui?
Gianfranco	Capogiardiniere.
Anna	Lei cura tutto il giardino?
Gianfranco	Sì.

della zona	*from this area, from around here*
dove abita?	*where do you live?*
lei cura tutto	*do you look after*
il giardino?	*the whole garden?*

Francesco Zacchera runs the Bristol Hotel in Stresa.

Anna	Lei è di qui, di Stresa?
Sig. Zacchera	Di Baveno.
Anna	Dov'è Baveno?
Sig. Zacchera	Baveno è a due chilometri da Stresa.
Anna	Però lei abita qui?
Sig. Zacchera	Abito qui durante la stagione di otto mesi.
Anna	E qual è la sua professione?
Sig. Zacchera	Albergatore.

durante la stagione	*during the season*
otto mesi	*eight months*

Anna asked another hotelier, Bruno dell'Era, if he liked his work.

Anna	E' interessante il lavoro d'albergo?
Sig. dell'Era	E' molto interessante, molto vario.
Anna	Le piace?
Sig. dell'Era	Mi piace moltissimo.
Anna	Ma non è un lavoro difficile?
Sig. dell'Era	Be', come tutti i lavori, ci sono i lati facili e i lati difficili.

ci sono	*there are*
lato	*side, aspect*

TV 7

Here Anna's talking to first-year secondary school children just beginning to learn English.

Anna	Questo è il primo anno che fai l'inglese?
Antonio	Sì.
Anna	Ti piace?
Antonio	Abbastanza.

Anna	E' il primo anno che studi l'inglese?
Barbara	Sì.
Anna	E ti piace?
Barbara	Sì, abbastanza.
Anna	E' facile o difficile?
Barbara	Dipende!

fai/studi l'inglese	*you're doing/studying English*
ti piace?	*do you like it?*
dipende!	*it depends!*

And do the six-year-olds in their first year at primary school like coming to school?

Anna	Ti piace venire a scuola?
Tiziana	Sì, mi piace.
Anna	Ti piace venire a scuola?

Gianluca	Sì.
Anna	Che classe fai?
Gianluca	Prima . . . , prima elementare.
Anna	E che cosa impari qui?
Gianluca	A leggere, a scrivere . . .

che classe fai?	*what form are you in?*
che cosa impari?	*what are you learning?*
a leggere, a scrivere	*to read, to write*

ALLORA . . .

VOCABOLARIETTO

il negozio	blu	il lavoro
la scarpa	marrone	la scuola
il sandalo		la classe
il paio	comodo	
il numero	stretto	studiare
	pratico	imparare
provare	bello	
	buono	facile
l'anno	ottimo	difficile
il mese		interessante
	caro	

To say you'd like (to have) something:

vorrei | un paio di scarpe
una borsa di pelle

To say you'd like to try something on:
vorrei provare quei sandali

| *that . . .* | **quel** paio di scarpe |
	quella borsa
those . . .	**quei** sandali
	quelle scarpe
For all the forms of the words for *that* and *those* see p 251	

To say you like, or don't like something:

mi piace
non mi piace | questo vino
quel ristorante
l'acqua minerale

And if you're talking about more than one thing:
mi piacciono | quelle scarpe
non mi piacciono | le banane

To ask someone else if they like something:
le | piace il suo lavoro?
piacciono i vini italiani?

To say how much you like, or don't like, something:

mi	piace	moltissimo	*very much indeed*
	piacciono	molto	*a lot*
		abbastanza	*quite a lot*
		cosi cosi	*so so*

non mi	piace	molto	*not much*
	piacciono		

Moltissimo, molto, etc. can be used on their own:

Le piace Stresa?	Molto!
Le piace il suo lavoro?	Moltissimo!
Queste scarpe le piacciono?	Non molto.

buono	molto buono	buonissimo
bello	molto bello	bellissimo
comodo	molto comodo	comodissimo
caro	molto caro	carissimo

To tell the shop assistant what you think of the goods:

Queste scarpe sono	belle
	comode
	strette
	care

And if you want to elaborate:

Queste scarpe sono	care	*expensive*
	un po' care	*rather* expensive
	molto care	*very* expensive
	carissime	*very* expensive *indeed*
	troppo care	*too* expensive

And to tell the assistant you'll take it or them:

(l'ombrello)	lo prendo	(i sandali)	li prendo
(la borsa)	la prendo	(le scarpe)	le prendo

Jobs

To ask what someone's job is: **qual è** | il suo lavoro?
la sua professione?

or: **che lavoro fa?**

The answer might be:

sono	albergatore
	giardiniere
	scultore

or: faccio	il commerciante
	il cuoco
	il cameriere

sono means *I am . . .* ; **faccio** is equivalent to *I work as . . .*

Want to know more? See **Grammatica** 4, 5; 25; 57, 60; 68; 72; 80, 83, 86

Come sta? At the beginning of a conversation after saying **buongiorno** or **buonasera**, people often ask **come sta?** *how are you?* The answer is **bene, grazie, e lei?** which in turn is usually answered by **bene, grazie** as a reply.

Ci sono. The plural of **c'è** *there is* is **ci sono** *there are*:
   C'è una banca qui vicino?
   Ci sono due banche in Corso Palladio.

VITA ITALIANA

La porchetta
Porchetta is a speciality of central Italy, where it's a popular mid-morning snack. It's a whole young pig, boned, flavoured with rosemary and roasted on a spit. It's served cold, and you can buy it in foodshops, in the street or in open air markets, when it's usually carried on a barrow or in a van. Many **porchetta** sellers travel with a market from place to place.

The meat is held on the spit on which it was roasted, and slices are cut as needed and placed in chunks of bread, with a pinch of the rosemary stuffing.

Scarpe e sandali
The Italian shoe industry enjoys a world-wide reputation for quality and design. It is centred mainly in the north, around the town of Varese (across the lake from Stresa), though it's also well developed in other areas, and in some places it's an important cottage industry (e.g. in Naples).

Shoe-making in Italy is a skill which at times can reach the heights of an art. It's still possible here and there to have shoes made to measure by the local cobbler, although nowadays the craft is disappearing.

Most shop assistants in tourist centres are familiar with British shoe sizes, but you might find the following tables useful.

WOMEN		MEN	
British	Italian	British	Italian
4	37	8	42
5	38	9	43
6	39	10	44
7	40	11	45
8	41	12	46

La scuola
In Italy, school is compulsory between the ages of 6 and 14 and the state school system is run on comprehensive lines. It is non fee-paying, though parents usually have to pay for books and stationery.

Children from 6 to 11 go to primary school, **la scuola elementare**,
where they learn the three r's, Italian language, history, geography and
drawing. They then go on to the lower secondary school, **la scuola
media inferiore**, till they're 14.

Children who stay on at school after 14 go to the upper secondary, **la
scuola media superiore**, of which there are various kinds: the
grammar-school type **Liceo**; the **Istituto Magistrale**, a teacher-
training school for primary teachers, and the **Istituto Tecnico**, which
trains students in accountancy, administration, engineering, etc. Students
study a dozen or so subjects, and at 19 take final exams in four of them.
The subjects to be examined are set by the Ministry of Education about
three months before the exams are due to take place.

Most schools start at around 8.30 in the morning and go on till 12.30 or
1 o'clock. Children go home for lunch and only a few schools provide
extra classes in the afternoon. Christmas and Easter holidays are very
short, a matter of a few days, but the summer holidays make up for it:
from mid June to mid September.

In country districts you'll often see a **scuola bus** ferrying children to
and from school. Otherwise you'll see the little ones walking to school in
their overalls (black, white or pale blue) with big white collars. Older
students don't always use briefcases or the like: the smart thing has
always been to carry your books nonchalantly on your arm, thus
displaying not only the amount of them but also the volume of work
you're engaged in!

PROVA UN PO' . . .

1 Expressing your personal tastes, tell someone:

that you don't much like . . .
1 this white wine
2 these shoes
3 the green umbrella

that you like . . .
4   the blue sandals
5   the whole roast pig
6   Stresa

that you like these things a lot but they are a little too expensive . . .
7   the bag
8   the strawberries
9   this restaurant

and that you like these things very much indeed . . .
10   these black shoes
11   Italy
12   Buongiorno Italia!

2   Can you complete this conversation? The words you need are in the box on the right – you'll need some of them more than once.

Cliente	Buongiorno.	mi piacciono (2)
Commesso	Buongiorno. Desidera?	comode (3)
Cliente	Vorrei un .... di	scarpe
Commesso	Sì. Di che colore?	quarantacinque
Cliente	....	strette
Commesso	Che numero?	queste
Cliente	Quarantaquattro.	nere
Commesso	Vediamo, allora. Sì, ecco, nel quarantaquattro	nero
	abbiamo .... scarpe. Le piacciono?	paio
Cliente	Sì, ... molto. *(trying them on)* Ma non sono	abbastanza
	molto	
Commesso	Non sono .... ?	
Cliente	No, sono un po' .... Ha il .... ?	
Commesso	No, nel quarantacinque abbiamo soltanto questo tipo qua. *(customer tries them on)* Sono .... queste?	
Cliente	Sì, queste sono .... comode ma non	
Commesso	Oh, mi dispiace, ma nel quarantacinque in .... non abbiamo altro.	
Cliente	Grazie. Buongiorno.	
Commesso	Buongiorno. Arrivederla.	

3   **Sales talk.** You want to buy a really good brown leather handbag to take back home and you've found just the shop.

You	*(Say good morning)*
Commessa	Buongiorno. Desidera?
You	*(Tell her you'd like a handbag)*
Commessa	Sì. Di che colore? Nera, marrone, blu . . . ?
You	*(Brown)*
Commessa	Va bene. Di pelle o di plastica?
You	*(You can get plastic at home! Tell her leather)*
Commessa	Benissimo. *(showing you a large bag)* Abbiamo questa . . .
You	*(Tell her you don't like it. It's too big)*
Commessa	Sì, è grande ma è molto di moda questo tipo quest'anno. *(showing you a smaller one)* Poi c'è questa, un po' più piccola. E' molto bella anche questa.
You	*(Ask her how much it is)*

46

Commessa	Questa costa cinquantaseimila lire.
You	*(Fifty-six thousand? That's a bit expensive!)*
Commessa	No, no. Non è cara. E' un'ottima pelle questa. Guardi! E' una borsa molto elegante . . .
You	*(There's a nice-looking one over there. Ask the price of that bag)*
Commessa	*(bringing it to you)* Questa costa quarantadue. Anche questa è molto elegante, di ottima qualità . . .
You	*(Ah, yes. Tell her you like this one a lot. You'll have it)*
Commessa	Benissimo. Va bene un sacchetto?
You	*(Yes, thanks, and here's fifty thousand)*
Commessa	Mille grazie. E ottomila di resto a lei.

4   Match the words on either side of the **di** to make sensible phrases.

una borsa		viaggio
due etti		vino bianco
un paio		resto
un cestino		pelle
un'agenzia	**di**	francese
tre chili		scarpe
un professore		porchetta
un biglietto		pomodori
cento lire		fragole
una bottiglia		entrata

5   You've gone into your local Italian café in London. You know the man behind the counter is Italian, so what an opportunity to practise!

Cameriere	Morning!
You	*(Wish him good morning in Italian)*
Cameriere	Ah! Parla italiano! Bravo! Allora, cosa desidera?
You	*(Ask for a white coffee, please)*
Cameriere	Va bene. Con zucchero o senza?
You	*(Tell him with sugar, thanks)*
Cameriere	Subito.
You	*(. . . and one of these cakes)*
Cameriere	E una pasta. Benissimo.
You	*(While he's making the coffee, make some polite conversation. Say excuse me, where do you come from?)*
Cameriere	Io? Io sono di Napoli, sono napoletano.
You	*(Ask him if he likes London)*
Cameriere	Così così. E' un po' troppo grande. E a lei?
You	*(Say you're Welsh but you like London a lot)*
Cameriere	Ah, lei è gallese! Il paese della musica, come l'Italia! Ha, ha! Ecco il caffè . . . e una pasta.
You	*(Thank him and ask how much it comes to)*
Cameriere	Sessanta pence.
You	*(Say here you are)*
Cameriere	Grazie. Next please . . .

5 RIVEDIAMO UN PO'...

REVISION (1)

RADIO   1 You should now be able to ask the price of things. Here's Gianna asking about some pottery in a shop in Vicenza.

Negoziante	Buongiorno, signora.
Gianna	Buongiorno.
Negoziante	Cosa desidera?
Gianna	Questo piatto, quanto costa?
Negoziante	Cinquemila lire.
Gianna	E queste tazzine, quanto costano?
Negoziante	La tazzina e il piatto, ottomila e cinquecento.
Gianna	Grazie. E il vaso?
Negoziante	Questo vaso è tredicimila e cinquecento.
Gianna	Va bene. Grazie.
Negoziante	Prego.
Gianna	Buongiorno.
Negoziante	Buongiorno, signora.

RADIO   2 And you can buy things too. We recorded Gianna buying a film for her camera.

Commesso	Buongiorno, signorina.
Gianna	Buongiorno.
Commesso	Desidera?
Gianna	Mi dà una pellicola per questa macchina?
Commesso	Sì. Bianco e nero, o a colori?
Gianna	Eh . . . a colori.
Commesso	A colori. Da dodici, ventiquattro o trentasei?
Gianna	Ventiquattro.
Commesso	Ventiquattro pose. Pronto! Per fotografia o per diapositiva?
Gianna	Per fotografia.
Commesso	Fotografia . . . *(he goes to get the film)* Ecco, signorina.
Gianna	Quant'è?
Commesso	Tremila e duecento lire.
Gianna	Ecco. Mille, duemila, tremila e duecento.
Commesso	Grazie molto.
Gianna	Prego.
Commesso	Buongiorno e arrivederla.
Gianna	Buongiorno.

bianco e nero	*black and white*
pellicola a colori	*colour film*

48

In Stresa, Mrs de Maria is shopping for some ham, butter, mozzarella cheese and bread.

Sig.ra de Maria	Buongiorno.
Margherita	Buongiorno, signora. Cosa le do oggi?
Sig.ra de Maria	Mi dà un po' di prosciutto, per favore?
Margherita	Cotto o crudo?
Sig.ra de Maria	Crudo.
Margherita	Quanto?
Sig.ra de Maria	Due etti.
	(The ham is cut and weighed)
Margherita	Voleva altro, signora, dopo il prosciutto?
Sig.ra de Maria	Sì . . . , burro.
Margherita	Che burro le do?
Sig.ra de Maria	*(pointing to a particular type)* Questo, il 'Casalingo'.
Margherita	Il 'Casalingo'. Altro, signora?
Sig.ra de Maria	Due mozzarelle.
Margherita	La 'Monate' o la 'Santa Lucia'?
Sig.ra de Maria	*(indicating the 'Monate' brand)* No, queste.
Margherita	Va bene. *(serving her)* Altro, signora?
Sig.ra de Maria	E sei panini.
Margherita	*(bringing the bread)* Voleva altro, dopo il pane, signora?
Sig.ra de Maria	No, basta.
Margherita	Nient'altro?
Sig.ra de Maria	Basta così oggi. Quant'è?
Margherita	*(adding it up on the till)* Il prosciutto crudo . . . le mozzarelle . . . il pane . . . e il burro. Totale: settemila. *(Mrs de Maria pays)* Grazie, signora.
Sig.ra de Maria	Prego. Buongiorno.
Margherita	Buongiorno. Arrivederci.

cosa le do oggi?	*what can I get you today?*
prosciutto cotto/crudo	*cooked/smoked ham*
nient'altro?	*nothing else?*

In a shop window Gianna has seen some black shoes she likes, but when she tries them on she finds they're a size too small.

Gianna	Buonasera.
Commessa	Buonasera.
Gianna	Vorrei vedere quelle scarpe in vetrina, nere.
Commessa	Sì, si accomodi.
Gianna	Grazie.
Commessa	Che numero calza?
Gianna	Trentotto.
Commessa	Sì. *(she fetches the shoes and Gianna puts them on)*
Gianna	C'è uno specchio, per favore?
Commessa	Sì, signora. *(indicating the mirror)* Prego.
Gianna	Grazie. *(studying the shoes)* Quanto costano?
Commessa	Cinquantamila. Sono comode?
Gianna	Mi piacciono ma . . . sono troppo strette. La destra è troppo stretta. Ha il trentanove?

Commessa	No, è l'ultimo paio che abbiamo.
Gianna	Allora mi dispiace ma . . . non le prendo.
Commessa	Va bene.
Gianna	Grazie lo stesso.
Commessa	Buonasera, grazie.
Gianna	Buonasera.

vorrei vedere	*I'd like to see*
che numero calza?	*what size do you take?*
l'ultimo paio che abbiamo	*the last pair we have*
mi dispiace	*I'm sorry*
grazie lo stesso	*thanks all the same*

Gianna also went to the greengrocer's.

Fruttivendolo	Buongiorno, signora.
Gianna	Buongiorno.
Fruttivendolo	Desidera?
Gianna	Un chilo di pere.
Fruttivendolo	Queste o quelle?
Gianna	Quelle.
Fruttivendolo	Bene . . . ecco. Cinquecento lire. Dopo, signora?
Gianna	Quattro pesche, mature.
Fruttivendolo	Bene. Ottocento lire. Dopo?
Gianna	Mezzo chilo di pomodori.
Fruttivendolo	Grandi o piccoli?
Gianna	Piccoli.
Fruttivendolo	Quattrocento. Dopo?
Gianna	Basta, grazie. Quant'è?
Fruttivendolo	Pere cinquecento, pesche ottocento, pomodoro quattrocento. Millesettecento, signora.
Gianna	Ecco duemila.
Fruttivendolo	Millesette, milleotto, millenove, duemila.
Gianna	Grazie.
Fruttivendolo	Prego. Arrivederla, signora.
Gianna	Buongiorno.
Fruttivendolo	Buongiorno.

dopo?   *anything else?*

500
800
400
—
£1·700

In Stresa, Anna talked to people about their work.

Ambrogio Citterio, capogiardiniere

Anna	Le piacciono gli animali?
Ambrogio	Moltissimo!

Gianfranco Giustina, capogiardiniere.

Anna	Le piacciono le piante?
Gianfranco	Sì, tantissimo!
Anna	Quale le piace di più?
Gianfranco	Tutte.
Anna	Tutte?
Gianfranco	Tutte!

tantissimo   *very much indeed*
di più   *most*

Felice Pollini, custode.

Anna	E le piace il suo lavoro qui?
Felice	Molto. Vorrei incominciare domani.
Anna	Bravo!

vorrei incominciare domani   *I'd like to begin tomorrow*

And she talked to Cristina Ferri who is just starting to learn English at school.

Anna	Ciao. Come ti chiami?
Cristina	Cristina Ferri.
Anna	E' il primo anno che studi l'inglese?
Cristina	Sì.
Anna	Ti piace?
Cristina	Sì.
Anna	E' difficile?
Cristina	Basta studiarlo!
Anna	Brava! E ti piace venire a scuola?
Cristina	Sì.
Anna	Che cosa ti piace di più? Quale materia?
Cristina	Be', un po' di tutto, però mi piace l'inglese, l'italiano, l'aritmetica . . . tutto!

basta studiarlo!   *not if you work at it! (it's enough to study it)*
un po' di tutto   *a bit of everything*

Of the many foreign tourists who come to Stresa every summer, very few speak any Italian, so it's essential for local people to speak other languages, such as French, English and German.

Liliana Borroni, agente di viaggio

Anna	C'è sempre molto lavoro qui?
Liliana	Abbastanza.
Anna	Vengono molti stranieri?
Liliana	Sì, parecchi.
Anna	Parlano l'italiano?
Liliana	Non molto . . .
Anna	Allora lei parla altre lingue?
Liliana	Sì.
Anna	Per esempio?
Liliana	Francese e inglese, tedesco.
Anna	E' necessario per questo lavoro?
Liliana	Ah, è assolutamente necessario, molto necessario!

parecchi   *quite a lot*

Cesare Paulon, tabaccaio

Anna	C'è molto lavoro d'estate?
Cesare	D'estate c'è abbastanza lavoro, sì. D'inverno, naturalmente, meno.

Anna	E lei parla anche altre lingue?
Cesare	Parlo abbastanza bene il francese e un poco l'inglese.
Anna	Solo un poco?
Cesare	Un poco, sì.

d'estate   *in summer*
d'inverno   *in winter*

Bruno dell'Era, albergatore

Anna	E lei parla anche altre lingue?
Bruno	Be', sì. Oltre all'italiano parlo inglese, francese e tedesco.
Anna	E' necessario per questo lavoro?
Bruno	Be', è indispensabile.

oltre all'italiano   *besides Italian*

ALLORA ...

This is a revision chapter. The best way of finding out what language you personally need to revise is by doing the special exercises in **Check your progress**. The **Allora . . .** section here is just to help fill in a few gaps in vocabulary.

VOCABOLARIETTO

il piatto	la macchina	il giorno
la tazzina	fotografica	la settimana
il vaso	una pellicola	d'estate
il prosciutto crudo	da 36 (pose)	d'inverno
il prosciutto cotto	bianco e nero	necessario
il burro	a colori	indispensabile
il pane	una diapositiva	
il panino		parlare
		la lingua

I giorni della settimana

I sette giorni della settimana sono:
lunedì
martedì
mercoledì
giovedì
venerdì
sabato
domenica

All except **domenica** are masculine. All are spelt with a small initial letter.

On Italian calendars Monday is the first day of the week.

I numeri da uno a cinquemila

1	uno	21	ventuno	41	quarantuno
2	due	22	ventidue	42	quarantadue
3	tre	23	ventitre		*etc.*
4	quattro	24	ventiquattro	50	cinquanta
5	cinque	25	venticinque	60	sessanta
6	sei	26	ventisei	70	settanta
7	sette	27	ventisette	80	ottanta
8	otto	28	ventotto	90	novanta
9	nove	29	ventinove	100	cento
10	dieci	30	trenta	200	duecento
11	undici	31	trentuno	300	trecento
12	dodici	32	trentadue	400	quattrocento
13	tredici	33	trentatre	500	cinquecento
14	quattordici	34	trentaquattro		*etc.*
15	quindici	35	trentacinque	1000	mille
16	sedici	36	trentasei	2000	duemila
17	diciassette	37	trentasette	3000	tremila
18	diciotto	38	trentotto	4000	quattromila
19	diciannove	39	trentanove	5000	cinquemila
20	venti	40	quaranta		*etc.*

Want to know more?   See **Grammatica** 4; 48; 53; 72

Want to know more?   See **Grammatica** 4; 48; 53; 72

PAROLE E USANZE

Mi dispiace *I'm sorry* is used to express regret when, for instance, you can't oblige in some way, or you've caused someone an inconvenience. You can also use it to show sympathy for someone who has had some bad news.

Scusi, and particularly **oh, scusi**, or **mi scusi**, as well as being used to attract attention, mean *I'm sorry* if you accidentally bump into someone, or you realise you've made a silly mistake.

VITA ITALIANA

Prosciutto crudo e prosciutto cotto

There are two types of ham in Italy, **prosciutto cotto** (cooked ham – the kind you'd put in a sandwich in Britain) and **prosciutto crudo** (raw, smoked ham). Both kinds are available in grocery shops, and if you've never eaten the raw, smoked variety, you might like to give it a try. **Prosciutto crudo** is deep red in colour, has a stronger flavour than cooked ham and you'd normally buy it in thin, almost transparent slices. Although expensive, a little goes a long way and it can make an excellent start to a meal when served with fresh fruit like melon or figs.

Mozzarella

Mozzarella is a fresh, leavened cheese, originally from the area around Naples and made from the milk of the Italian buffalo cow. Nowadays, genuine buffalo mozzarella, **mozzarella di bufala**, is quite rare and the cheese is mostly made from the milk of ordinary cows, when it's also known as **fior di latte** (*flower of milk*).

Mozzarella forms the basis of many dishes (eg **pizza alla napoletana, mozzarella in carrozza**), but when it is fresh and still soaking in its own buttermilk, it's very nice eaten uncooked with just a touch of salt and freshly milled pepper. It is now becoming available in many supermarket chains in Britain.

CHECK YOUR PROGRESS!

These exercises are meant to help you discover what you've remembered and what you've forgotten. In the key at the back of the book we've given page references so that you can look up and revise anything you got wrong.

1 Only one of the choices in these sentences is correct. Which is it?

1 Scusi, c'è | *un* / *una* / *un'* | caffè qui vicino?

2 Questo ombrello mi piace. | *Lo* / *La* / *Li* | prendo.

3 Queste scarpe sono troppo | *stretto.* / *stretti.* / *strette.*

4 Quei sandali mi | *piace* / *piacciono* | molto.

5 Quanto costa | *quella* / *quel* / *quelle* | paio di scarpe, per favore?

6 Scusi, per favore, dov'è | *il* / *la* / *l'* | Albergo Bristol?

7 Queste mele | *è* / *sono* | care.

8 Quanto | *costa* / *costano* | le fragole?

9 Le | *piace* / *piacciono* | i pompelmi?

10 | *Questo* / *Questa* / *Queste* | cartoline sono molto belle.

11 Di dove sei, | *tu?*
| *lei?*

12 Lei | *è*
| *sei* | di Roma?

2 Check your vocabulary: can you find the odd man out?

1 In which of these places wouldn't you ask for the bill?
albergo   **ristorante**   **duomo**   **negozio**

2 Which of the following wouldn't you say when taking leave of your best friend?
ciao   **arrivederla**   **arrivederci**   **buonanotte**

3 Which of the following would you not drink from?
borsa   **bicchiere**   **tazza**   **bottiglia**

4 Which of the following wouldn't fit into your shopping bag?
francobollo   **chiave**   **biglietto**   **chiesa**

5 Which of the following wouldn't you normally eat with cream?
banane   **prosciutto**   **fragole**   **paste**

6 Caviar could be described by all but one of these words. Which?
buonissimo   **carissimo**   **nero**   **stretto**

7 And which of these wouldn't you find in the average kitchen?
zucchero   **latte**   **panini**   **funivia**

8 Which of these wouldn't you put in your fridge?
vino bianco   **fruttivendolo**   **latte**   **burro**

9 Someone has just asked you *Come sta?* With which of the following would you answer?
arrivederci   **bene, grazie**   **buonasera**   **non mi piace**

10 And you wouldn't ask for a kilo of one of the following. Which?
caffè   **scarpe**   **mele**   **zucchero**

11 Which of these is most likely to wear a kilt?
un gallese   **un cuoco**   **uno scozzese**   **un cameriere**

12 What wouldn't you put in your tea?
latte   **limone**   **zucchero**   **porchetta**

3 Tell a new acquaintance:

a) you're called . . .
b) you're English and you're from Norwich
c) you're here on holiday
d) you like this restaurant very much
e) that bag in the window is very practical
f) you like the bar in Verdi Street
g) there's a chemist's in Garibaldi Square
h) you'd like to see Capri
i) you're sorry! (he's just told you he's lost his wallet)
j) you're sorry! (you've just knocked his wine over)

4 Now ask your new Italian acquaintance:

   a) where he comes from
   b) what his job is
   c) if he is here on holiday or for work
   d) if he likes his job
   e) if he likes this restaurant
   f) if he likes French wines
   g) if this red wine is good
   h) if Italian shoes are expensive

5 1 Ask a passer-by:

   a) if there's a | bank / tobacconist's / chemist's | nearby

   b) where the | bus stop / market / tourist office | is

   2 Ask:
   a) a tobacconist to give you:
      one stamp for Italy
      two 150 lire stamps
      three stamps for Great Britain

   b) a greengrocer to give you:
      half a kilo of apples
      three punnets of strawberries
      four bananas

   c) a grocer to give you:
      100 grams of butter
      150 grams of porchetta
      200 grams of cooked ham

   3 Now ask a shop assistant the price of:
      100 grams of smoked ham
      this guide book of Orvieto
      those black shoes in the window

   4 Tell the assistant in the shoe shop that:
      you'd like to try on the blue sandals
      they are very comfortable
      you'll take them

      And that:
      you like that leather bag
      but it's too expensive
      you won't take it

LETTURE 1

READING PASSAGES 1–6

These texts are based on the documentary part of television programmes 1 to 6 and have been specially written for reading. They're designed to help you to understand rather more of the language than you can learn to speak in a short period of time.

Try to read one a week, and read the introduction and the questions in English first. Together with the key at the end they'll help you to get the gist of the text, which is all that's required. When you've read one through, you should be able to answer the questions, in English, of course!

Remember that these passages are not meant to be translated word for word, so try to avoid looking everything up – though if you really must, you'll find everything in the glossary at the back of the book.

1 **Stresa: una località turistica**
Stresa is a small holiday resort on Lake Maggiore in north-west Italy. As well as having a thriving tourist trade, it is an important conference centre with hotels, swimming pools, a good-sized zoo in a beautiful park and many pleasant walks.

There are interesting excursions to be made from Stresa. These can be booked through the local travel agents, who also change money and sell guide books and maps.

How many people live in Stresa?
What percentage of the tourists are foreigners?
Could you get to Paris from Stresa direct by train?
Does the trip round three lakes include Lake Orta?
Can you get an ice cream at the zoo?

Stresa, sul Lago Maggiore, è una cittadina elegante e tranquilla. E' una cittadina di 5.000 abitanti. E' una località turistica.

A Stresa vengono molti turisti, il 90 per cento stranieri: turisti svizzeri, tedeschi, francesi, belgi e inglesi. Da aprile a ottobre vengono turisti da tutta l'Europa. Naturalmente a Stresa ci sono molti alberghi, ristoranti e bar. Desidera un caffè, un cappuccino? Prego, s'accomodi!

In centro c'è un municipio, un imbarcadero, una chiesa. C'è anche un ufficio postale, un ospedale e un palazzo per i congressi, il Palazzo dei Congressi di Stresa. La stazione ferroviaria è sulla linea internazionale Milano–Ginevra–Parigi–Calais. E sul lungolago ci sono due agenzie di viaggio che cambiano i soldi e prenotano viaggi, escursioni e gite.

Da Stresa ci sono escursioni alle tre isole: Isola Bella, Isola Pescatori e Isola Madre; c'è il giro dei tre laghi: Maggiore, Lugano e Como, e c'è una gita al Lago d'Orta. C'è anche una funivia che va su in montagna, all'Alpino e al Mottarone.

Da visitare a Stresa c'è il Parco Zoologico della Villa Pallavicino, dove ci sono molti animali e uccelli. Per i bambini c'è un campo da gioco, e naturalmente c'è un bar. Desidera un gelato, un'aranciata? Prego, s'accomodi!

Il parco della villa è molto bello e molto grande, con una bella cascata, grandi alberi e moltissimi fiori.

A Stresa ci sono sempre moltissimi fiori.

vengono molti turisti	*lots of tourists come*
ci sono	*there are*
sul lungolago	*on the lake front*
che cambiano i soldi	*who change money*
animali, uccelli	*animals, birds*
un campo da gioco	*a playground*
cascata, alberi, fiori	*waterfall, trees, flowers*

2 A Stresa ci sono molti albergatori

There are hotels to suit every pocket and taste in Stresa. They range from the very grand *Grand Hotel des Îles Borromées*, which has every kind of amenity, to small hotels without restaurant service, called *meublés*. The hoteliers work extremely hard. One lives in his hotel for the entire tourist season and another one still works every day at the age of 72.

Stresa: l'Albergo
Regina Palace

Which hotel can provide waterskiing?
Which hotelier lives in for eight months of the year?
Where does he live for the rest of the year?
Which two hotels have the same number of rooms each?
Does the Villa Aminta have a tennis court among its several amenities?

A Stresa ci sono alberghi di ogni categoria. C'è il Grand Hotel des Îles Borromées, un albergo di lusso, con 150 camere, ristorante, due piscine, campi da tennis, minigolf, spiaggia privata e giardino. Di prima categoria, c'è il Regina Palace, con 160 camere, ristorante, discoteca, giardino, piscina, spiaggia privata e sci nautico. E c'è l'Albergo Bristol, con 250 camere, ristorante, due piscine e giardino.

Direttore e proprietario del Bristol è Francesco Zacchera. Il signor Zacchera è di Baveno, una cittadina a due chilometri da Stresa. Durante la stagione abita in albergo, per otto mesi all'anno. Per un albergatore c'è sempre molto lavoro!

Anche Alberto Padulazzi è albergatore. Il signor Padulazzi, di 72 anni, è di Stresa. E' il proprietario di due alberghi in centro di seconda categoria:

l'Albergo Milano e l'Albergo du Lac, con 100 camere ciascuno. E per chi vuole spendere meno ci sono alberghi di terza categoria e alberghi *meublés*: alberghi senza servizio ristorante.

Un po' fuori Stresa, a circa cinque minuti in macchina, c'è l'Albergo Villa Aminta, una volta una villa privata, ora un albergo di seconda categoria con 35 camere e una piccola *dépendance*. Proprietario dell'albergo è Bruno dell'Era. Il signor dell'Era, di Stresa, è anche il presidente dell'Associazione Albergatori di Stresa.

L'Albergo Villa Aminta, visto dall'aria

L'albergo ha una bella vista sul lago e parecchie amenità: c'è un buon ristorante, un campo da tennis, una piscina, una spiaggia privata e un parco con moltissimi fiori. A maggio e a giugno sono in fiore i rododendri e le azalee.

durante la stagione	*during the season*
per chi vuole spendere meno	*for those who wish to spend less*
un po' fuori Stresa	*a little outside Stresa*
una bella vista sul lago	*a lovely view over the lake*
parecchie amenità	*many amenities*

3 Pasta e ombrelli

Every Friday in the market in Stresa, Dante Pozzi, one of the traditional 'umbrella men' from the villages above Stresa, sells his umbrellas. Much food is bought in the market, but the people of Stresa also patronise Dario Poletti's shop which sells something they particularly like: fresh pasta.

Do the tortelloni 'di magro' contain a meat filling?
Does Dario Poletti eat the pasta he makes?
Does Dante Pozzi make umbrellas as well as repair and sell them?
Where have many umbrella men come from?
Where will you find a monument to the umbrella men?
And where can you see all the old family photos?

Dario Poletti è cuoco. Prepara e vende pasta fresca: spaghetti e tagliatelle, lasagne e cannelloni, pizze con pomodoro e mozzarella. Vende anche tortellini e tortelloni: tortelloni con ripieno di carne e tortelloni 'di magro', senza carne, con ripieno di spinaci e formaggio.

Il signor Poletti è di Invorio, un paese a circa 20 chilometri da Stresa, ma abita e lavora a Stresa da tre anni.

Anna	Signor Poletti, lei mangia la pasta che prepara?
Sig. Poletti	Sì, per dare il buon esempio!
Anna	Quale tipo di pasta preferisce?
Sig. Poletti	Mah, un po' di tutto. Tortelloni di magro, tagliatelle, lasagne . . . , un po' di tutto.

Ogni venerdì a Stresa, in Piazza Cadorna, c'è il mercato. Qui c'è di tutto: frutta, verdura, formaggi, fiori, borse, ombrelli . . . Dante Pozzi, ombrellaio, fa ombrelli, ripara ombrelli e vende ombrelli al mercato ogni venerdì.

Il signor Pozzi è di Brovello, un villaggio in montagna sopra Stresa con un'antica tradizione: gli ombrelli. In tutto il mondo ci sono ombrellai che sono venuti da villaggi come Brovello, Gignese, Carpugnino e Massino. A Massino c'è un monumento dedicato all'ombrellaio. A Gignese c'è un museo, il Museo dell'Ombrello e del Parasole, dove c'è una collezione di ombrelli di personaggi famosi, c'è la 'bottega' di un ombrellaio, e ci sono vecchie fotografie di famose famiglie di ombrellai.

Il Monumento all' Ombrellaio d'Italia, Massino

La signora Ione Minzoni, custode del museo, è di Bologna ma abita a Gignese da 20 anni.

Anna	Signora, le piace abitare qui a Gignese?
Sig.ra Minzoni	Sì. E' un bel paesino. E' piccolo ma è carino.

Da piccoli paesi come Gignese e Brovello gli ombrellai sono andati in tutto il mondo a fare ombrelli, riparare ombrelli e vendere ombrelli. Sono andati a fare la loro fortuna.

per dare il buon esempio	*to set a good example*
in tutto il mondo	*all over the world*
bottega	*workshop*
un bel paesino	*a pretty little town*
sono andati	*have gone*
fare la loro fortuna	*to seek their fortune*

4 Scultori e pescatori

Although the tourist trade in Stresa is a major employer, the natural surroundings are also a traditional source of employment. The fish in the lake and the local stone in the mountains provide jobs for local people.

How is the granite cut, smoothed and polished?
Where will you find a drawing of a railway worker between a gardener and a fireman?
Where do the fishermen live?
At what time in the afternoon do they go to cast their nets in the middle of the lake?
Do they do this in the winter as well as in the summer?

A Stresa molta gente lavora negli alberghi. Ci sono camerieri, cuochi e portieri; ci sono proprietari e direttori d'albergo.

Intorno a Stresa ci sono molti parchi e giardini, e per curare i giardini ci sono molti giardinieri.

Vicino a Stresa ci sono montagne di granito, granito rosa e granito bianco. Per lavorare questo granito ci sono scultori. Uno di questi è Erardo Cardini che abita e lavora a Feriolo, un paesino a circa tre chilometri da Stresa. Il granito è una pietra molto dura e viene tagliato, levigato e lucidato con le macchine.

Alla scuola elementare, dove i bambini imparano a leggere, a scrivere e a disegnare, c'è una mostra di disegni: 'Il papà al lavoro'. C'è un giardiniere, un ferroviere e un pompiere; c'è un meccanico, un professore e un albergatore. E c'è anche un pescatore.

Pescatori sul
Lago Maggiore

I pescatori del Lago Maggiore abitano all'Isola Superiore – l'Isola Superiore dei Pescatori. E' una piccola isola, molto pittoresca, con una chiesa e un piccolissimo cimitero. Vive di turismo e di pesca.

I pescatori dell'isola, come Guido Gottardi e Romeo Ruffoni, lavorano tutti insieme, in una cooperativa. Ogni giorno, d'estate e d'inverno, preparano le barche, e alle cinque del pomeriggio vanno a mettere le reti in mezzo al lago.

Anna	Lei è di qui, dell'isola?
Sig. Gottardi	Sì, dell'isola.
Anna	Tutta la sua famiglia anche?
Sig. Gottardi	Sì.
Anna	E qual è il suo lavoro?
Sig. Gottardi	Pescatore.
Anna	E' sempre stato pescatore?
Sig. Gottardi	Sempre.
Anna	E fa il pescatore tutto l'anno?
Sig. Gottardi	Sì, tutto l'anno.
Anna	Anche d'inverno?
Sig. Gottardi	Anche d'inverno.
Anna	Ci sono molti pesci nel lago?
Sig. Gottardi	Abbastanza.

I pescatori pescano anche d'inverno, quando fa molto freddo. Alle tre del mattino ritirano le reti e portano il pesce a Stresa per la vendita. Poi ritornano all'isola per dormire.

Alle cinque del pomeriggio comincia un'altra giornata di lavoro.

molta gente	*a lot of people*
un piccolissimo cimitero	*a tiny cemetery*
vive di . . .	*it exists on . . .*
preparano le barche	*get their boats ready*
è sempre stato?	*have you always been?*
quando fa molto freddo	*when it's very cold*
per la vendita	*to be sold*

5   **Una festa elegante e una festa di paese**
Every year the hotel school, **la scuola alberghiera**, holds an end-of-year dinner. All the important people come to enjoy the food cooked by the young chefs and served by the student waiters. In complete contrast, there's the open-air fête in the little village of Brovello, where there's music and dancing, and where the food is cooked and served by the local people themselves.

At the hotel school, could you learn to be a manager as well as a cook?
How many years does the cooks' course last?
How has Alessandro decorated the boiled trout?
Do the drum majorettes perform indoors or out?
Where could you get a grilled steak with fried potatoes . . .
. . . and dance to the sound of The Volcanoes?

A Stresa c'è una scuola alberghiera. Qui gli studenti imparano tutti i lavori d'albergo, dalla direzione alla cucina.

63

Alla fine dell'anno scolastico c'è una festa elegante all'Albergo Bristol: i giovani cuochi della scuola preparano una grande cena con tanti buonissimi piatti. I giovani camerieri servono gli invitati.

Uno dei cuochi è Alessandro Rugariva, studente del secondo anno.

Anna	Tu fai la scuola alberghiera?
Alessandro	Sì.
Anna	Quanti anni sono il corso?
Alessandro	Sono tre anni.
Anna	Che anno fai?
Alessandro	Il secondo.

Alessandro ha preparato una trota bollita, decorata con maionese, arance e pomodori. C'è anche un'insalata mista di carote, cipolle, peperoni e carciofi; c'è il prosciutto crudo, il salmone affumicato e il vitello tonnato, fette di vitello con salsa di tonno e capperi.

Per completare la festa ci sono gli aperitivi in giardino, c'è una banda musicale e ci sono *le majorettes*. Tutti si divertono.

A Brovello, il piccolo villaggio sopra Stresa, c'è un'altra festa, una festa di paese.

Qui non ci sono camerieri o cuochi della scuola alberghiera, ma ci sono i 'cuochi' del villaggio. Preparano la polenta, le bistecche, i salamini e il pesce (pesce del lago, naturalmente), e molte patate fritte: chili di patate fritte! Tutti bevono molto vino e mangiano molta uva.

Per completare la festa ci sono *I Vulcani*, un gruppo 'pop' locale. La gente balla, e tutti si divertono.

fette di vitello	*slices of veal*
salsa di tonno e capperi	*tuna fish sauce with capers*
tutti si divertono	*everybody has a good time*
la polenta	*see p 178*
tutti bevono, mangiano	*everybody drinks, eats*

Una festa di paese, a Brovello

6 A che ora . . . ?

From early morning till evening the boats go up and down Lake Maggiore. You can visit the Borromean islands on them: Isola Madre is a beautiful botanic garden, and Isola Bella, the nearest island to Stresa, has an impressive 16th century palace and an 'Italian' Baroque garden.

Why is May the loveliest time of the year?
Who's been selling boat tickets for the last 29 years?
Are 11 gardeners enough to look after the 'Italian' gardens?
When were the Flemish tapestries probably made?
Who live in the palace for two months every year?

05.42
06.45
07.00
08.30
09.00

Questa mattina il sole sorge alle cinque e quarantadue. Il primo battello parte da Stresa alle sei e quarantacinque. Alle sette molti albergatori sono già al lavoro, e Radio Stresa comincia le sue trasmissioni con *Mattinata con voi*, un programma di musica pop. Il discjockey è Renato.

Alle otto e trenta aprono le banche e i negozi, e alle nove sono aperti al pubblico i giardini dell'Isola Bella e dell'Isola Madre.

Il giardino dell'Isola Madre è un bellissimo giardino botanico. C'è un grande cedro atlantico, un pino messicano, una palma del Cile. Vicino alla palma c'è un loto. Per curare il giardino ci sono sei giardinieri. Il capogiardiniere è Gianfranco Giustina.

Anna	C'è molto lavoro in un giardino di questo genere?
Gianfranco	Tantissimo, sempre, molto.
Anna	Quando c'è il lavoro più grosso, in che periodo?
Gianfranco	Be', direi in primavera e in autunno.
Anna	E il periodo più bello?
Gianfranco	Maggio.

A maggio fioriscono le camelie, i rododendri e le azalee. Il loto fiorisce da luglio a settembre.

Per visitare le isole e tutto il lago, c'è un servizio di battelli. Anna Zanzi è la bigliettaia all'imbarcadero di Stresa.

Il battello *Camoscio* all'imbarcadero di Stresa

Anna	Il suo nome, scusi?
Sig.ra Zanzi	Anna Zanzi.
Anna	E' di qui, di Stresa?
Sig.ra Zanzi	Sì, abito a Stresa.
Anna	E qual è il suo lavoro qui?
Sig.ra Zanzi	Bigliettaia. Vendo i biglietti per il battello.
Anna	Da quanti anni fa questo lavoro?
Sig.ra Zanzi	Da molti anni, signora, ventinove anni.
Anna	E le piace?
Sig.ra Zanzi	Sì, abbastanza. E' un lavoro vario.

L'isola più vicina a Stresa è l'Isola Bella. Qui c'è un bellissimo giardino barocco 'all'italiana', con terrazze, sculture, e con molti pavoni bianchi. Per curare questo giardino ci sono undici giardinieri. Il capogiardiniere è Mario Omarini.

Anna	C'è molto da fare qui?
Sig. Omarini	Eh, parecchio, direi! In tutte le stagioni c'è molto da lavorare, molto, molto.
Anna	Anche d'inverno?
Sig. Omarini	Anche d'inverno!

Per Mario Omarini, undici giardinieri sono appena appena sufficienti per curare un giardino come questo.

Da visitare all'isola c'è anche il Palazzo dei Principi Borromeo, costruito nel Seicento. Ci sono grandi saloni, una sala da ballo e una galleria con una serie di magnifici arazzi fiamminghi, probabilmente del Cinquecento. Felice Pollini, uno dei custodi, lavora qui da sessant'anni.

Anna	Quanti anni ha?
Sig. Pollini	Settantaquattro.
Anna	E lei viene qui tutti i giorni?
Sig. Pollini	Tutti i giorni.
Anna	Lei conosce la famiglia Borromeo?
Sig. Pollini	Eh, da quando sono nati, tutti!

La famiglia Borromeo abita a Milano, ma ogni anno viene ad abitare nel palazzo per due mesi, in agosto e settembre.

il sole sorge	*the sun rises*
direi	*I'd say*
appena appena	*just about*
il Seicento	*the 17th century (the 1600s)*
salone, sala da ballo	*large reception room, ballroom*
il Cinquecento	*the 16th century (the 1500s)*
lei conosce?	*do you know?*
da quando sono nati	*since they were born*

6 A CHE ORA PARTE...?

GOING PLACES

RADIO   1

Gianna has to go to Padua. It's only about 30 kilometres from Vicenza and she decides to go by coach. At the ticket office she asks when the coach leaves.

Il pullman per Padova

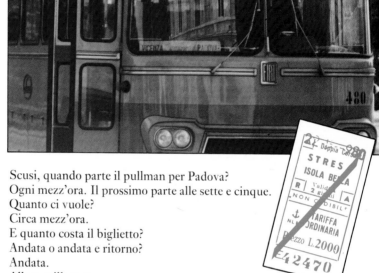

Gianna	Scusi, quando parte il pullman per Padova?
Bigliettaio	Ogni mezz'ora. Il prossimo parte alle sette e cinque.
Gianna	Quanto ci vuole?
Bigliettaio	Circa mezz'ora.
Gianna	E quanto costa il biglietto?
Bigliettaio	Andata o andata e ritorno?
Gianna	Andata.
Bigliettaio	Allora millecento.
Gianna	Va bene. Mi dà un biglietto di andata . . .? *(taking the ticket and paying)* Ecco, mille e cento. Grazie.
Bigliettaio	Buonasera e grazie a lei.

ogni mezz'ora   *every half-hour*
quanto ci vuole?   *how long does the journey take?*

> To ask when something leaves:
> | **quando** | |
> |---|---|
> | **a che ora** | **parte . . .?** |

TV   2

In Stresa, Iria decides to visit Isola Bella. She goes to the boat station to get a ticket.

Iria	Mi dà un biglietto per l'Isola Bella, per favore?
Bigliettaia	Sì. Andata e ritorno?
Iria	Sì. Quant'è?
Bigliettaia	Duemila.
Iria	Grazie. A che ora parte il battello?
Bigliettaia	Alle due.
Iria	Grazie. Buongiorno.
Bigliettaia	Prego. Buongiorno.

Having looked around Isola Madre, Anna asks when the next boat leaves for Stresa.

Anna	Buongiorno, scusi, a che ora parte il prossimo battello per Stresa?
Uomo	Alle undici e venticinque.
Anna	E quanto tempo ci mette?
Uomo	Da venti minuti a mezz'ora.
Anna	Grazie.

quanto tempo ci mette?   *how long does the boat take?*

Here she's asking the ticket clerk at the boat station in Stresa about the times of boats to Locarno, which is at the other end of the lake in Switzerland.

Anna	A che ora c'è un battello per Locarno?
Bigliettaia	Domani mattina? Alle dieci e cinquanta.
Anna	E a che ora arriva?
Bigliettaia	Arriva a Locarno alle tredici e cinquanta. Ora italiana, eh?
Anna	Ora italiana. E per il ritorno?
Bigliettaia	E per il ritorno c'è l'aliscafo che parte da Locarno alle diciotto e trentacinque, ora italiana.
Anna	E a che ora arriva qui?
Bigliettaia	Arriva qui alle diciannove e quaranta.
Anna	Quanto costa il biglietto?
Bigliettaia	Ottomila e cinquecento, andata e ritorno.

domani mattina   *tomorrow morning*
aliscafo   *hydrofoil*

To ask when something arrives:

quando
a che ora | **arriva . . . ?**

At the railway station in Orvieto Scalo, Walter enquires about the next train to Rome.

Walter	Buonasera.
Bigliettaio	Buonasera.
Walter	Senta, per favore, quando parte il prossimo treno per Roma?
Bigliettaio	Alle diciassette e diciassette.
Walter	E a che ora arriva a Roma?
Bigliettaio	Arriva a Roma alle diciotto e trentadue.
Walter	E' in orario?
Bigliettaio	Sì, è in orario.
Walter	Su che binario arriva?
Bigliettaio	Secondo binario.
Walter	Grazie.
Bigliettaio	Prego.

in orario   *on time*
su che binario?   *on which platform?*

In Vicenza, Gianna also enquires about trains to Rome, but it's a longer journey and there are alternative routes.

Gianna	Buongiorno.
Impiegato	Buongiorno.
Gianna	Scusi, quando parte il primo treno per Roma?
Impiegato	Il primo treno per Roma? Che via vuole fare?
Gianna	Via Padova.
Impiegato	Via Padova. Il primo treno per Roma via Padova parte alle dieci e zero due.
Gianna	E' diretto il treno?
Impiegato	No, deve cambiare a Padova. Dunque, parte alle dieci e zero due, arriva a Padova alle dieci e ventidue e trova il direttissimo per Roma alle undici, che arriva a Roma alle diciotto e trenta.
Gianna	Grazie. E' in orario il treno?
Impiegato	Il treno ha circa cinque minuti di ritardo.
Gianna	E da Padova c'è vettura ristorante?
Impiegato	No, non c'è vettura ristorante.
Gianna	Grazie.
Impiegato	Prego.

che via vuole fare?	*which route do you want to take?*
è diretto il treno?	*is it a through train?*
deve cambiare	*you have to change*
dunque	*so*
trova	*you'll find*
ha cinque minuti di ritardo	*is 5 minutes late*

Next she goes to the ticket office.

Gianna	Mi dà un biglietto di andata per Roma, per favore?
Bigliettaio	Signora, fa via Padova o via Verona?
Gianna	Via Padova.
Bigliettaio	Va in prima o in seconda classe?
Gianna	Seconda.
Bigliettaio	Va bene. *(he issues the ticket)* Quattordicimilaseicento.
Gianna	*(paying)* Quindicimila.
Bigliettaio	*(giving her the change)* Ecco quattrocento di rimanenza.
Gianna	Grazie. Il treno parte alle dieci zero due, vero?
Bigliettaio	Esatto . . . da Vicenza, e alle undici c'è l'espresso da Padova per Roma.
Gianna	Grazie.
Bigliettaio	Buongiorno.

va in prima, seconda classe?	*are you going first, second class?*
vero?	*doesn't it?*

In Stresa, Anna asked several people about their hours of work. First Liliana Borroni, a travel agent.

Anna	Da quanti anni lei fa questo lavoro?
Liliana	Oh, da parecchi anni.

Anna	E a che ora apre qui la mattina?
Liliana	Alle nove.
Anna	A che ora chiude?
Liliana	Alle sette di sera.
Anna	Chiude a mezzogiorno?
Liliana	Sì, un'ora per il pranzo.
Anna	Va a casa a mangiare?
Liliana	Sì, sì, sì.
Anna	E' lontano?
Liliana	No, abito qui vicino.

a mezzogiorno   *at midday*
un'ora per il pranzo   *one hour for lunch*
va a casa a mangiare?   *do you go home to eat?*

To ask about opening and closing times:

quando	apre?
a che ora	**chiude?**

or when people start work:

quando	
a che ora	**comincia a lavorare?**

TV   9 Next Bruno dell'Era, owner of the Hotel Villa Aminta, who starts work early in the morning and goes on till very late at night, without taking a single day off.

Anna	E lei, la mattina quando comincia a lavorare?
Sig. dell'Era	Be', comincio abbastanza presto, sette e mezzo al mattino.
Anna	Fino a che ora, la sera?
Sig. dell'Era	Il nostro lavoro non ha orari. Si può andare a mezzanotte, la una, le due . . .
Anna	E non prende un giorno di riposo?
Sig. dell'Era	Be', purtroppo in stagione, no.

il nostro lavoro   *our work doesn't have*
   non ha orari   *fixed hours*
si può andare a . . .   *one might go on till . . .*
purtroppo   *unfortunately, sadly*

TV   10 The season lasts eight months, during which time most people work seven days a week.

Anna	Quanto dura la stagione qui?
Liliana	Eh, la stagione dura otto mesi.
Anna	Otto mesi. Lei è qui tutti i giorni?
Liliana	Sì, tutti i giorni, sette giorni alla settimana.
Anna	Anche la domenica?
Liliana	Sì, anche la domenica.

tutti i giorni   *every day*
anche la domenica?   *even on Sundays?*

Francesco Zacchera, another hotelier, also works all hours, seven days a week.

Anna	Lei è qui tutti i giorni?
Sig. Zacchera	Tutti i giorni, sì, per quasi otto mesi, sì.
Anna	Non prende un giorno di riposo?
Sig. Zacchera	Mai!
Anna	E a che ora comincia la mattina?
Sig. Zacchera	Sei e mezzo fino alle due e mezzo di notte.

quasi   *nearly*
mai!   *never!*

But when do they take their holidays?

Anna	E lei quando prende le vacanze?
Sig. dell'Era	Purtroppo solo in inverno.
Sig. Zacchera	Bah, le vacanze . . . Quando l'albergo è chiuso è già una vacanza per me!

chiuso   *shut*
già   *already*
per me   *for me*

Stresa:
il lungo lago

ALLORA . . .

VOCABOLARIETTO

il treno	quando?	l'ora
il binario	a che ora?	
		la mattina
il battello	arrivare	la sera
l'aliscafo	partire	la notte
il pullman	cambiare	
		mezzogiorno
l'orario	aprire	mezzanotte
il ritardo	chiudere	domani
la classe	cominciare	

To ask when, or what time, something leaves:

| quando
a che ora | parte | il primo
il prossimo | treno **per** Roma?
aliscafo **per** Locarno?
pullman **per** Padova? |

or arrives:

| quando
a che ora | arriva | il treno **da** Milano?
il battello **da** Stresa? |

or when someone starts work in the morning:

| quando
a che ora | comincia a lavorare la mattina? |

The answer could be:

il treno parte	all'una
l'aliscafo arriva	alle dodici e trenta
comincio	alle sette e mezzo

> **a**, *at*, combines with **l'** to give **all'**, and with **le** to give **alle**.

To ask how long a boat or a train takes: **quanto (tempo) ci mette?**

or how long a journey takes: **quanto (tempo) ci vuole?**

You might be told:

| (circa) | venti minuti
mezz'ora
un'ora
due ore |

To ask if something is on time:

| **è in orario** | il treno?
il pullman? |

To talk about doing something:

	parlare arrivare	prendere chiudere	partire aprire
I (**io**)	parlo arrivo	prendo chiudo	parto apro

For *I*, the ending is always −o.

	parlare arrivare	prendere chiudere	partire aprire
he/she/it *you* (**lei**)	parla arriva	prende chiude	parte apre

For *you* (**lei**) and *he*, *she* or *it*, the ending is −a for verbs ending in −**are** and −**e** for verbs ending in −**ere** and −**ire**.

	parlare arrivare	prendere chiudere	partire aprire
you (**tu**)	parli arrivi	prendi chiudi	parti apri

For *you* (**tu**), the ending is always −i.

Want to know more? See **Grammatica**, 2, 3, 5, 6; 17; 22; 53; 73; 85, 87

La mattina, il mattino both mean *the morning*. **La mattina** is the more usual.

La mattina, la sera can also mean *in the morning*, *in the evening*, though you'll also hear people say **alla mattina, alla sera**.

Time

 l'una   le cinque   le nove

 le due   le sei   le dieci

 le tre   le sette   le undici

le quattro   le otto   le dodici
mezzogiorno
mezzanotte

To ask the time:
  che ore sono? or: **che ora è?**

To tell the time:

	l'una			le due
è	mezzogiorno		sono	le tre
	mezzanotte			le quattro, *etc.*

To say *it's half past . . .*

è l'una		
sono le tre	e	**mezzo** (or **mezza**) **trenta**
è mezzogiorno		

it's a quarter past . . .

sono le sei e	un quarto
	quindici

it's a quarter to . . .
sono le sette **meno** un quarto

or: sono le sei e	trequarti
	quarantacinque

it's twenty past . . .

è	mezzogiorno	e venti
	l'una	

it's twenty to . . .

sono	le due	**meno** venti
	le cinque	

To say whether it's am or pm:

sono	le cinque **della mattina**
	le tre **del pomeriggio**
	le sette **di sera**
	le due e mezzo **di notte**

The 24-hour clock is used a lot more in Italy than in Britain. After 12 o'clock, midday, it continues:

le tredici	`13 00`		le diciannove	`19 00`	
le quattordici	`14 00`		le venti	`20 00`	
le quindici	`15 00`		le ventuno	`21 00`	
le sedici	`16 00`		le ventidue	`22 00`	
le diciassette	`17 00`		le ventitre	`23 00`	
le diciotto	`18 00`		le ventiquattro	`24 00`	

With the 24-hour clock, the words **quarto** and **mezzo** aren't used:

`13 15`   le tredici e quindici

`19 30`   le diciannove e trenta

`22 45`   le ventidue e quarantacinque

VITA ITALIANA

I treni
Trains are cheap and generally clean and comfortable in Italy and there is a great variety of services.

Treno locale: as the name suggests, a local train that stops at every station.
Treno diretto: a train that stops at all main stations.

Espresso: a long-distance train, sometimes still called by its old name, **direttissimo**, and with fewer stops than the **diretto**.

Rapido: a fast intercity train for which you have to pay a supplement: many are first class only and you should book your seat in advance.

Super rapido or **TEE:** first class only **Trans Europ Express** trains which run between main cities, eg Milan–Rome, Milan–Venice, Milan–Bari.

Many of the fast trains have names, such as:
L'Ambrosiano   Milan–Rome
L'Adriatico   Milan–Bari
Il Mediolanum   Munich–Milan
Il Palatino   Paris–Rome
Il Lombardie Express Paris–Trieste
Il Ligure   Avignon–Marseille–Milan

Most international and long-distance trains have restaurant cars, and coffee, snacks and soft drinks are usually available on all trains except the local ones.

L'ora italiana
If you want to telephone Italy from Britain, it's worth remembering that Italian time is one hour ahead of British time all year round. In the

winter months Italy operates on **l'ora solare**, the real time (ie by the sun) and is one hour ahead of GMT. In the summer the time is known as **l'ora legale** (ie changed by law) and is one hour ahead of BST.

PROVA UN PO'...

1   Gianna wants to go to Desenzano, on Lake Garda, by train, so she goes to the station in Vicenza. Can you fill the gaps in her conversation with the ticket clerk?

Gianna	Scusi, a che .... parte il .... treno per Desenzano?
Bigliettaio	.... nove e cinquanta.
Gianna	.... tempo ci vuole?
Bigliettaio	Circa .... e quaranta. Arriva .... Desenzano .... undici e trentacinque.
Gianna	E quanto costa il ....?
Bigliettaio	.... o andata e ritorno?
Gianna	Andata e ritorno.
Bigliettaio	.... o seconda?
Gianna	Seconda.
Bigliettaio	Ottomilaquattrocento.
Gianna	Allora, ... un biglietto .... andata e ritorno, ... piacere?
Bigliettaio	Ecco a lei. Ottomilaquattrocento.
Gianna	.... diecimila.
Bigliettaio	E mille e seicento di resto ....

per
biglietto
a lei
prima
prossimo
ora
di
un'ora
alle (2)
ecco
mi dà
a
andata
quanto

2   You're waiting at Vicenza station on platform three for the 11.33 fast train to Venice. It's just gone half past eleven, when you hear the following station announcement. It's not very clear, but at least they make it twice.

Attenzione! Attenzione! E' in arrivo sul binario tre l'espresso da Venezia delle undici e trentatre per Milano. Si ferma a Verona, Desenzano e Brescia. I signori passeggeri diretti a Bologna devono cambiare a Verona. Il rapido delle undici e trentatre per Venezia viaggia con circa dieci minuti di ritardo. L'arrivo è previsto alle undici e quarantacinque, sul binario due. Attenzione! Attenzione!

Now can you answer these questions in English?
1   The train arriving at 11.33, where's it coming from?
2   Are you going to get on this train?
3   If you did, what's the first place you could get off?
4   Would you advise someone wanting to go to Bologna to take this train?
5   Anything else you'd tell him?
6   Are you on the right platform for Venice?
7   Which platform should you be on?
8   Is your train on time?

3	You're in Milan on business and on Wednesday you decide to spend the weekend with friends in Florence. At the nearest travel agent's you enquire about train times.

You	*(Ask what time the first train leaves for Florence in the morning)*
Impiegato	Domani?
You	*(Say no, Saturday)*
Impiegato	*(looking it up)* Allora . . . sì, c'è un espresso alle sette. Va bene quello o è troppo presto?
You	*(Tell him no, that one's fine and then ask what time it gets to Florence)*
Impiegato	Alle undici e venticinque. Le faccio il biglietto?
You	*(Say yes, please, and then ask for a return, second class)*
Impiegato	Uno solo?
You	*(Yes, only one and ask how much it is)*
Impiegato	*(writing out the ticket)* Allora, uno Milano–Firenze, seconda . . . quindicimilaseicento. *(you pay)* Grazie.
You	*(say thank you and goodbye)*

4	You're on a local train on your way to a small town called Bassano, where you're being met by some friends. The train is slowing down and this could be your stop, so start talking to the passenger opposite . . .

You	*(Say excuse me)*
Passeggero	Sì?
You	*(Ask if this stop is Bassano)*
Passeggero	No, questa è Rosà. Bassano è la prossima fermata.
You	*(Ask him if it's far)*
Passeggero	No, sono cinque minuti. Lei non è italiano, vero?
You	*(Tell him no, you're Scottish)*
Passeggero	Ah, scozzese! Ma parla benissimo l'italiano! Complimenti! Dove abita?
You	*(Tell him you live in London)*
Passeggero	A Londra? Ma Londra è in Inghilterra, non in Scozia!
You	*(Say yes, but you work in London)*
Passeggero	Ho capito! Eh, anche qui molta gente va a lavorare in città come Milano, Torino . . . Vanno anche a Londra a lavorare.
You	*(Tell him there are lots of Italian restaurants in London)*
Passeggero	Sì, lo so. E mi dica, le piace l'Italia?
You	*(Say you like it very much indeed and then ask him where he comes from)*
Passeggero	Io? Sono di Venezia. Conosce Venezia? E' una bellissima città! Lei è qui in vacanza?
You	*(Tell him yes, for two weeks)*
Passeggero	Ma bene! *(the train starts to slow down again)* Ecco Bassano. Arriviamo alla sua stazione. Buona vacanza!
You	*(Thank him very much and say goodbye)*

7 COSA C'È DA VEDERE?

GETTING THERE AND LOOKING AROUND

At the tourist office in Stresa, Carlo asks about trains to Florence.

Carlo   Buongiorno.
Raffaella   Buongiorno.
Carlo   Vorrei un'informazione. Per andare a Firenze c'è un treno diretto che parte da Stresa?
Raffaella   No, da Stresa non c'è un treno diretto. Deve cambiare a Milano. Quando parte?
Carlo   Devo essere a Firenze domani sera.
Raffaella   Allora, c'è un treno da Stresa alle undici e cinque che arriva a Milano alle dodici e venticinque, e da Milano parte alle tredici e arriva a Firenze alle diciassette.
Carlo   Va bene, alle diciassette va bene. E' un treno rapido?
Raffaella   No, è un espresso.
Carlo   Allora non devo prenotare i posti?
Raffaella   No, prima di partire, quando è alla stazione, fa il biglietto.
Carlo   Va bene. Grazie mille. Arrivederci.
Raffaella   Prego. Buongiorno.

devo essere a . . .	*I must be in . . .*
allora non devo prenotare?	*so I don't have to book?*
prima di partire	*before leaving*
fa il biglietto	*you buy your ticket*

To ask how to get to . . . : **per andare a . . . ?**

and to ask if you have to do something:

             prenotare i posti?
devo | cambiare a Milano?
             girare a destra?

It's easy enough to get to Orvieto by train or by motorway, but if you take the country roads you may need to ask the way.

Anna   Signora, scusi, per andare a Orvieto?
Signora   Senta, qui c'è un incrocio.
Anna   Sì . . .
Signora   Giri a sinistra, poi vada sempre dritto. Poi c'è un altro incrocio e deve girare a destra, e poi si trova su a Orvieto.
Anna   Grazie, signora. Buongiorno.

senta	*listen*
giri, vada	*turn, go*
deve girare	*you've got to turn*
si trova su	*you'll find yourself up*
a Orvieto	*in Orvieto*

Having gone a little way, Anna decides to ask again.

Anna	Buongiorno, scusi, per andare a Orvieto?
Signore	Al bivio, a sinistra; dopo la Fiat, a destra.
Anna	A destra. Grazie, buongiorno.
Signore	Buongiorno.

dopo la Fiat   *after the Fiat garage*

RADIO   3 Walter needs to find the motorway to get to Rome.

Walter	Signora, mi scusi, l'autostrada per Roma?
Signora	Sì, ecco. Prenda questa strada. A cento metri c'è un incrocio. Prende la prima strada che trova a sinistra. Dopo altri duecento metri ci sono le segnalazioni.
Walter	E' molto lontano?
Signora	Con la macchina, cinque minuti.
Walter	Grazie.

prenda questa strada   *take this road*
prende la prima   *you take the first*
   strada che trova   *road you come to*

RADIO   4 Gianna is collecting information about Vicenza in the local tourist office.

Gianna	Buongiorno.
Signora	Buongiorno.
Gianna	C'è una mappa della città?
Signora	Questa è una pianta della città e questo è un prospetto con le informazioni sui principali monumenti della città.
Gianna	C'è anche un elenco degli alberghi?
Signora	Sulla pianta c'è un elenco degli alberghi, delle pensioni e delle locande.
Gianna	Grazie. Che cosa c'è da vedere in due ore?
Signora	Il Teatro Olimpico, la casa del Palladio, esterno, la Piazza dei Signori.
Gianna	Dov'è il Teatro Olimpico?
Signora	(*pointing*) Sulla pianta è qui.
Gianna	E la Piazza dei Signori, dov'è?
Signora	E' qui, nel cuore della città.
Gianna	Quando è aperto il Teatro Olimpico?
Signora	Qui sulla pianta c'è un elenco degli orari di visita.
Gianna	Ah, grazie.
Signora	Prego. Buongiorno.
Gianna	Buongiorno.

la casa del Palladio,   *Palladio's house, the*
   esterno   *outside*
nel cuore della città   *in the heart of the city*

When you've arrived somewhere, to ask what there is to see:
cosa c'è da vedere?

or: **quali sono** | **i monumenti**
le cose | **più importanti?**

78

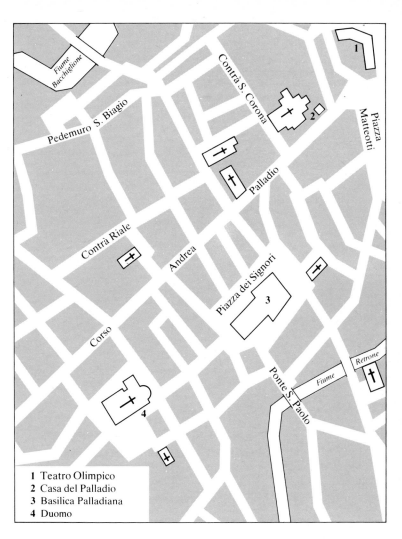

1 Teatro Olimpico
2 Casa del Palladio
3 Basilica Palladiana
4 Duomo

Maddalena finds out what there is to see in Orvieto. The woman on duty at the desk is Raffaella.

Raffaella	Buongiorno.
Maddalena	Buongiorno.
Raffaella	Desidera?
Maddalena	Avete una piantina della città?
Raffaella	Sì, eccola, prego.
Maddalena	E anche una lista degli alberghi?
Raffaella	Sì, certo. Questa è una lista di tutti gli alberghi, pensioni, locande, campeggi dell'Umbria, incluso Orvieto.
Maddalena	Oh, grazie.
Raffaella	*(opening a leaflet)* E poi abbiamo un dépliant con le informazioni turistiche in quattro lingue: italiano, francese, tedesco ed inglese. Inclusa c'è la lista dei ristoranti della città.
Maddalena	E quali sono i monumenti più interessanti della città?
Raffaella	Eh, il duomo, *(indicating on map)* qui c'è il Pozzo di San Patrizio . . .

Maddalena	E' molto lontano?
Raffaella	Dieci minuti di cammino a piedi . . . e qui c'è il Quartiere Medievale, che è molto interessante.
Maddalena	Oh, grazie.
Raffaella	Prego.
Maddalena	Buongiorno.
Raffaella	Buongiorno.

avete?   *have you got?*
dieci minuti di cammino a piedi   *it's a ten-minute walk on foot*

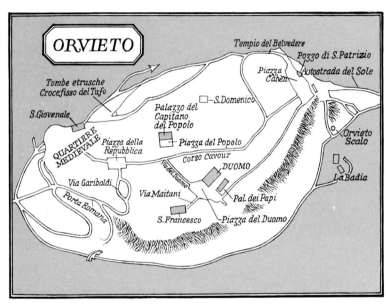

Anna also asks what there is to see. This time Danca is on duty.

Danca	Buonasera.
Anna	Buonasera. Ci sono dei dépliants su Orvieto, per favore?
Danca	Sì, abbiamo questa piantina, un dépliant sul comprensorio e un dépliant su Orvieto.
Anna	Quali sono le cose più importanti da vedere?
Danca	Abbiamo il duomo, il Palazzo del Capitano del Popolo, Quartiere Medievale, il Pozzo di San Patrizio . . . (*pointing out the places on the map*) Noi siamo qui, e c'è il duomo, e qui c'è la Piazza del Capitano del Popolo, dove si trova il palazzo; il Quartiere Medievale è qui, e il Pozzo di San Patrizio è qui.

ci sono dei dépliants?   *are there any leaflets?*
noi siamo   *we are*
dove si trova il palazzo   *where the palace is (situated)*

Bars, cafés and restaurants in Italy usually remain closed one day a week. In Vicenza, Gianna does a survey and first she speaks to a waitress in *La Caneva*, a snack bar in the centre of town.

Gianna	Signora, scusi, in che giorno è chiuso questo bar?
Signora	E' chiuso la domenica.
Gianna	E gli altri giorni, quando è aperto?
Signora	Dalle nove del mattino fino alle diciannove della sera.
Gianna	E lei, quando lavora?
Signora	Io tutto il giorno. Comincio alle otto del mattino e finisco alle diciannove della sera.
Gianna	Grazie.
Signora	Prego.

RADIO   8 Then to the owner and cook of *Al Canarino*, a busy pizzeria.

Gianna	Signor Russo, scusi, in quale giorno della settimana è chiusa la pizzeria?
Sig. Russo	Il mercoledì.
Gianna	E gli altri giorni, quand'è aperta?
Sig. Russo	E' aperta dalle nove di mattina alle quindici del pomeriggio; dopo, dalle diciassette all'una di notte.
Gianna	Lei quando lavora?
Sig. Russo	Io lavoro tutto il giorno dalle nove della mattina fino all'una della notte.
Gianna	Grazie.
Sig. Russo	Prego.

RADIO   9 And lastly to Antonio Bonato, proprietor of *La Taverna di Marostica*, a smart restaurant in a converted medieval castle near Vicenza.

Gianna	Scusi, in quali giorni della settimana resta chiuso il ristorante?
Sig. Bonato	Eh, d'inverno rimane chiuso lunedì pomeriggio e al martedì. D'estate invece rimane chiuso solamente al martedì.
Gianna	E gli altri giorni, che ore è aperto?
Sig. Bonato	Da mezzogiorno alle quattordici e trenta.
Gianna	E la sera?
Sig. Bonato	Alla sera dalle diciannove alle ventidue. Ma il bar resta aperto tutto il giorno, dalle nove al mattino fino alle ventiquattro o la una.
Gianna	E lei è il proprietario?
Sig. Bonato	Sì, il proprietario, sì.
Gianna	E lei quando lavora?
Sig. Bonato	Io lavoro dalle sette alla mattina alle ventiquattro di sera, minimo.
Gianna	Tutti i giorni?
Sig. Bonato	Tutti i giorni, compreso il lunedì e anche martedì.
Gianna	*(laughing)* Grazie.
Sig. Bonato	Prego, signora.

invece	*on the other hand*
compreso il lunedì	*Mondays included*

VOCABOLARIETTO

la città	la macchina	andare
la pianta	la strada	girare
il monumento	l'autostrada	prenotare
la casa	l'incrocio	vedere
la pensione	il bivio	finire
il campeggio	la segnalazione	
il dépliant		aperto
la lista	destra	chiuso
l'informazione	sinistra	importante
il posto	dritto	principale

To ask how to get somewhere:

per andare | a Firenze?
a Orvieto?
all' autostrada?

You may be told to go straight on:
vada sempre dritto

or turn right or left:

giri | a destra
a sinistra

or take a particular route:

prenda | questa
la prima
la seconda | strada | a destra
a sinistra

To ask if you have to do something:

devo | prenotare i posti?
cambiare treno?
girare a destra?

You may be told what you have to do:

deve | prenotare i posti
cambiare a Milano
girare a destra

(io) **devo** . . . *I have to* . . . (lei) **deve** . . . *you have to* . . .

To ask what there is to see:

cosa c'è da vedere | a Vicenza?
a Orvieto?

or you could be more specific:

quali sono | i monumenti
le cose | **più** | interessanti?
importanti?

> To say what's *most* important, interesting, beautiful:
> (i monumenti) **più** importanti, interessanti, belli
> (le cose) **più** importanti, interessanti, belle

To ask *have you got* . . . :?

| **ha** **avete** | una pianta della città? un elenco degli alberghi? una lista dei campeggi? |

Like **a** (p 72), **di** also combines with **il**, **la**, etc. to form one word.

	il	lo	la	l'	i	gli	le
di	del	dello	della	dell'	dei	degli	delle

da, **in** and **su** also combine in the same way: the full forms are given on p 250.

Want to know more? See **Grammatica** 6; 58; 71, 72; 76

PAROLE E USANZE

Ha . . . ? and **avete** . . . ? both mean *have you got?* You say **ha** . . . ? when asking an individual if he or she personally has got something, and **avete** . . . ? when talking to more than one person, or, in a shop or establishment of some kind, when you're asking if *they*'ve got something. At the tourist office, Maddalena asks Raffaella:
avete una piantina della città?

The word **informazione** means *information*; **un'informazione** means *a piece of information*:
vorrei un'informazione *I'd like some information, please*
vorrei is already a polite way of requesting something, so you don't need to add **per favore**.

Pianta and **mappa** are both commonly used for a town map, and if the town, or the map, is a small one, the word is **piantina**.

Two for the price of one
The Greeks have a word for it, the saying goes, but the Italians seem to have two, and sometimes three! You will have noticed, for instance, that:
the morning can be **il mattino** or **la mattina**, though **la mattina** is more usual; *a map of the town* can be **una pianta della città** or **una mappa della città**; *it stays open* can be **resta aperto** or **rimane aperto**.

Mondays included can be **incluso il lunedì** or **compreso il lunedì**. You can say **le nove della mattina** or **di mattina** for *9 am* and **le nove della sera** or **di sera** for *9 pm*.

And when people ask *what would you like?* you may hear **desidera?** or **che desidera?** or **cosa desidera?** or **che cosa desidera?**

All languages show something of this feature, but Italian perhaps a little more than most. There are several examples throughout the book.

83

Giorni di chiusura

Cafés, restaurants and most bars in Italy normally stay closed one day a week. A rota system is operated (**chiusura per turno**) by which bars and restaurants take it in turn to close so that there is always at least one open in the vicinity. A notice is normally displayed giving the day of closure.

During the summer, particularly in August, many bars, restaurants and shops in the large towns close down for the summer holidays (**chiusura estiva**), for a period of up to four weeks. It can sometimes be quite hard, even in big cities, to find a restaurant open during August, because of the combination of **chiusura estiva** and **chiusura per turno**!

I musei

Few countries can equal Italy in the variety and wealth of its artistic treasures and the evidence can be found in museums, galleries, palaces and archaeological remains all over the country. The treasures of Rome, Florence and Venice are world renowned but almost every town, including quite small ones, has a museum or castle or palace of which it can be proud.

The price of admission to museums varies, but entrance to Italian state museums is free on Sundays and half-price on other holidays. Don't try to visit a state museum on a Monday, though – most of them will be closed!

The Vatican museums, on the other hand, are closed on Sundays, except for the last Sunday of each month.

Le autostrade d'Italia

Italy has a well-developed system of motorways, adding up to a total of around 6,000 kms. The most famous is the A1, l'**Autostrada del Sole**, the 'motorway of the sun', which spans the whole length of the country, from Milan in the north to Reggio Calabria in the south – a stretch of almost 1,400 kms.

Because Italy is essentially a mountainous country, its motorways are often very spectacular and a tribute to the country's road engineers: long stretches of road frequently tunnel through the hillsides and emerge as viaducts raised above the valley with views so stunning that they tempt drivers to take their eyes off the road.

With the exception of a few sections around city boundaries, all motorways are fee paying, and there are entrance and exit gates at regular intervals to serve major and minor towns along the route. When you enter the motorway you are given a ticket, which you hand in at your exit, l'**uscita**, and you will be charged according to the cc of your car and the distance covered. Service stations with clean and well-kept snack bars, restaurants, motels, shops and even supermarkets are frequent, and there are also plenty of parking and picnic areas, often enjoying a fine panoramic view.

The speed limit on **autostrade** also depends on the cc of your car: cars up to 599 cc must not exceed 90 kph (56 mph); up to 900 cc the limit is 110 kph (69 mph); up to 1,300 cc, 130 kph (81 mph), and over 1,300 cc 140 kph (87½ mph).

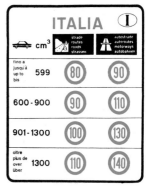

As all distances and speed limits will be given in kilometres, you may find this piece of mental arithmetic useful for converting kilometres to miles. Halve the figure in kilometres, add a quarter of the answer, and you'll have the equivalent in miles.

ITALIAN
MOTORWAYS

Orvieto

One of the oldest cities in Italy, going back to at least early Etruscan times (700–500 BC), Orvieto dominates the surrounding plain from the large flat-topped hill on which it is built. Its name derives from the Latin *Urbs vetus*, old town. The hill consists of soft volcanic tufo rock and is literally a warren of old Etruscan and Roman tombs, cellars and sewers.

Most of the present day city is in fact medieval, and the principal buildings are to be found in the **centro storico**, the *historic centre*. The magnificent **duomo**, begun in 1290, has a mosaic-covered façade, designed and built by the Sienese architect Lorenzo Maitani (d 1330), which faces due west and must be seen at sunset to appreciate its full glory. The **Palazzo dei Papi**, completed in 1304, next door to the cathedral, and the massive 12th century **Palazzo del Capitano del Popolo** in the **Piazza del Popolo** are both built in blocks of honey-coloured tufo rock, as are many houses and palaces in the town. The oldest part of the town, **il Quartiere Medievale**, with its narrow streets and ancient houses, is where people moving into the city from the countryside would first come to live.

For centuries, Orvieto was a religious centre, part of the Papal State. Many popes resided here, mainly for reasons of safety when Rome was threatened by foreign invaders. One such pope, Clement VII, ordered the construction of a well, 200 feet deep, to provide water in the event of a seige. The **Pozzo di San Patrizio**, completed in 1537, is encircled by a double spiral staircase, interwoven, so that people going down never meet the people coming up. Today you can visit this well, all 248 steps of it.

PROVA UN PO' . . .

1   **di? del? della? dei? degli?** etc. We've left them all out. What would you expect to hear in this conversation?

Turista   Scusi, c'è una piantina (1) Orvieto?

Signorina   Sì, certo. Questa è una piantina (2) città. C'è anche un elenco (3) alberghi, (4) pensioni e (5) ristoranti. E qui ci sono le fotografie (6) principali monumenti: il duomo, il museo (7) duomo, il museo etrusco, il Pozzo (8) San Patrizio . . .

Turista   Quando sono aperti?

Signorina   Qui c'è un elenco (9) orari (10) visita.

Turista   Grazie.

2   Anna's at the tourist office in Orvieto. Can you fill in the gaps in
    her conversation with the girl at the desk? Just to keep you on your toes,
    there are five extra words that won't fit sensibly into any of the gaps.

Ragazza	Buongiorno.	macchina
Anna	Buongiorno.	giorno
Ragazza	Desidera?	vedere
Anna	.... una .... della città?	lontano
Ragazza	Certo. Ecco una pianta di Orvieto con un	avete
	degli alberghi e .... è un prospetto delle	mattino
	informazioni sui .... monumenti.	questo
Anna	Oh, grazie. Che cosa c'è da .... in due o	elenco
	tre ....?	pomeriggio
Ragazza	Allora, c'è il duomo, il .... di San Patrizio, e	abbiamo
	il .... medievale che è molto	principali
Anna	E' .... il pozzo?	lista
Ragazza	A piedi o in macchina?	bella
Anna	In	interessante
Ragazza	No. Circa cinque minuti.	aperto
Anna	E' .... adesso?	pozzo
Ragazza	No, signorina. E' chiuso. Apre alle due del	ore
Anna	Bene. Grazie	quartiere
Ragazza	Prego. Buongiorno.	mille
		piantina

3   You want to visit the museum in the **Palazzo dei Papi**, next door to the
    cathedral. But when you get there at eleven on Tuesday morning, you
    find this notice pinned to the door.

**Durante il periodo di restauro gli orari di visita sono i
seguenti: chiuso tutto il giorno il lunedì e il martedì;
aperto dal mercoledì al venerdì incluso dalle 10 alle 1230
e dalle 1500 alle 1800; il museo resta aperto il sabato e la
domenica dalle 1100 fino alle 1300. Visite guidate venerdì
mattina. Entrata L500.**

Now can you answer these questions:
1   Can you get in today?
2   When is the next time it will be open?
3   If you're not free then, can you go at four o'clock on
    Friday afternoon?
4   Your friend wants to go and has planned it for Saturday. What are
    you going to tell her?
5   Why is the museum closed?
6   Would it be a good idea to go on Sunday afternoon?
7   When would you go if you wanted a guided tour?
8   And what is the latest you could stay that morning?

4   You've decided to visit Perugia for the day, but you don't know a lot
    about it, so when you get there you go straight to the tourist office:

Ragazza	Buongiorno. Desidera?
You	(*Ask if they've got a town plan*)

Ragazza	Certo. Ecco una piantina di Perugia.
You	*(And ask if there's a list of restaurants)*
Ragazza	Sì, è qui sulla pianta.
You	*(Oh, yes! Ask her what there is to see)*
Ragazza	Allora c'è il duomo, il Palazzo dei Priori, il Collegio del Cambio con gli affreschi del Perugino e la, Fontana Maggiore.
You	*(The fountain is very famous, so ask her where it is)*
Ragazza	*(showing you on the map)* E' qui in Piazza IV Novembre.
You	*(Is it far?)*
Ragazza	No. Noi siamo qui, e la Piazza IV Novembre è qui. A piedi sono cinque minuti circa.
You	*(Tell her you'd like to see Perugino's frescoes)*
Ragazza	Allora, deve visitare Collegio del Cambio!
You	*(Ask her if it's open now)*
Ragazza	Eh . . . sì, ma chiude dalle dodici e trenta alle quindici.
You	*(Say that's fine, thanks very much and goodbye)*

5 Here are some questions you might need to ask. Can you find the appropriate answers on the right?

1 Scusi, signora, quando apre il negozio?

2 Ma lei, deve proprio partire subito?

3 E' la prima volta che visito Vicenza; cosa c'è da vedere?

4 Senta, per il treno per Roma delle 13.50 devo prenotare i posti?

5 Il prossimo treno per Napoli è un espresso?

6 Senta, scusi, per andare a Venezia?

7 Ma questo bar, quando è aperto?

8 Il Palazzo del Capitano del Popolo, è lontano?

9 E' aperto il ristorante oggi?

10 Per andare a Orvieto devo cambiare?

a) No, quello è un rapido.

b) Tutto il giorno dalle 7 del mattino fino a mezzanotte.

c) No, oggi è chiuso per turno.

d) Apre tutte le mattine alle 8.30, esclusa la domenica.

e) Be', tante cose! C'è la Piazza dei Signori, il Teatro Olimpico, il Museo . . .

f) No, solo cinque minuti a piedi.

g) Sì, a Bologna.

h) No, non è necessario, è un diretto.

i) Sì, devo essere a Milano prima di sera.

j) Prenda l'autostrada al primo incrocio a destra.

8 HA UNA CAMERA?

FINDING A ROOM

TV 1 Walter wants a single room for three nights. He goes to the *Europa* Hotel in Orvieto Scalo.

Walter	Buongiorno. Ha una camera, per favore?
Direttore	*(checking the register)* Sì. Come la vuole?
Walter	Singola.
Direttore	Va bene. Per quante notti?
Walter	Per tre notti.
Direttore	Va bene, sì. E' la camera trecentosette al terzo piano. *(giving Walter the key)* Ecco. Mi dà un documento, per favore?
Walter	Sì, certo. *(gives him his driving licence)*
Direttore	Grazie.
Walter	Quant'è la camera?
Direttore	Sedicimila e novecento.
Walter	Tutto compreso?
Direttore	Sì, tutto compreso.
Walter	E per la prima colazione?
Direttore	C'è il bar qui accanto. Si paga a parte.
Walter	Grazie.

come la vuole?	*what sort of room? (how would you like it?)*
qui accanto	*just here, next door*
si paga a parte	*you pay separately*

> To ask at a hotel if they have a room:
>
> ha
> avete | **una camera**, per favore?

RADIO 2 At the *Aquila Bianca* Hotel in the centre of town, Maddalena asks for a single room with bath for one night. The receptionist, Cesare, has a room available, but only with shower.

Maddalena	Buonasera.
Cesare	Buonasera.
Maddalena	Avete una camera?
Cesare	Sì. Come la desidera, singola o doppia?
Maddalena	Una singola con bagno.
Cesare	*(checking the register)* Sì, ce l'abbiamo . . . soltanto con doccia.
Maddalena	Va bene anche con doccia.
Cesare	Per una notte?
Maddalena	Sì, questa notte. Quanto costa?
Cesare	Il prezzo è ventimilacinquecento.
Maddalena	La colazione è compresa?
Cesare	No, non è compresa nel prezzo.
Maddalena	E senta, ha un garage?

Cesare	Sì, abbiamo un garage interno.
Maddalena	Sì, va bene.
Cesare	Se mi può lasciare un documento . . .
Maddalena	Si, un attimo. *(looking for her identity card)* Ecco.
Cesare	Grazie. *(calling)* Giuseppe! Accompagna la signorina alla camera ventuno.

L'Albergo Aquila
Bianca, nella
Via Garibaldi,
Orvieto

ce l'abbiamo	*we've got one*
se mi può lasciare	*if you could just let me have*
un attimo	*(just) a moment*
accompagna la signorina a . . .	*show the young lady to . . .*

una camera:

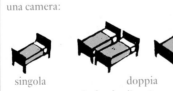

singola	doppia	con bagno	con doccia
	(a due letti) (matrimoniale)		

RADIO   3 There's a hotel called *Europa* in Vicenza too, and Gianna goes there to book a double room.

Gianna	Buonasera, signorina.
Signorina	Buonasera.
Gianna	Avete una camera libera per questa sera?
Signorina	Si. Singola o doppia?
Gianna	Doppia.
Signorina	Si. Desidera due letti o letto matrimoniale?
Gianna	Due letti.
Signorina	Si, un attimo. *(checking in register)* Con bagno o con doccia?
Gianna	Quanto costa?

Signorina	Quarantaduemila lire con bagno o con doccia, con filodiffusione, televisione a colori in ogni stanza e aria condizionata.
Gianna	Sì. La prendo con bagno.
Signorina	Va bene, sì. Un attimo.
Gianna	E' compresa la prima colazione?
Signorina	No. La prima colazione è a parte. Sono tremila lire in più. Posso avere il suo documento, per favore?
Gianna	Sì. *(handing over her driving licence)* Ecco la patente.
Signorina	Si, grazie. *(taking the key from its hook)* Cento e ventuno, primo piano. Ecco la chiave. *(pointing to the lift)* L'ascensore è lì sulla sinistra.
Gianna	Grazie.
Signorina	Prego.

filodiffusione   *ringmain radio*
in più   *more, extra*
posso avere . . . ?   *can I have . . . ?*

filodiffusione   televisione a colori   aria condizionata

TV   4   Mr and Mrs Salafia have booked a double room at the *Aquila Bianca* for a week.

Cesare	Mi favorisce i documenti, per favore?
Sig. Salafia	*(giving him their identity cards)* Ecco, per me e mia moglie.
Cesare	Grazie.
Sig. Salafia	Qual è il prezzo della camera?
Cesare	Trentaduemila lire per notte.
Sig. Salafia	Va bene.
Cesare	Camera numero venticinque. Ha i bagagli da prendere?
Sig. Salafia	Sì, la macchina è qui.
Cesare	Bene, allora le prendiamo il bagaglio . . .

(Giuseppe attends to the luggage and shows Mr Salafia to the garage)

Cesare	*(to Mrs Salafia)* Signora, se vuol salire l'accompagniamo in camera.
Sig.ra Salafia	Grazie. E' tranquilla la camera?
Cesare	Sì, la camera dà sul retro; è molto silenziosa.
Sig.ra Salafia	Bene. E per la colazione?
Cesare	La colazione la serviamo dalle sette e trenta alle dieci.
Sig.ra Salafia	Benissimo, grazie.
Cesare	*(calling)* Fabio!
Fabio	Sì?
Cesare	Accompagna la signora al numero venticinque.

mi favorisce . . . ?	*would you be good enough to give me . . . ?*
bagagli, bagaglio	*luggage*
se vuol salire	*if you'd like to go up*
l'accompagniamo in camera	*we'll show you to your room*
dà sul retro	*gives on to the back*
la colazione la serviamo	*we serve breakfast*

TV   5

Having booked into his hotel, Walter asks if he can pay by credit card when he leaves.

Walter	Senta, quando vado via, posso pagare con una carta di credito?
Direttore	Sì, certo.
Walter	Grazie. Allora vado a prendere la valigia in macchina, grazie.
Direttore	Va bene.

vado a prendere la valigia   *I'll go and get my suitcase*

> To ask if you can, or are allowed to, do something:
>
> **posso** | pagare con una carta di credito?
> | telefonare da qui?

TV   6

Walter has got to phone Zurich, in Switzerland, and asks if he can use the phone booth in the hotel lobby.

Walter	Buongiorno. Devo telefonare a Zurigo. Posso telefonare da qui?
Direttore	Sì, s'accomodi in cabina. Le do una linea.
Walter	Posso telefonare direttamente?
Direttore	Sì, certo, certo.
Walter	Scusi, qual è il prefisso per la Svizzera?
Direttore	Zero zero quarantuno.
Walter	Grazie.

le do una linea   *I'll give you a line*

RADIO   7

At the tourist office in Orvieto there's a public telephone, and Maddalena asks if she can use it to ring England.

Maddalena	Buongiorno.
Impiegata	Buongiorno. Desidera?
Maddalena	Posso telefonare in Inghilterra?

Impiegata	Sì, è diretta.
Maddalena	Qual è il prefisso?
Impiegata	Zero zero quattro quattro. Prego, si accomodi.
Maddalena	Grazie.
	(She makes the call and goes back to the desk) Quant'è?
Impiegata	Allora, *(checking the units on the meter)* venti scatti . . . millecinquecento lire.
Maddalena	Ecco duemila.
Impiegata	Grazie. E cinquecento di resto . . . duemila. Grazie.
Maddalena	Grazie. Buongiorno.

RADIO   8 Now Maddalena takes a pair of trousers to the cleaner's. She'd like them back that evening.

Lavanderia a
secco: 'servizio
rapido'

Commessa	Buongiorno.
Maddalena	Buongiorno. Posso lasciare questi pantaloni?
Commessa	Sì. Per quando li vuole?
Maddalena	E' possibile per questa sera?
Commessa	No. Domani pomeriggio?
Maddalena	Va bene domani pomeriggio.
Commessa	Mi dica il nome.
Maddalena	Ceino. *(she's given her ticket)* Grazie. A domani, allora.
Commessa	Buongiorno.

mi dica il nome	*what name is it?*
per quando li vuole?	*when would you like them for?*

RADIO   9 Gianna wants to contact a Mr Cremona at his hotel, so she asks for him at the reception desk.

Gianna	Buonasera.
Signorina	Buonasera, signora.
Gianna	C'è il signor Cremona in albergo?
Signorina	*(seeing the key on its hook)* No, è fuori, signora.
Gianna	Posso lasciare un messaggio?
Signorina	Sì, mi dica.

Gianna	Gli dica di telefonare alla signora Rossi questa sera.
Signorina	Va bene. Conosce il numero?
Gianna	No, il numero è cinquanta . . .
Signorina	*(writing it down)* Cinquanta . . .
Gianna	. . . quarantuno . . .
Signorina	. . . quarantuno . . .
Gianna	. . . venticinque . . .
Signorina	. . . venticinque. D'accordo, va bene.
Gianna	Grazie.

mi dica	*tell me, go ahead*
gli dica	*tell him*
conosce il numero?	*does he know the number?*
d'accordo	*fine*

ALLORA . . .

VOCABOLARIETTO

una camera	il piano	il bagaglio
singola	il primo piano	la valigia
doppia	il secondo piano	
a due letti	il terzo piano	il documento
matrimoniale	l'ascensore	la patente
con bagno	il garage	la carta di credito
con doccia		
	il prezzo	telefonare
tranquillo	pagare	il numero
silenzioso	tutto compreso	il prefisso
		la cabina
la televisione	la colazione	lasciare un messaggio

To ask for a room in a hotel:

ha
avete | **una camera, per favore?**

You'll be asked what kind of room:

come la | vuole?
desidera?

It could be: **singola/doppia**

And if you want **una camera doppia**, it could be:
a due letti
matrimoniale

You'll be asked for how long: **per quante notti?**

It could be:
per una notte

per | **due** | **notti**
tre

per una settimana

94

If it's for something like five or ten days, you'd say:

per | cinque / dieci | giorni

To ask the price:

quant'è / quanto costa | la camera?

and if it's inclusive:

tutto compreso?

To ask if you can do something:

posso | pagare con una carta di credito? / telefonare in Inghilterra direttamente? / lasciare un messaggio?

> **posso** . . . *I can, I am able to* . . .

Want to know more?   See **Grammatica** 4, 5; 17; 74; 81

PAROLE E USANZE

La prima colazione, *breakfast*, literally means *first lunch*, though it is sufficient just to say **colazione** when it's obvious you're referring to breakfast. **Colazione** is one of two words for lunch: the other, **pranzo**, is more usual. (For more about names of meals, see p 187.)

Two for the price of one
Camera and **stanza** both mean *room* but **camera** in particular is used to refer to a bedroom or hotel room.

Solo, soltanto and **solamente** all mean *only*. On page 89, when asked for a room, Cesare says: **Sì, ce l'abbiamo, soltanto con doccia**. He might just as easily have said: **ce l'abbiamo solo** or **solamente con doccia**.

VITA ITALIANA

Alberghi, pensioni, locande
If you arrive in a place and you haven't booked a room in advance, the best thing to do is to go to the local tourist office. Its full title is **Azienda Autonoma di Cura, Soggiorno e Turismo**, but people call it more simply **Azienda di Turismo**, or **Azienda di Soggiorno**. You'll find one in most towns, open from around 9.30 till 12.30 in the morning and again from 3.00 till at least 6.30, and in some places till as late as 8.00 in the evening. Here you'll be given information on all types of accommodation, from camping sites to luxury hotels.

In big cities you'll also find an information centre, **un ufficio informazioni**, in the railway station, while in villages and the smaller country towns, if not a tourist office there will at least be an office called **pro loco** whose job it is to find you somewhere to sleep.

Italian hotels are classified in four categories plus luxury class, **categoria lusso**; there are also three categories of **pensioni** and one of **locande** – **una locanda** generally being a restaurant or **trattoria** with a few rooms to let. If a hotel is described as a **meublé** it means there's no restaurant, though there will be a bar either on the premises or next door where you can have breakfast. Throughout the country there's a good sprinkling of youth and student hostels, **ostelli per la gioventù, case dello studente**, and there are no less than 1,600 well-equipped camping sites, **campeggi**, or just **camping** as they're often called.

Hotel prices are always quoted **tutto incluso**, meaning inclusive of taxes and service charges, but they do not include breakfast. Unless you're having full or half board, **pensione completa** or **mezza pensione**, breakfast is charged separately and according to what you have.

If you're thinking of going to Italy, you'll find the *Travellers Handbook* issued free by the Italian State Tourist Office most informative and useful. The address for the United Kingdom is 201 Regent Street, London W1R 8AY; for the Republic of Ireland, 47 Merrion Square, Dublin 2.

Telefoni

While telephone boxes are not that plentiful in Italy, telephones for public use can often be found in bars, cafés and restaurants as well as in official establishments like central post offices, tourist offices and main railway stations. You will pay for your call by one of two methods. As telephones don't take ordinary money, you must buy yourself a special coin, **un gettone**, at the cash desk, a nearby newspaper kiosk, or from a machine near the phone. A **gettone** is sufficient for a local call, but you'll need quite a few if you're planning a long chat with your friends back in Britain. Alternatively, and more and more frequently, the establishment will check how many units, **scatti**, you have used on a meter near the cash desk and charge you accordingly. Don't be surprised, incidentally, to find **gettoni** turning up in your small change – they circulate like ordinary money!

To dial a call to Britain you'll need to ensure that the 'phone is on the direct dialling international system. To get an international line the code, **il prefisso**, is 00, then 44 for Britain, followed by your local code without the first 0.

PROVA UN PO' . . .

1   Sitting in a café you overhear a conversation between two people at the next table who are talking about their hotel, the *Albergo Roma*.

Signora   . . . ma la sua camera, com'è, è grande?

Signore   No, anche la mia è piccolissima, è stretta. E poi di notte il rumore è terribile.

Signora   Eh, sì. Il traffico è veramente pesante. Non so dove vanno tutte queste macchine tutta la notte.

Signore	Ma qui vicino c'è l'autostrada Roma–Napoli . . . !
Signora	Poi il letto è così duro! Io non riesco a dormire.
Signore	Neanch'io. C'è un bambino nella camera accanto che piange tutta la notte.
Signora	Oh Dio! L'unica cosa buona è che le camere sono pulite.
Signore	Sì, quello sì, sono pulite . . .
Signora	E senta, per la colazione, cosa fa lei? La prende in albergo?
Signore	No, io prendo solo un caffè la mattina. Vado al bar di fronte.
Signora	Però in albergo il caffè è abbastanza buono.
Signore	Sì, ma è così caro!
Signora	Ha ragione. Senta, com'è l'Hotel Milano? Lo conosce . . . ?

Now answer these questions, in English.
1 Would you book into this hotel if you wanted a good night's sleep? And if not, why?
2 What are the rooms like?
3 What sounds could you expect to hear from outside . . . ?
4 . . . and from next door?
5 Are the beds comfortable at least?
6 Where does the man have breakfast?
7 Why?
8 But what's the coffee like in the hotel?
9 What's the only good thing they have to say about the hotel?
10 What does the man eat for breakfast?
11 Do you think they might change hotels?

2 Complete the questions, using the words listed on the right.

1 Devo fare una telefonata a Milano. Posso .... da qui?

2 Queste scarpe sono troppo strette. Posso .... il numero più grande?

3 Il signor Cerrone non è in camera. Posso .... un messaggio?

4 Devo prendere il rapido delle dodici e trenta. Posso .... qui il posto?

5 Devo partire subito. Posso .... con una carta di credito?

6 Fa un po' freddo qui dentro. Posso .... la finestra?

7 Qui non c'è acqua calda! Posso .... con il direttore?

8 Vorrei mangiare un'altra pasta. Posso .... una di queste?

9 Vorrei arrivare prima dell'una. Posso .... con il treno delle undici?

10 Mi dà la chiave, per favore? Non posso .... la porta.

chiudere
parlare
aprire
telefonare
prendere
partire
lasciare
prenotare
pagare
provare

3 Can you make sense of this conversation at a hotel reception desk? The manager's part of the conversation is in the right order, but the customer's is all jumbled up. The manager starts.

Direttore	Cliente
Buonasera. Prego?	Per due notti.
Sì, come la desidera?	Sì, certo.
Con bagno o con doccia?	La colazione è compresa?
Benissimo. Per quante notti?	Sì, sono in macchina.
Va bene, sì. Camera 240 al secondo piano.	Va bene con doccia.
	Benissimo.
Quarantamila per notte.	Ha una camera per favore?
No, la colazione è a parte.	Quanto costa la camera?
Mi favorisce i documenti, per favore?	Matrimoniale.
Grazie. Ha i bagagli da prendere?	
Giuseppe!	

4 You and your spouse have just driven into Assisi and you want a room for the night which isn't too expensive. It's your mother's birthday, so it would be nice to give her a ring. (She lives in Manchester.) There's a hotel on the corner you can try.

Direttore	Buonasera. Desidera?
You	*(Ask him if they've got a room)*
Direttore	Per questa notte?
You	*(Yes, for one night)*
Direttore	Come la vuole? Singola o doppia?
You	*(Double)*
Direttore	Un attimo . . . sì, abbiamo una doppia con bagno oppure con doccia.
You	*(Ask him how much the room costs)*
Direttore	Con bagno venticinquemila lire. Con doccia è un po' meno: ventitremilacinquecento.
You	*(Tell him a room with a shower is fine)*
Direttore	Va bene. Mi dà i documenti, per piacere?
You	*(Ask him if he wants the two passports)*
Direttore	Sì, sì, tutti e due.
You	*(Now ask if you can phone England from here)*
Direttore	Certo. E' diretta. S'accomodi in cabina.
You	*(Ask him what the code is)*
Direttore	Un attimo, Glielo dico subito. L'Inghilterra è zero zero quarantaquattro e poi il prefisso della città. . . . Per Londra è l'uno.
You	*(Say yes, but you have to phone Manchester)*
Direttore	Ah, Manchester! Il prefisso per Manchester è sessantuno.
You	*(Say thank you and where's the phone booth)*
Direttore	E' lì, sulla destra. Avete bagagli?
You	*(Say yes, they're in the car)*
Direttore	Benissimo. Glieli prendiamo noi. Giancarlo! Prendi i bagagli dei signori e accompagnali alla camera duecentotre.

9 COSA PRENDIAMO?

EATING OUT

ANTIPASTI

Antipasto misto
Tonno e fagioli
Prosciutto con melone o fichi

PRIMI PIATTI

Zuppa di verdura
Minestrone
Tortellini in brodo
Risotto ai funghi
Spaghetti al pomodoro
Tagliatelle al ragù/in bianco
Spaghetti alla carbonara
Cannelloni al forno
Lasagne al forno

SECONDI PIATTI

Trota al forno
Fritto di scampi e di calamari
Cotoletta alla milanese
Bistecca alla griglia
Braciole di maiale
Petti di pollo alla griglia
Agnello arrosto
Vitello arrosto
Osso buco
Pollo arrosto
Scaloppine al marsala o al vino bianco
Saltimbocca alla romana
Bollito misto
Pollo alla cacciatora
Fegato alla veneziana

CONTORNI

Spinaci all'agro o al burro
Patate fritte
Zucchini all'olio
Pomodori ripieni
Fagiolini
Piselli al prezzemolo
Melanzane fritte

Insalata verde
Insalata mista

DESSERTS

Frutta di stagione
Macedonia
Profiteroles
Gelati assortiti
Torta della casa
Zabaglione

Formaggi

A meal in an Italian restaurant would normally consist of the following courses:

un primo piatto a first course, which would most commonly be a soup or a pasta or rice dish.

un secondo piatto a second course, which would normally be meat, poultry or fish.

un contorno vegetables or salad.

un dolce or **un dessert** a dessert, which might be fruit, cheese or ice cream and, in some restaurants, gâteaux.

You can of course choose to have more dishes. Many Italians might start with **un antipasto**, a starter or hors d'oeuvre (literally something 'before the meal').

Local specialities vary enormously from one region to another, and individual restaurants will often invent names for their own particular specialities (eg **bistecca alla Cocco** on p 102), so it might sometimes be necessary to ask what a particular dish is or how it's prepared (on p 103 Maddalena asks **come sono i petti di pollo?**). In some of the simpler family restaurants there may not even be a menu to look at, and the waiter will just tell you what's on that day.

The menu at the start of the chapter contains fairly standard dishes that you might find in most parts of Italy. Individual words can be found in the glossary, but below is a key to help you decipher the names of some of them.

Antipasti

Antipasto misto: a selection of appetisers which might consist of a combination of ham, salame, mortadella, raw vegetables, olives, marinated mushrooms, etc.

Tonno e fagioli: butter or haricot beans with tuna fish and raw onions.

Prosciutto: very fine slices of smoked ham often served with fresh figs or melon.

Primi piatti

The most common ways of serving pasta are:

al pomodoro: with a tomato sauce.

al ragù: with a Bolognese sauce of minced meat.

in bianco: served simply with butter and parmesan.

Certain kinds of pasta (eg cannelloni, lasagne, maccheroni) are prepared **al forno**, ie baked in the oven with a filling of mincemeat, tomato and béchamel sauce.

Depending on the restaurant and the region, other common ways of serving pasta are:

ai funghi: with a mushroom sauce.

alla panna: with a cream sauce which will probably also contain ham or mushrooms or both.

alle vongole: with clams.

alla carbonara: (literally in the charcoal burner's style) served with a sauce of smoked pork belly, egg and a lot of freshly ground black pepper.

all'arrabbiata: (literally in the style of an angry person) served with a hot sauce of tomato with chillies.

Secondi piatti e contorni

al, alla etc might refer to the main ingredient of the sauce:
al vino bianco, al marsala, all'olio, al burro.
It might refer to the method of cooking:
alla griglia or **ai ferri** or **alla brace** all mean grilled (though
literally **alla brace** means *over an open fire*).
Or it might refer to a style of preparation:
alla cacciatora ('hunter's style'): cooked in a sauce containing onions,
tomatoes, mushrooms, peppers and red or white wine.
Cotoletta alla milanese: a veal cutlet dipped in egg and breadcrumbs
and then fried.
Saltimbocca alla romana: slices of ham and veal seasoned with sage,
fried in butter and then braised in white wine.
Osso buco: pieces of knuckle of veal with the marrow still in the bone,
stewed in wine, onions, tomatoes and parsley.
Bollito misto: mixed boiled meats – usually beef, tongue, cotechino
sausage, veal and chicken, served with a green sauce.
Fegato alla veneziana: calf's liver cut into small slices and fried
with onion.

Desserts

Torta della casa: anything **della casa**, in this case a cake, means that it
is particular to the restaurant.
Assortito: a selection.
Zabaglione: a rich creamy dessert made from egg yolks, marsala wine
and sugar.
Profiteroles: balls of puff pastry filled with confectioner's custard and
coated with melted chocolate.

RADIO   1

In Orvieto, Walter goes to *La Palomba*, a little family restaurant,
for lunch. When he has studied the menu, the waitress comes to take
his order.

Cameriera	Signore, buongiorno.
Walter	Buongiorno.
Cameriera	Desidera?
Walter	Per primo, mi porti una zuppa di verdure.
Cameriera	Va bene. E di secondo?
Walter	Di secondo, una cotoletta alla milanese.
Cameriera	Va bene, e di contorno?
Walter	Di contorno, un po' di spinaci e delle patate fritte.
Cameriera	Va bene. Da bere?
Walter	Da bere, del vino bianco.
Cameriera	E acqua minerale?
Walter	Sì, grazie, mezza bottiglia.
Cameriera	Grazie.

per primo	*for first course (soup or pasta)*
di secondo	*to follow (main course)*
di contorno	*for vegetables*
delle patate fritte	*some fried potatoes*
da bere?	*to drink?*

When ordering a dish, you can simply name it and say *please*:
una zuppa di verdura, per favore

or you can use a set phrase, like:
mi porti │ una zuppa di verdura
prendo

TV   2   Italian families go out a lot for Sunday lunch. Giovanni and Raffaella go to *Cocco*'s restaurant with their daughter Pia and a friend.

Cameriere	Cosa prendono per primo?
Giovanni	Allora, cosa prendiamo? Prendiamo i tortellini?
Raffaella	Eh, i tortellini al certosino?
Laura	Sì, sono buoni.
Cameriere	Tortellini per tutti?
Raffaella	Tortellini per me va bene.
Giovanni	Sì, per tutti e quattro.
Cameriere	Bene. Come secondo?
Giovanni	Prendiamo la specialità della casa?
Raffaella	Sì, la bistecca alla Cocco. *(to the waiter)* E' con i funghi, vero?
Cameriere	Sì, funghi e salsa al vino bianco.
Raffaella	Per me, va bene.
Laura	Anche per me, sì.
Cameriere	Quattro bistecche alla Cocco. E come contorno?
Giovanni	Che verdura c'è?
Cameriere	Insalata, patate, e pomodori, spinaci, zucchini.
Laura	Per me, patatine fritte.
Raffaella	Io vorrei un po' di spinaci.
Cameriere	Spinaci all'agro o al burro?
Raffaella	All'agro, grazie.

Rosa	Io, un po' di zucchini, grazie.
Giovanni	Anche per me, zucchini.
Cameriere	Vino bianco o rosso?
Giovanni	Vino bianco di Orvieto e una bottiglia di acqua minerale, gassata.
Cameriere	Va bene.

cosa prendono?	*what will you have?*
prendiamo?	*shall we have?*
per tutti	*for everybody*
per tutti e quattro	*for all four (of us)*

> In company, if you're all having the same thing, instead of
> **prendo . . .** , you say:
> > **prendiamo** la specialità della casa
>
> but if you're having something different from the others, you say:
> > **per me** ⎪ un po' di zucchini
> > **io (vorrei)** ⎪

RADIO   3

Walter and Maddalena have lunch together at *La Primavera*, a small **locanda** outside Orvieto. There's no printed menu so the waiter tells them what's on.

Cameriere	Signori, buongiorno.
Walter	Buongiorno.
Maddalena	Buongiorno.
Cameriere	Come primo abbiamo: dei ravioli al ragù, delle tagliatelle, degli spaghetti, e cannelloni al forno.
Maddalena	E' possibile avere ravioli in bianco?
Cameriere	Sì, con burro e parmigiano?
Maddalena	Sì, così vanno bene.
Cameriere	Va bene.
Walter	E a me . . . mi porti dei cannelloni al forno.
Cameriere	Cannelloni al forno. Allora, un ravioli burro e parmigiano, e un cannelloni al forno.
Maddalena	Sì.
Cameriere	Per secondo, ci sono delle braciole di maiale, dei petti di pollo, dell'agnello arrosto, della bistecca alla brace, saltimbocca alla romana, cotolette alla milanese.
Maddalena	Come sono i petti di pollo?
Cameriere	Sono alla griglia.
Maddalena	Oh, no, meglio una cotoletta alla milanese.
Cameriere	Allora, una cotoletta alla milanese . . .
Walter	E a me, mi porti una bistecca, però ben cotta.
Cameriere	Va bene. Allora, una cotoletta alla milanese e una bistecca ben cotta.
Walter	Sì.
Cameriere	Come contorni, ci sono dei fagiolini, oppure spinaci all'agro, patate arrosto, insalata verde . . .
Walter	Per me, delle patate arrosto.
Maddalena	Anche per me.
Cameriere	Allora, due patate arrosto. Va bene, grazie. Da bere, consiglio il vino di Orvieto.

Walter	Bianco?
Cameriere	Sì, certo. Una bottiglia?
Walter	Sì, una bottiglia basta.
Maddalena	E mezza minerale, per favore.
Cameriere	Allora, una bottiglia e mezza minerale. Grazie.

meglio	*better*
oppure	*or else*
consiglio	*I recommend*
basta	*is enough*

RADIO   4

After they have finished the main course, the waiter comes back to ask if everything was all right and if they want anything else.

Cameriere	E' andato tutto bene?
Walter	Sì, grazie, benissimo.
Maddalena	Benissimo.
Cameriere	Desiderate altro?
Walter	Della frutta. *(to Maddalena)* Anche per te?
Maddalena	Sì.
Cameriere	Frutta assortita?
Walter	Sì, grazie.
Cameriere	Caffè?
Maddalena	Un caffè lungo.
Walter	Per me, un caffè e un amaro.
Cameriere	Allora, un caffè lungo, un caffè e un amaro. Grazie.
Walter	Per favore, ci può portare anche il conto?
Cameriere	Sì, lo porto subito.
Walter	Grazie.

anche per te?	*for you too?*
ci può portare?	*could you bring us . . . ?*

RADIO   5

If you only want a quick snack, a piece of freshly made pizza is ideal. Feeling peckish, Maddalena goes to a **pizzeria – tavola calda** for just that.

Pizzaiolo	Buongiorno.
Maddalena	Buongiorno.
Pizzaiolo	Dica, signorina.
Maddalena	Un pezzo di pizza.
Pizzaiolo	Questa col pomodoro va bene?
Maddalena	Sì, con il pomodoro va bene.
Pizzaiolo	*(he weighs it)* Cinquecento.
Maddalena	E anche un pezzo con la mozzarella.
Pizzaiolo	*(he suggests a portion)* Va bene così?
Maddalena	Un po' di più, per favore.
Pizzaiolo	*(cutting and weighing it)* Mille e due, questa.
Maddalena	Va bene.
Pizzaiolo	Mille e sette tutto.
Maddalena	Mille e sette. *(paying)* Ecco.
Pizzaiolo	Benissimo, grazie.

Maddalena	Buongiorno.
Pizzaiolo	Arrivederla, buongiorno.

col (= con il)   *with the*
un po' di più   *a little more*

TV   6

Grocery shops in Orvieto are full of local specialities. There's cheese made of sheep's milk, **formaggio pecorino**, which can be mild, strong or very strong, **dolce**, **delicato** or **piccante**, depending on how long it has been left to mature; there's a variety of salami and ham made from boar's meat, **cinghiale**, as well as pork. And the local olive oil, especially the first pressing, called **olio di oliva extra vergine**, is excellent.

Raffaella does her shopping at a grocer's run by the brothers Batalocco, who simply call their shop '*dai fratelli*'.

Sig. Batalocco	Buongiorno, signora. Che desidera?
Raffaella	Buongiorno. Senta, ha del buon pecorino?
Sig. Batalocco	Sì, abbiamo del pecorino piccante o delicato. Come lo preferisce?
Raffaella	Delicato.
Sig. Batalocco	Benissimo. Abbiamo questa forma che è molto buona. Lo vuole assaggiare?
Raffaella	Sì, magari. *(she tastes it)* Sì, buonissimo. Prendo questo, tutta la forma.
Sig. Batalocco	Benissimo. *(he weighs the cheese)* Desidera altro?
Raffaella	Sì, ecco, vorrei un salamino.
Sig. Batalocco	Sì, abbiamo di maiale o di cinghiale. Come lo preferisce?
Raffaella	Di cinghiale lo vorrei.
Sig. Batalocco	*(selecting a salamino from the display)* Questo è molto buono, di carne magra.
Raffaella	Benissimo.
Sig. Batalocco	Desidera altro?
Raffaella	Vorrei del buon olio di oliva, ma buono.
Sig. Batalocco	Abbiamo l'extra vergine speciale, signora. *(showing her a bottle)* Questo qua, molto buono.
Raffaella	Sì, prendo questo, grazie.
Sig. Batalocco	Benissimo. Desidera altro?
Raffaella	Ecco, vorrei del pane. Che pane c'è?
Sig. Batalocco	Abbiamo dei filoncini – questi, o delle pagnottine così, oppure abbiamo del pane casareccio, con sale.
Raffaella	Ecco, vorrei la pagnotta salata, quella mi va bene, grazie.
Sig. Batalocco	Abbiamo anche del prosciutto di montagna stagionato, molto buono.
Raffaella	No, per oggi basta così, grazie. Quant'è?
Sig. Batalocco	Allora abbiamo: salamino, olio, formaggio pecorino e pane . . . , tredicimilacinquecento, signora.

del buon pecorino	*some good sheep's cheese*
come lo preferisce?	*how do you prefer it?*
assaggiare	*to taste*
magari	*I'd love to*
carne magra	*lean meat*
pane casareccio	*homemade bread*
quella mi va bene	*that'll suit me fine*
prosciutto di montagna	*mountain ham*

VOCABOLARIETTO

come/per primo	la carne	il formaggio
come/per secondo	il pesce	la frutta
	il contorno	il dolce
la zuppa	la verdura	il gelato
la pasta	le patate	
il riso	l'insalata	il sale
la pizza	verde	il pepe
	mista	l'olio
l'acqua minerale		l'aceto
gassata	il pane	
non gassata	il burro	il conto

To order a dish you can say:

come / per	primo, una zuppa di verdura secondo, una bistecca alla brace contorno, un po' di spinaci

You can also say *I'll have*, or *please bring me*:

come primo, | **prendo** / **mi porti** | una zuppa di verdura

If you're ordering the same thing for yourself and others, you say:

come primo, | **prendiamo** / **ci porti** | la zuppa di verdura

If you're all having different things, say what *you* want like this:

io,
 io vorrei | una zuppa di verdura
 per me,

And if you're ordering for other people:

per | il signore, . . .
 la signora, . . .
 la signorina, . . .

To ask in a restaurant or shop if they have *any* . . . ?

ha / avete | **del** pecorino?
 delle tagliatelle?
 degli spinaci?

You may be told they do have *some* . . . :

ho / abbiamo | **del** pecorino dolce o delicato
 delle tagliatelle al burro e parmigiano
 degli spinaci all'agro

And to say you'd like *some* . . . :

vorrei | **del** pecorino
 delle tagliatelle
 degli spinaci

To talk about an unspecified quantity (ie *some . . .*), you use the combination of **di** and **il, la, lo** etc shown on p83.

the . . .	*some . . .*
il pecorino	**del** pecorino
lo zucchero	**dello** zucchero
l' | olio insalata	**dell'** | olio insalata
la mozzarella	**della** mozzarella
i cannelloni	**dei** cannelloni
gli spaghetti	**degli** spaghetti
le patate	**delle** patate

All words for the various shapes of pasta are plural:
    mi **piacciono** molto gli spaghetti
    le tagliatelle **sono** fatte in casa
    i ravioli al ragù **sono** buoni

Want to know more?   See **Grammatica** 7, 26; 37, 39; 71

PAROLE E USANZE

Tutti is the word for *everybody*:
    Tortellini **per tutti**?   Sì, per **tutti e quattro**.

Tutti e due, tutti e tre, tutti e quattro mean *both, all three, all four*, etc.

Buono, *good*, becomes **buon** when it comes before a masculine noun in the singular.
    questo vino è **buono**   è un **buon** vino
    abbiamo del pecorino molto **buono**   abbiamo del **buon** pecorino

Buon appears in quite a lot of set expressions where Italians are wishing each other a good time.

buon appetito!	*enjoy your meal!*
buon Natale!	*happy Christmas!*
buon anno!	*happy new year!*
buon viaggio!	*have a good journey!*
buon lavoro!	*hope the work goes well!*
but:	
buona vacanza!	*have a good holiday!*

Ecco *here, here it is,* is often said when you've just remembered or thought of something in the sense of *oh yes, that's it!*
    Desidera altro?   Sì, **ecco**, vorrei un salamino.

Two for the price of one
come, per, di: when ordering a meal you can use any of these before **secondo** and **contorno**; with **primo**, it is usual to use only **come** or **per**.

Pizza al piatto, pizza al taglio

In pizzerias in Italy, pizzas don't only come in the
round, individually cooked variety. You'll also
find you can buy portions of pizza cut
from a large rectangular slab. Your slice
can be wrapped and taken home, eaten at
the counter, or munched as you walk off
down the street. This kind of pizza is called
pizza al taglio and all you need to do is to indicate
the size or appropriate weight of the piece you want.

The sign **Pizza al piatto** means that you'll be served a pizza on a
plate, you'll get a knife and fork to eat it with, and it will probably be the
round type.

Prosciutti e salami tipici della regione

In some parts of the country, like Tuscany and Umbria, you'll
find an infinite variety of salami and hams, locally cured in
different ways, with many different flavours and often
matured, **stagionati**, for long periods resulting in
stronger, spicier flavours. In Umbria the preparation of these meats is an art that goes back many
centuries and the people who practise it are called
norcini, after the town of Norcia, where it's a
traditional occupation. From late
November to the end of January these
specialists travel around the region,
going from farm to farm, slaughtering the
pigs and preparing the meats which the
farmer then hangs in the kitchen, gently to smoke by the open wood fire.
The local shops buy most of their salami and hams from these farmers.

Pane e pecorino

Pecorino is a cheese made of sheep's milk which is allowed to mature
and harden over a period of time – the longer it's left, the harder and
stronger, **piccante**, it becomes. It's best eaten with a thick slice of **pane
casareccio**, a home-made type of bread baked in a wood oven. And if
you like your cheese strong, try it with the unsalted bread, **il pane senza
sale**, which is also recommended for eating with the stronger – and
saltier – varieties of ham.

Pecorino can also be used grated instead of parmesan, but you'd use less
since the flavour is so much stronger. In some recipes, like the one for
spaghetti al pesto, it's a required ingredient (grated parmesan and
pecorino, chopped basil and parsley and some crushed garlic mixed with
olive oil).

Pecorino is traditionally a Sardinian cheese and today in Umbria and in
Tuscany you'll find the best is made by Sardinian shepherds who have
left the island to work on the mainland.

1   Can you match up the two sides of the list to make likely names of dishes:

petti   fritte
zuppa   al ragù
spaghetti   stagionato
pecorino   assortita
pizza   di pollo
spinaci   arrosto
frutta   di verdura
agnello   all'agro
cotoletta   al piatto
patate   alla milanese

2   This time we've left out a different lot of **di, del, delle** etc. Can you put them all into this conversation at the grocer's?

Commesso   Buongiorno. Desidera?
Cliente   Ha (1) pane, per favore?
Commesso   Sì. Abbiamo (2) filoncini, (3) panini all'olio, (4) pane casareccio.
Cliente   Prendo sei panini all'olio.
Commesso   Benissimo. Altro?
Cliente   Sì, vorrei (5) formaggio. Che formaggio c'è?
Commesso   C'è (6) buon gorgonzola, (7) pecorino delicato, oppure piccante; e ci sono anche (8) mozzarelle veramente buone, freschissime.
Cliente   Va bene, prendo due (9) quelle.
Commesso   Due mozzarelle. Altro?
Cliente   Sì, ecco, vorrei (10) zucchero.
Commesso   Quanto? Un chilo, mezzo chilo?
Cliente   Mezzo chilo basta.
Commesso   Va bene. Altro?
Cliente   No, grazie. Per oggi basta così.

3   You've been given a list of restaurants of the town you're staying in:

Il Canarino
Corso Cavour 33. Cucina casalinga. Chiuso il martedì.

La Grotta
Piazza della Repubblica 20. Giardino. Specialità pesce. Chiuso la domenica. Carte di credito.

Da Mario
Via Garibaldi 51. Specialità alla griglia. Aperto solo la sera. Discoteca.

Moretti
Piazza del Popolo 1. Specialità veneziane. Chiuso il mercoledì. Camere.

Da Peppe
A 5 km sulla strada per Perugia. Panorama sul lago. Terrazza. Parcheggio. Chiuso dal 1° ottobre al 31 marzo. Cucina e vini toscani.

La Taverna
Via Garibaldi 22. Pizzeria e tavola calda. Chiuso il lunedì.

Now can you answer the following questions?

1 Which looks like the best place to go if you want fish?
2 Which restaurant couldn't you go to on Tuesdays?
3 Where would you go for some good home cooking?
4 You might have a good view from one of the restaurants. Which one and what of?
5 Why wouldn't you walk there?
6 Where would you go if you wanted to dance after your meal?
7 What's your best choice if you forgot to change some money today?
8 What kind of food would you expect to get at DA PEPPE?
9 Where would you go for a quick self-service snack?
10 Why wouldn't you go to DA PEPPE in winter?
11 Where would it be silly to go for lunch?
12 If you wanted to stay the night as well, where would you go?

4 While you're studying the menu you overhear two people ordering their meal at the next table. Read this text and see if you can answer, in English, the questions that follow:

Cameriere	Buonasera, signori. Cosa prendono?
Signora	Per me, un antipasto misto.
Cameriere	Un antipasto misto. E il signore?
Signore	Io, prosciutto con melone.
Cameriere	Benissimo. Come primo?
Signora	Risotto ai funghi, per me.
Signore	E per me, spaghetti al ragù.
Cameriere	Io consiglio le tagliatelle. Sono fresche, fatte in casa, buonissime.
Signore	Va bene, allora. Tagliatelle al ragù.
Cameriere	Allora un risotto e un tagliatelle. Di secondo?
Signora	Avete una buona bistecca?
Cameriere	Mi dispiace, ma le bistecche sono terminate. Posso consigliare l'agnello alle erbe, cotto alla griglia. E' una specialità della casa.
Signora	Per me, va benissimo.
Signore	Anche per me, l'agnello.
Cameriere	Di contorno abbiamo fagiolini, insalata verde, spinaci . . .
Signora	Zucchini?
Cameriere	Zucchini, no.
Signore	Allora, un po' di spinaci. *(to the woman)* Anche per lei?
Signora	No, io prendo un'insalata mista.
Cameriere	Benissimo, signori. E da bere?
Signore	Del vino rosso.
Cameriere	Una bottiglia?
Signore	No, basta mezza bottiglia . . .
Signora	. . . e mezza di acqua minerale.

1 What is the man going to have to start with?
2 And the lady?
3 Does the waiter recommend anything to have next?
4 What's special about the tagliatelle?
5 Are they both having it?
6 You were going to order a steak. Why won't you?
7 What's the speciality of the house?

8 How is it cooked?
9 Are they having the same vegetable?
10 Are they heavy drinkers when they eat?
11 Which vegetable have they certainly not got?
12 Do you think they are married?

5 You've gone out for a meal to a little family restaurant near your hotel.
Can you take your part in the conversation?

Cameriere	Buonasera. Come primo abbiamo dei ravioli, degli spaghetti, dei cannelloni . . .
You	*(Ask him if he's got any tagliatelle today)*
Cameriere	Sì, ci sono al ragù, al pomodoro, alla panna . . .
You	*(Say that's fine. Some tagliatelle with meat sauce)*
Cameriere	Benissimo. Per secondo che cosa prende? Una bistecca? Saltimbocca alla romana? Pollo arrosto?
You	*(Ask him if they've got a veal cutlet cooked in breadcrumbs)*
Cameriere	Certo. E di contorno abbiamo insalata verde, insalata mista, spinaci all'agro o al burro, zucchini . . .
You	*(Eh, courgettes? No, some spinach in butter)*
Cameriere	Benissimo. Sono buoni oggi. E da bere?
You	*(Half a bottle of red wine)*
Cameriere	Abbiamo un ottimo Chianti in bottiglia.
You	*(Say no thanks, house wine)*
Cameriere	Va bene. Acqua minerale?
You	*(Half a bottle)*
Cameriere	Subito!

After your meal:

Cameriere	E' andato tutto bene?
You	*(Tell him very good indeed, thanks)*
Cameriere	Desidera altro? Torta della casa? Formaggio? Frutta fresca?
You	*(No thanks. A coffee . . . and the bill please)*
Cameriere	Subito!

10 RIVEDIAMO UN PO?...

REVISION (2)

RADIO 1	You should now be able to get information about various forms of transport. Here, Maddalena is in the tourist office in Orvieto enquiring about trains to Verona. She discovers that the only direct train travels overnight.

Maddalena	Buonasera.
Impiegata	Buonasera.
Maddalena	Vorrei sapere l'orario dei treni per Verona.
Impiegata	Sì, un attimo. *(looking up the timetable)* Per Verona c'è un treno di mattina che parte da Orvieto alle otto e trentotto, ma deve cambiare a Bologna. Arriva a Bologna alle dodici e cinquantotto, riparte alle tredici e trentaquattro e arriva a Verona alle sedici e quaranta.
Maddalena	Dunque, parte alle otto e trentotto da Orvieto e arriva a Verona alle sedici e quaranta.
Impiegata	Sì, esatto.
Maddalena	E c'è un treno diretto?
Impiegata	*(checking in the timetable again)* Sì, c'è un treno di notte diretto per Verona, che parte da Orvieto alle ventitre e trentatre ed arriva a Verona alle cinque e diciannove.
Maddalena	Allora, un biglietto per questo treno.
Impiegata	Mi dispiace. Per i biglietti deve andare alla stazione oppure in un'agenzia di viaggi.
Maddalena	Oh, va bene. Grazie.
Impiegata	Prego. Buonasera.
Maddalena	Buonasera.

sapere	*to know*
riparte	*it leaves again*

RADIO 2	You should be able to find out about opening hours of shops, banks, museums, etc. In Orvieto Maddalena asks Filippo Batalocco when his grocery shop '*dai fratelli*' is open.

Maddalena	Signor Filippo, quando è aperto il suo negozio?
Sig. Batalocco	Siamo aperti la mattina dalle otto alle tredici, il pomeriggio dalle diciassette alle diciannove.
Maddalena	Tutti i giorni?
Sig. Batalocco	Sì, tutti i giorni eccetto il mercoledì e la domenica.
Maddalena	E' lo stesso orario in inverno e in estate?
Sig. Batalocco	No, durante la stagione turistica siamo aperti anche la domenica.
Maddalena	Grazie.
Sig. Batalocco	Prego.

siamo aperti	*we're open*
eccetto	*except*
lo stesso	*the same*

You should also be able to enquire about local specialities in food and wine shops. In Vicenza Gianna would like to buy a bottle of good local wine, but it must be dry. The assistant at the wine supermarket tells her what they've got.

Commessa	Buongiorno.
Gianna	Buongiorno.
Commessa	Desidera?
Gianna	Vorrei un buon vino bianco della regione.
Commessa	Sì. Secco o amabile?
Gianna	Secco, bianco secco.
Commessa	Abbiamo del Pinot grigio, del Tocai, del Verduzzo . . .
Gianna	E questo, il Soave?
Commessa	Questo è amabile, non è secco.
Gianna	Qual è il più secco che avete?
Commessa	Abbiamo il Verdicchio, ma non è della regione.
Gianna	Quanto costa il Verdicchio?
Commessa	Millesettecento alla bottiglia.
Gianna	E il Pinot grigio?
Commessa	Novecento.
Gianna	Allora mi dà tre bottiglie di Pinot grigio.
Commessa	Sì. *(serves her)* Allora, duemila e settecento . . . grazie. *(ringing up the cash)*
Gianna	Buonasera.
Commessa	Buonasera, grazie.

secco, amabile	*dry, sweet (of wine)*
il più secco	*the driest*

And you might want to find out about theatres and concerts, and about booking seats for them. In Stresa, Carla enquires at the tourist office about the forthcoming concert season.

Carla	Buongiorno. Quando comincia la stagione dei concerti?
Valeria	Il venticinque di agosto.
Carla	E quando termina?
Valeria	Il diciotto di settembre.
Carla	C'è un programma, per favore?
Valeria	Sì. *(gives her one)*
Carla	Quanto costano i biglietti?
Valeria	Ma dipende dai posti e dai concerti. Comunque vanno dalle dieci alle ventimila lire.
Carla	A che ora cominciano i concerti la sera?
Valeria	Alle ventuno.
Carla	E quando si può prenotare?
Valeria	Anche subito.
Carla	Grazie.
Valeria	Prego.
Carla	Buongiorno.

vanno dalle . . . alle . . .	*they go from about . . . to about . . .*
quando si può prenotare?	*when can one book?*
anche subito	*right now, if you like*

You'll certainly want to order a meal. Franca and Maddalena order dinner in a little country restaurant near Orvieto called *La Mora*.

Cameriere	Buonasera. Ecco il menù.
Franca	Grazie. *(studying the menu)* Per me, un antipasto rustico. E per te, Maddalena?
Maddalena	Solo crostini.
Cameriere	Va benissimo.
Franca	Per me, delle lasagne al forno.
Cameriere	Bene.
Maddalena	Per me, gnocchi.
Cameriere	Al pomodoro, al ragù, al sugo di funghi?
Maddalena	Al sugo di funghi va bene.
Cameriere	E . . . come secondo piatto, cosa preferite?
Franca	Per me, bistecca ai ferri.
Maddalena	Come sono le cotolette alla parmigiana?
Cameriere	E' della carne fritta, poi messa al forno con sugo e formaggio.
Maddalena	Sì, cotolette alla parmigiana.
Cameriere	Come contorno?
Franca	Ha della verdura cotta?
Cameriere	Sì, abbiamo degli spinaci.
Franca	Va bene, per me va bene spinaci.
Maddalena	Anche per me spinaci.
Cameriere	Da bere, cosa prendete? Del vino bianco, del vino rosso?
Maddalena	*(To Franca)* Prendiamo del vino bianco?
Franca	Sì, va bene del vino bianco.
Maddalena	Una bottiglia è sufficiente.
Franca	Sì, una bottiglia di vino bianco e mezza bottiglia di acqua minerale.
Cameriere	*(returning after the meal)* E' andato bene?
Franca	Sì, benissimo, grazie.
Maddalena	Grazie.
Cameriere	Prendono altro?
Franca	Ah . . . per me, no, niente dolce. Un caffè lungo, per favore.
Maddalena	Allora un altro caffè anche per me.
Franca	E infine il conto, per cortesia.
Cameriere	Va bene, signorine.

un antipasto rustico	*a country-style hors d'oeuvre*
cosa preferite?	*what would you prefer?*
messa al forno	*baked*
cosa prendete?	*what will you have?*
niente dolce	*no sweet*

ALLORA . . .

I mesi dell'anno e le stagioni

I dodici mesi dell'anno sono:

gennaio	maggio	settembre
febbraio	giugno	ottobre
marzo	luglio	novembre
aprile	agosto	dicembre

Le quattro stagioni sono:
la primavera   l'estate (f)
l'autunno   l'inverno

(All the months are masculine and the names of months and seasons are written with a small letter.)

PAROLE E USANZE

Remember **tu** and **lei** (Ch 2, p 23)? When addressing more than one person (*you*, plural) there are also two forms:

	desiderare	prendere	preferire
you (**voi**)	desider**ate**	prend**ete**	prefer**ite**
you/they (**loro**)	desider**ano**	prend**ono**	prefer**iscono**

The **voi** form is the one mostly used, whether **tu** or **lei** is being used to any one individual. The **loro** form is especially formal and would normally be used by waiters, hotel staff and shop assistants to customers. But **voi** is perfectly polite, and it's not uncommon to hear someone switch from one to the other, as the waiter does on p 114, when he uses both **prendete/prendono**.

Two for the price of one
There are many ways of saying *please* in Italian: **per favore, per piacere, per cortesia, per gentilezza. Per favore** seems to be the most common, with **per piacere** a close rival. **Per cortesia** and **per gentilezza** are perhaps less frequent, but they are by no means unusual.

Want to know more?   See **Grammatica** 20, 31, 32; 34, 73, 75

VITA ITALIANA

Gli orari

Shop opening hours in Italy are very different from those in this country. It's difficult to give rules because they vary from place to place and according to the time of year. On average, in the summer, shops open approximately from 8.30 a.m. to 12.30, and again from 3.30 or 4.00 till 7.30 or 8.00 in the evening. In winter they tend to close earlier in the evening.

Banks are more predictable. They stay open for a period of five hours in the mornings which, depending on the bank, will be from 8.15 to 1.15, 8.20 to 1.20 or 8.30 to 1.30 at the latest. And they are open from Mondays to Fridays. Since the most favourable exchange rate is always from a bank, make sure you've changed sufficient money for the weekend by Friday lunchtime.

Chemists are open during normal shopping hours, but at least one in any town centre is open till late in the evening and at weekends. If you need a chemist outside normal hours, you'll see a list on all chemists' doors showing which one in the locality is on duty (**farmacia di turno**). And even if they look closed when you get there, you can ring the bell for attention. This service is intended for urgent prescriptions only.

I vini italiani

Italy produces more wine than any other country in the world and accounts for about one fifth of total world production. Practically every region produces wine and there is a great variety of all types. The better known regions, and the wines they produce, going from north to south are: **Piemonte** (*Barolo*, *Barbaresco*, *Barbera*, all red, and *Asti Spumante*, a sparkling white); **Veneto**, especially the area around Verona (*Valpolicella* and *Bardolino*, both red and *Soave*, white); **Toscana** (*Chianti*, red); **Umbria** (*Orvieto*, white); **Lazio**, from the hills near Rome (*Frascati*, white); **Campania** (*Lacrima Christi*, white); **Sicilia** (*Marsala*, a red dessert wine).

Of the wines mentioned on p 113, *Pinot grigio* and *Tocai* are dry white wines from the eastern part of **Veneto**, north of Venice, while *Verduzzo*, also white, comes from north of Udine, in **Friuli**. *Soave* comes from around Verona, while *Verdicchio*, a very pale dry white wine, comes from near Ancona in the region of **Le Marche**, and particularly from a small district in the foothills of the Apennines called Castelli di Jesi. It's sold in distinctive vase-shaped bottles.

Italian wines tend to differ less in quality from year to year than do French wines, largely because of the greater stability of the climate. Little importance is therefore attached to vintage. Most wines reach their peak after about three years and only some of the best **Piemonte** and **Chianti** wines improve by being kept longer.

Quality wines are graded according to a system that refers to their place of origin, **la denominazione**. They are: **denominazione semplice**, applied to an ordinary table wine of the area, **un vino da tavola**; **denominazione di origine controllata**, or DOC, which applies to wines made from certain grapes grown only in certain defined areas (similar to the French *Appellation Contrôlée*); **denominazione controllata e garantita**, reserved for wines that have met particularly rigorous standards throughout their production.

Some
Wines
of
Italy

FRIULI VENEZIA-GIULIA

V.lle d'AOSTA

TRENTINO-
ALTO
ADIGE

PIEMONTE
Barolo
Asti Spumante
Barbaresco
Barbera

LOMBARDIA

VENETO

Verduzzo
Pinot-
Grigio
Tocai

Soave
Valpolicella
Bardolino

EMILIA-ROMAGNA
Lambrusco

LIGURIA

TOSCANA
Chianti

Orvieto   UMBRIA

Verdicchio
MARCHE

Est! Est! Est!

ABRUZZI

MOLISE

LAZIO
Frascati

Castel del Monte

PUGLIA

SARDEGNA

Cannonau

Lacrima
Christi

CAMPANIA

BASILICATA

Cirò

CALABRIA

N

O   E

S

Marsala

SICILIA   Etna

Festival e feste

There is a great number of festivals throughout the year in Italy and if you're planning a visit it's worth finding out what might be going on while you're there.

Among the many big music festivals are the **Maggio musicale** in Florence, in May and June, and the **Festival dei due mondi** in Spoleto, in June and July. In Rome there are open air concerts in the Basilica di Massenzio throughout June, July and August, and the **Settimane musicali** in Stresa take place in August and September. In July and August there are open air opera performances in Verona, Rome and Macerata. And there are many drama, film and art festivals in various parts of the country, one of the most famous being the **Biennale**, Venice.

Among the many religious and traditional festivals are the **Festa dei Ceri** in Gubbio (May), the great **Palio** in Siena (July and August) and a jousting contest, **la Giostra del Saracino**, in Arezzo (early September).

Siena: il Palio

In Orvieto, in June, there's a **Corteo storico**, a parade through the city in medieval costume to celebrate Corpus Christi, **la Festa del Corpus Domini**.

The religious feast day of **Corpus Domini** was instituted in 1264 by Pope Urban IV to commemorate a miracle which had occurred a year earlier in the nearby town of Bolsena. In the church of Santa Cristina, during a mass being celebrated by a Bohemian priest on a pilgrimage to Rome, drops of blood fell from the consecrated host on to the altar, staining the cloth, **il corporale**, on which the chalice was standing. The stained cloth was brought to the pope, who was in Orvieto and who declared the event a miracle. The cloth is still preserved in the cathedral, no longer in the original **reliquiario** made for it by Ugolino di Vieri in 1338, but in one made in the last few years in the workshop of a local master metal-craftsman, Marcello Conticelli. Orvieto cathedral itself, begun in 1290, was planned to house this precious relic, **il Sacro Corporale**, which can be seen in the chapel to the left of the main altar. *(See also Lettura p 126.)*

1 Only one of the choices in these exercises is correct. Which one is it?

1 Scusi, per andare | *al* / *alla* / *all'* | Azienda di Turismo?

2 A che ora | *parto* / *parti* / *parte* | il pullman per Siena?

3 Cosa | *c'è* / *ci sei* / *ci sono* | da vedere in tre ore?

4 *Ho* / *Ha* / *Abbiamo* | una camera a due letti per una notte, per favore?

5 Le valigie sono | *nelle* / *nella* / *negli* | macchina.

6 *Io* / *Me* / *Lei* | prendo la zuppa di verdura.

7 *Questi* / *Questo* / *Quel* | spaghetti sono buonissimi!

8 Come contorno, | *del* / *dell'* / *della* | insalata verde, per favore.

9 Avete | *delle* / *dei* / *degli* | spinaci al burro, oggi?

10 Anche lei | *prende* / *prendo* / *prendete* | un amaro?

11 Io | *lavori* / *lavora* / *lavoro* | dalle nove alle cinque. E lei?

12 Oggi le banche sono chiuse. Posso | *pago* / *pagare* / *paga* | domani?

2 Check your vocabulary: can you find the odd man out?

1 Which of these wouldn't you expect to find in the average hotel room?

letto   **doccia**   **pollo**   **bagno**

2 And which of these isn't a form of transport?

battello   **pullman**   **macchina**   **zucchini**

3 Which of these words are you least likely to hear in a station announcement?

binario   **tortellini**   **orario**   **cambiare**

4 Which one of these couldn't you apply to a hotel room?

tranquilla   **doppia**   **comoda**   **gassata**

5 You'd be unlikely to get one of these things in the tourist office. Which one?

maiale   **piantina**   **dépliant**   **prospetto**

6 And one of these things is not meant to be eaten. Which?

agnello   **funghi**   **verdura**   **tavolo**

7 Which one of these would they probably not want to give you in a hotel?

conto   **chiave**   **colazione**   **ascensore**

8 One of these places is not meant for sleeping in. Which?

forno   **letto**   **locanda**   **campeggio**

9 Which of these is not a way of preparing pasta?

al ragù   **al pomodoro**   **al burro**   **alla brace**

10 You'd have to pass a test to have one of these. Which?

orologio   **patente**   **valigia**   **pomodoro**

11 Which of these wouldn't you see on a country road in Italy?

bivio   **segnalazione**   **incrocio**   **aliscafo**

12 And which of these has got nothing to do with making a 'phone call?

prefisso   **antipasto**   **scatto**   **cabina**

3   1   How would you ask:

a) if there's a train for Milan at 10 am?, 1 pm?, 5 pm? (use 24-hr clock)

b) at what time the next train leaves for Rome?
at what time it gets to Rome?
if there's a restaurant car?

c) at what time the next hydrofoil leaves for Locarno?
how long it takes?
if you have to book seats?

2   In a hotel,

a) tell the receptionist you'd like:
a single room with shower
a room with twin beds and bath
a room with a double bed and bath or shower

b) ask him or her:
the price of the room
if breakfast is included
if they have a garage

c)   now ask:
  if you can have a quiet room
  if there's a telephone in the room
  if you can pay by credit card

3   In a restaurant,

a)   order:
  the tagliatelle to begin with
  a grilled steak for the main course
  and some fried potatoes and green beans for vegetables

b)   now ask the waiter:
  if you can have a mixed salad
  if they have any strawberries
  if the restaurant is open tomorrow

4   How would you ask a new acquaintance:
  which are the most interesting churches to see?
  at what time does he/she begin work in the morning?
  if she/he likes the ravioli?

4   An assortment of adjectives.

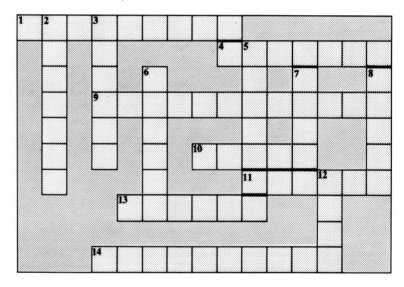

Across
1 Hard or complicated
4 Useful?
9 A museum should be . . .
10 The food ought to be . . .
11 Soave wine is . . .
13 Your hotel bed should be . . .
14 Something vital is clearly . . .

Down
2 Shakespeare was this

3 Falling off a log is said
  to be . . .
5 Valpolicella wine is . . .
6 You could describe a very
  good wine as . . .
7 In which case it'll
  probably be . . .
8 Hopefully the weather will
  be . . .
12 If it isn't, your mood will
  be. . . . !

LETTURE 2

READING PASSAGES 7–12

Here are six more texts for reading. They're based on the documentary
content of the television programmes (7 to 12). Read them through
whenever you have a moment and, as you progress through the course,
go back over the earlier texts and read them again. You'll find you're
able to understand a bit more each time. But remember, these texts are
not for translating word for word.

7 Orvieto

Orvieto is a beautiful, ancient town set in the midst of the Umbrian
countryside. There are many historic buildings for tourists to visit, but
the town has a charm and an intense life of its own.

Orvieto: il duomo,
di Lorenzo Maitani

Who designed the cathedral façade at the beginning of the 15th century?
Whose birth and life story can one see on the cleaned up bas reliefs?
What's grown in the countryside around Orvieto?
What do the men talk about apart from business?
Who are dressed in white and for what occasion?

Per andare a Orvieto c'è l'Autostrada del Sole, che va da Milano a Roma e poi giù fino a Reggio Calabria. Oppure c'è il treno, sulla linea Milano–Bologna–Firenze–Roma. La stazione è a Orvieto Scalo, ai piedi della città. Orvieto è in alto, su di un grande masso di tufo, e per salire in città c'è l'autobus.

Nel centro storico ci sono palazzi medievali e del Rinascimento, strade strette e grandi piazze: Piazza della Repubblica, Piazza del Popolo, con il Palazzo del Capitano del Popolo, e Piazza del Duomo, con il Palazzo dei Papi, oggi un museo. E c'è il duomo, con la magnifica facciata di Lorenzo Maitani, costruita nei primi anni del Trecento.

I famosi bassorilievi sono oggi ripuliti: si vedono Adamo ed Eva, la nascita di Gesù, l'adorazione dei Magi, la fuga in Egitto, e molti altri episodi. L'interno del duomo, con le sue immense colonne, è particolarmente interessante per gli affreschi del Beato Angelico e di Luca Signorelli.

Davanti al duomo i turisti fanno fotografie, comprano guide e chiedono informazioni. L'Azienda di Turismo è proprio qui, nella piazza.

Orvieto è una città di artigiani con antiche tradizioni. C'è la ceramica, il pizzo, e la lavorazione artistica del metallo. E c'è la produzione del vino, il vino Orvieto Classico. Tutta la campagna intorno a Orvieto è coltivata per chilometri a vigneti.

In città la gente s'incontra al mercato ogni giovedì e sabato mattina; s'incontra nei negozi e nei bar; s'incontra per le strade e passeggia per la città. Gli uomini discutono d'affari e di politica; i giovani innamorati si tengono per mano. Per la festa del Corpus Domini la gente s'incontra in Piazza del Duomo: la banda suona e i bambini, vestiti di bianco, prendono parte alla processione della Santissima Eucaristia intorno alla piazza.

strade strette	*narrow streets*
la gente s'incontra	*people meet*
per le strade	*in the streets*
passeggia per la città	*(they) walk about the town*
si tengono per mano	*(they) hold hands*
la Santissima Eucaristia	*the Holy Eucharist*

8 Alberghi e bar

If you need information on hotels in Orvieto, the best thing to do is to call in at the tourist office, in *Piazza del Duomo*. Here we can only give a few details and hint at a bar or two you might like to explore once you've found yourself somewhere to stay.

What's romanesque and gothic on the hill facing the city?
Was the monastery in good shape 100 years ago?
How many rooms have a private sitting room as well?

Who looks after the banquets and the wedding receptions?
And who's got a farm in the country, where he prefers to be most of the time,
out in the fresh air?

In Orvieto città, gli alberghi sono antichi ma rimodernati. C'è il *Maitani*, in Via Lorenzo Maitani, e c'è il *Virgilio*, in Piazza del Duomo. In Via Garibaldi c'è l'*Aquila Bianca*, un albergo della fine dell'Ottocento, completamente ristrutturato nel 1978: 34 camere doppie e 4 singole, tutte con bagno, con la doccia.

A Orvieto Scalo, vicino alla stazione e all'autostrada, ci sono invece molti alberghi nuovi, moderni. A 15 chilometri dalla città, sul Lago di Corbara, c'è un campeggio, il *Camping Orvieto*. E per chi desidera un po' di lusso c'è *La Badia*, sulla collina di fronte alla città.

La Badia

La Badia è un antico monastero benedettino del XII° secolo in stile romanico-lombardo e gotico-francese, abbandonato per molti secoli e lasciato andare in rovina. Nell'Ottocento viene comprato da una famiglia di Orvieto e nel 1965 viene restaurato e trasformato in albergo: 25 camere da letto di cui otto sono su due piani con salotto privato. Tutte le camere sono arredate con mobili antichi e c'è anche un buonissimo ristorante, aperto al pubblico.

Rossella Fiumi, la proprietaria, abita a Roma. Viene a Orvieto quando c'è molto lavoro, per curare congressi, banchetti e ricevimenti di matrimonio.

Ma una volta arrivati e trovato un albergo, perché non esplorare uno dei tanti bar del centro? Il *Giglio d'oro*, per esempio, o la *Cantina Foresi* in Piazza del Duomo. Qui si beve solo vino, soprattutto il vino bianco di Orvieto, secco, abboccato, o 'spaccato'. Salute! E si può anche mangiare un buon panino preparato da Antonio Foresi: un panino con prosciutto, con salame o con una bella fetta di pecorino, tutti prodotti del Podere Foresi, a pochi chilometri dalla città.

Qui, in mezzo alla campagna, ci sono molti animali e un grande vigneto. Antonio Foresi ci viene ogni pomeriggio: preferisce stare in campagna, all'aria aperta, lontano dalla confusione della vita in città.

lasciato andare in rovina	*left to go to ruin*
viene comprato	*was bought*
arredate con mobili antichi	*furnished with antique furniture*
si beve	*one drinks*
'spaccato'	*half sweet, half dry*
si può anche mangiare	*one can also eat*
pecorino	*cheese made from sheep's milk*
ci viene	*comes here*

9 La domenica al ristorante

On Sundays the inhabitants of Orvieto like to walk around town, they like to pass the time, and talk of this and that. Above all they like going to a good restaurant for lunch.

Which restaurant serves a sauce containing two secret ingredients?
Of the wines in the cellar, which vintage is for friends only?
Is the sucking pig fried, baked, or roasted on a spit over a wood fire?
Apart from wheat for making bread, what other produce is grown locally?
Who often have pizza for dinner, cooked in their own wood oven?

La domenica è per uscire con la famiglia, per mangiare fuori, in un buon ristorante. A Orvieto ci sono molti ristoranti: ristoranti eleganti con cucina internazionale, ristoranti semplici con cucina casalinga, tavole calde e pizzerie. E ogni ristorante ha le sue specialità.

Una specialità del *Ristorante del Pino*, per esempio, è la Salsa del Curato, fatta con moltissime erbe come il prezzemolo, il basilico, la salvia, la maggiorana e molte altre ancora. Ci sono anche olio e aceto, sale e pepe . . . e due ingredienti segreti. La salsa è servita con una buona bistecca e una bottiglia di vino locale.

Sotto al ristorante c'è una grande cantina dove il vino, rosso e bianco, è mantenuto a una temperatura ideale. C'è anche del vino particolarmente buono, e quello del 1968 è riservato solo agli amici. Ottimo!

All'*Hotel Ristorante La Badia* servono soprattutto molta carne cotta al girarrosto. Il maialino da latte, per esempio, viene preparato con aglio, rosmarino, finocchio selvatico, sale e pepe; viene poi arrotolato, legato con dello spago, infilato allo spiedo e cotto al girarrosto sul fuoco a legna.

La carne, la verdura, l'olio di oliva, il vino e il grano per fare il pane sono prodotti nella campagna intorno e si possono comprare nei negozi in città.

I contadini fanno tutto in casa: il pane casareccio, cotto nel forno a legna, e per cena, molte volte, c'è la pizza. Un tipica pizza orvietana è fatta con pomodoro, olio, sale, e basta. Ottima!

cucina casalinga	*family cooking*
tavole calde	*self-service restaurants*
Salsa del Curato	*Curate's sauce*
quello del 1968	*the 1968 vintage*
finocchio selvatico	*wild fennel*
viene arrotolato	*it's rolled*
legato con dello spago	*tied with string*
infilato allo spiedo	*skewered*

10 Il Corteo storico della Festa del Corpus Domini

Every year, on the first Sunday after Corpus Christi, the religious procession carrying the sacred **Corporale** through the streets of Orvieto (*see p 118*) is preceded by a **Corteo storico**. This is a procession in medieval costume in which are represented the city, military and judicial authorities, the four city districts, the craft guilds and the people of the medieval town.

The magnificent costumes, the boots and shoes, the shields and helmets, the swords and crossbows have been made over a period of years by local craftsmen and women, and the procession is organised by one single citizen of Orvieto, Mrs Pacini. The 330 participants are also local people and are individually selected by Mrs Pacini for their various roles.

Everything is stored in the huge medieval **Palazzo del Capitano del Popolo** and preparations begin at least two months before the event to make sure everything is spotless, polished and gleaming.

How many years has it taken Franco Menichini to make all the boots and shoes by hand?
Where could you have something made in wrought iron as well as in precious metals?
Do the new boys start to get dressed before the old hands?
Who have to wear wigs and little red hats?
And who's got an armed escort of foot-soldiers and knights?

Nel Palazzo del Capitano del Popolo tutto è pronto per il grande Corteo: costumi in velluto, in damasco, in lana e in seta, con ricami in oro e in argento; stivali e scarpe decorati in oro e in argento; corazze, elmetti, spade e scudi in metalli diversi.

Ci sono circa 330 paia di stivali e di scarpe, tutti fatti a mano in vent'anni di lavoro da Franco Menichini. Nella sua piccola bottega il signor Menichini, artigiano, fa tutti i lavori in pelle.

Nella bottega di Marcello Conticelli, invece, fanno lavori in ferro battuto e metalli preziosi. Sono trent'anni che fanno lavori per il Corteo, un po' per volta, un poco all'anno.

Il giorno della festa i preparativi cominciano molto presto. I primi a vestirsi sono i giovani, i principianti, curati in ogni dettaglio dalle aiutanti della signora Pacini. Quelli con esperienza, invece, fanno da sé. Qualcuno arriva anche in ritardo. Altri fumano una sigaretta.

I piccoli paggi sono vestiti con abiti di velluto azzurro ricamati in argento e con calze e guanti bianchi. Portano la parrucca e un cappellino rosso.

Il signor Menichini ripara un tamburo. I trombettieri provano le trombe. La signora Pacini vede e controlla tutto, a tutti mette il cappello e dà il tocco finale. Sono le dieci e trenta.

Il Corteo esce dal Palazzo in una marea di colori brillanti. Vessilli e insegne in rosso, verde, giallo, blu e bianco portano i simboli del Comune e dei quattro Quartieri della città. Il Podestà, autorità civile della città medievale, è vestito di porpora. Il Gonfaloniere di Giustizia, autorità giudiziaria, porta un magnifico mantello bianco, ricamato in nero, oro e argento. Il Capitano del Popolo, autorità militare, è vestito tutto di nero e ha una scorta armata di scudieri e di cavalieri. Entrano nel duomo, dove si forma la parte religiosa del Corteo.

Il Corteo esce dal duomo

Suonano le trombe, rullano i tamburi, e il Corteo esce dal duomo con il Reliquiario del Sacro Corporale. Seguono autorità varie, la banda di Orvieto, i bambini piccoli e tutti gli altri. Comincia la processione per la città.

fanno da sé	*manage on their own*
altri fumano	*others smoke*
dà il tocco finale	*gives the final touch*
marea	*sea tide*
vessilli, insegne	*flags, standards*
suonano, rullano	*play, roll*
seguono	*there follow*

11 Un artigiano-falegname

Woodwork is a family tradition with Gualterio Michelangeli. His father was a carpenter, like his grandfather and his greatgrandfather before him. Today Michelangeli makes everything from furniture to decorative objects and wooden animals, large and small.

Where will you find a basset hound next to an owl?
Are they all craftsmen in Michelangeli's workshop?
Would a decorative item receive as much attention as a dining room suite?
What's the name of the horse in Michelangeli's garden?
Does the goat have a name, or hasn't it been christened yet?

Nella Via Albani c'è un negozio assai particolare, dove tutto è in legno. Nella strada e nelle vetrine si vedono facce strane, facce divertenti e molti animali: un gufo, un cane bassotto, un paio di gatti, una scimmia . . . Entrata: a sinistra.

Nell'interno del negozio c'è un leone, un aeroplano, un angelo: ci sono bambole e marionette, c'è Arlecchino, e ci sono due curati. Ma l'elemento più importante è l'arredamento: mobili moderni, una camera da letto, una sala da pranzo, un soggiorno.

Tutto questo è il lavoro di Gualterio Michelangeli, artigiano-falegname come il padre, il nonno e il bisnonno prima di lui. Per Michelangeli, la lavorazione del legno è una tradizione di famiglia. Nella sua bottega lavorano solo artigiani del legno.

A destra:
La capra, nel giardino di Gualterio Michelangeli

Nella bottega il legno viene tagliato, piallato e levigato con le macchine. Poi viene lavorato e verniciato. Oggetti divertenti, decorativi e importanti vengono tutti rifiniti con la stessa cura, la stessa attenzione.

Gualterio Michelangeli è anche scultore. Nel suo giardino c'è Gallerte, un grande cavallo, e c'è la Lupa di Roma, con Romolo e Remo, una scultura a strati in legno di abete. C'è poi Augusto Imperatore, fatto 'a tutto tondo', cioè a blocchi di legno. E c'è una bellissima capra, l'animale preferito di Michelangeli. Non ha ancora un nome perché deve essere ancora battezzata!

facce strane, facce divertenti	*strange faces, amusing faces*
bambole	*dolls*
l'arredamento	*interior design*
piallato, verniciato	*planed, varnished*
la Lupa di Roma	*she-wolf which suckled Romulus and Remus, founders of the city of Rome*
a strati	*in layers*
'a tutto tondo'	*in solid blocks (of wood)*
preferito	*favourite*

12 La ceramica: una vecchia tradizione

One of the great traditional crafts in Orvieto is pottery. Nowadays most of it is based on the designs of the great medieval and renaissance periods, but there's modern pottery, too. And for all potters the most exciting moment is when the pottery has been fired and the oven is opened.

La CLACO, una cooperativa di giovani ceramisti

Of which period is the little head typical?
Does Luigi think two years are enough for learning to throw pots?
Do these young people all have the same day off?
Which one likes to stay in bed all day and sleep?
What period do Mastro Paolo's concentric lines recall?

La CLACO è una fabbrica di ceramica tradizionale orvietana. E' una cooperativa di giovani ceramisti: Simonetta, Luigi, Carlo, Daniela e Anna. Lavorano in cooperativa da tre anni, dopo aver fatto un corso professionale di due anni. Fanno riproduzioni di ceramica etrusca, medievale e rinascimentale.

I ragazzi fanno le forme, le ragazze le decorazioni. Anna preferisce fare la decorazione medievale perché le piacciono i colori, il lavoro di graffito. Daniela preferisce quella tipica orvietana, la testina, del Quattrocento. Simonetta invece preferisce fare riproduzioni di piatti e di vasi etruschi.

Anna	Quanto tempo ci vuole per imparare?
Simonetta	Mah, alcuni mesi, penso.
Anna	Soltanto?
Simonetta	Si.

Per Simonetta non ci vuole molto tempo per imparare a fare questo tipo di decorazione. Ma per Luigi, per imparare a formare gli oggetti ci vuole molto tempo. Luigi ha studiato per due anni, ma dice che due anni non bastano.

La fabbrica è aperta tutti i giorni, anche la domenica. I ragazzi però lavorano sei giorni alla settimana, dalle nove all'una e dalle due alle sette. Prendono un giorno di riposo a turno, un giorno che preferiscono loro. Non hanno un hobby preferito: a Daniela e a Luigi piace semplicemente andare in giro, a fare delle lunghe passeggiate; a Simonetta piace stare a casa, a riposarsi dentro il letto, e dormire!

Non tutti i ceramisti di Orvieto fanno ceramica su disegni tradizionali: c'è anche la ceramica moderna, di Mastro Paolo. Le sue forme richiamano quelle antiche, quelle tradizionali, e c'è un gioco di righe parallele e concentriche che richiama il Seicento popolare, ma il risultato è molto moderno.

Esempi della ceramica di Mastro Paolo

Per Mastro Paolo la cosa più affascinante della ceramica è l'imprevisto, l'effetto del fuoco sulla ceramica, sui colori. Per tutti i ceramisti il momento più importante è quando aprono il forno, e vedono il risultato della cottura.

dopo aver fatto	*after having done*
le forme	*the shapes (ie the different items of pottery)*
dice che	*(he) says that*
che preferiscono loro	*that they prefer*
andare in giro	*to go around*
gioco	*play*
l'imprevisto	*the unexpected*

Oggetti decorativi nel negozio di Gualterio Michelangeli

11 RICOMINCIAMO
REVISION (3)

RADIO   1 Here's a reminder of how to ask the price of things. Gianna has gone into a florist's in Vicenza.

Gianna	Buongiorno.
Fioraio	Buongiorno, signora. Desidera?
Gianna	Quanto costano le rose?
Fioraio	Ecco, le rose costano mille lire le rosse, ottocento le gialle e quattrocento le rosa.
Gianna	E i gladioli quanto costano?
Fioraio	Ottocento lire.
Gianna	Allora, mi dà sei gladioli gialli?
Fioraio	Va bene, signora.

RADIO   2 Walter wants some batteries for his transistor.

Walter	Buonasera.
Commesso	Buonasera. Che desidera?
Walter	Mi dà delle pile per la mia radio?
Commesso	Quante?
Walter	Cinque.
Commesso	E da che voltaggio?
Walter	Da un volt e mezzo.
Commesso	Ecco le pile. *(looking for a bag to put them in)* Un attimo . . .
Walter	Quant'è?
Commesso	Quattrocento a pila, per cinque . . . duemila.
Walter	Ecco.
Commesso	Grazie.
Walter	Grazie a lei. Buonasera.
Commesso	Buonasera.

RADIO   3 And here Gianna is buying some groceries.

Salumiere	Buongiorno, signora.
Gianna	Buongiorno.
Salumiere	Cosa desidera?
Gianna	Mi dà due etti di prosciutto?
Salumiere	Cotto o crudo?
Gianna	Crudo.
Salumiere	Va bene. *(cuts the ham)* Va bene?
Gianna	Sì.
Salumiere	Dopo, signora?
Gianna	Avete del parmigiano?
Salumiere	Sì, certo. Quanto ne desidera?
Gianna	Tre etti, circa.
	(The grocer cuts and weighs the cheese)

Salumiere	E' un po' di più. Va bene?
Gianna	Sì, va bene.
Salumiere	Desidera altro?
Gianna	Sì, un chilo di zucchero.
Salumiere	*(getting it down from the shelf)* Pronto lo zucchero!
Gianna	E sei uova.
Salumiere	*(gives her the eggs)* E poi?
Gianna	Basta così, grazie. Quant'è?
Salumiere	Subito. Prosciutto, tremilaseicento lire, parmigiano, tremila e trecento lire, zucchero, ottocento e sessanta, le sei uova, settecentoventi. Il totale, ottomilaquattrocentottanta. *(giving her the bill)* Ecco lo scontrino. S'accomodi alla cassa, signora.

quanto ne desidera?	*how much (of it) would you like?*
è un po' di più	*it's a bit over*
s'accomodi alla cassa	*please pay at the cash desk*

In Orvieto, Sandra goes to Michelangeli's, a shop where everything's made of wood: furniture, gifts and items of all kinds including animals. She's looking for a wooden cat.

Commesso	Signorina, buongiorno.
Sandra	Buongiorno.
Commesso	Desiderava?
Sandra	Vorrei comperare un gatto.
Commesso	Oh, di gatti ce ne sono diverse qualità, diversi tipi, dai grandi ai piccoli, e diversi prezzi, naturalmente.
Sandra	*(pointing to a pair of large cats)* Quei due lì, per esempio, quanto costano?
Commesso	Oh, questi due qua, novantacinquemila.
Sandra	Mm . . . !
Commesso	Un po' caruccio! Voleva spendere meno?
Sandra	Sì, se è possibile.
Commesso	*(showing her a single, smaller cat)* Oh, per esempio, questo tipo qua. Questo viene sedicimila.
Sandra	Molto bello . . . *(but she seems doubtful)*
Commesso	Oh, vuole spendere ancora meno?
Sandra	Sì.
Commesso	Vediamo, vediamo. *(showing her a small pair)* Qui siamo a dodicimila, questa coppia. Sono due, bianco e nero.
Sandra	Sono molto carini.
Commesso	Poi abbiamo questo singolo, piccolino, nero.
Sandra	Sì, questo sì, mi piace molto.
Commesso	Di solito, piace . . . a tutti! Oh, poi abbiamo questo nuovo tipo.
Sandra	Anche questo.
Commesso	Mah, sono oggettini veramente simpatici.
Sandra	Quanto vengono questi?
Commesso	Questi, otto e sei, quattordicimila.
Sandra	Sì, prendo questi due.
Commesso	Questi qua?
Sandra	Sì.
Commesso	Oh, le faccio due pacchetti?

Sandra	Un pacchetto unico, grazie. *(paying)* Ecco a lei.
Commesso	Grazie.
Sandra	Grazie. Buongiorno.
Commesso	Buongiorno.

di gatti ce ne sono	*we've got all sorts*
diverse qualità	*of cats*
un po' caruccio	*a bit on the expensive side*
voleva spendere meno?	*did you want to spend less?*
ancora meno?	*less still?*
mah, sono oggettini	*yes, they really are nice*
veramente simpatici	*little things*
le faccio due pacchetti?	*shall I make you two parcels?*

RADIO   5   Everyone enjoys a good memory game. At a party in Vicenza, Gianna laid out ten objects on a table, gave people half a minute to memorise them, and then covered the objects up.

Here's the result. First, Sandra.

Gianna	Sandra, che cosa c'è sul tavolo?
Sandra	Dunque, c'è un bicchiere di vino.
Gianna	Bianco o rosso?
Sandra	Bianco. Un francobollo . . .
Gianna	Da quanto?
Sandra	Non lo so . . . *(laughs)* Un orologio, diecimila lire, un pacchetto di sigarette . . .
Gianna	Di che colore?
Sandra	Blu e rosso. Poi ancora . . . eh, non ricordo altro.
Gianna	Altro?
Sandra	No.
Gianna	Va bene. Grazie.

da quanto?	*what value?*
non (lo) so	*I don't know*

Maddalena did the same with her friends in Orvieto. Here's Marisa, who didn't do too well either.

Maddalena	Marisa, cosa c'è sul tavolo?
Marisa	C'è un giornale . . . italiano. C'è un pacchetto di sigarette straniere. C'è una chiave, una cartolina illustrata . . . e un altro pacchetto di sigarette.
Maddalena	Ci sono soldi?
Marisa	C'è un biglietto da cinquemila lire, c'è una tazza da caffè, e un bicchiere di vino rosso. Ah! Un orologio!
Maddalena	Da uomo o da donna?
Marisa	Da uomo.
Maddalena	Grazie.
Marisa	Prego.

da uomo, da donna   *man's, woman's*

Guido did rather better.

Maddalena	Guido . . .
Guido	Sì?
Maddalena	Cosa c'è sul tavolo?
Guido	Quindi, sul tavolo c'è un giornale, un francobollo . . .
Maddalena	Da quanto?
Guido	Non so. Una chiave, un passaporto, una cartolina, una tazzina da caffè . . . e un . . . un pacchetto di sigarette.
Maddalena	C'è un bicchiere?
Guido	Un bicchiere? Sì, c'è un bicchiere.
Maddalena	C'è qualcosa nel bicchiere?
Guido	Non so.
Maddalena	C'è del vino. Due oggetti ancora.
Guido	Due oggetti. Ah, un orologio.
Maddalena	Da uomo o da donna?
Guido	Da uomo.
Maddalena	Ci sono soldi?
Guido	Ah, diecimila lire. *(laughs)*
Maddalena	Diecimila lire. *(Guido laughs again)* Grazie.
Guido	Prego.

due oggetti ancora   *two more things*

And finally Silvio, who was the only one to remember ten objects though he got one of them slightly wrong.

Gianna	Silvio, che cosa c'è sul tavolo?
Silvio	C'è . . . un giornale.
Gianna	Italiano o straniero?
Silvio	Italiano. Una cartolina . . .
Gianna	Di dove?
Silvio	Una cartolina illustrata di . . . no, non so.
Gianna	E poi?
Silvio	E poi c'è un bicchiere di vino.
Gianna	Bianco o rosso?
Silvio	Bianco. Un orologio . . .

Gianna	Da uomo o da donna?
Silvio	Da uomo. Un francobollo.
Gianna	Da quanto?
Silvio	Da dieci lire . . . Poi c'è . . . *(recaps)* il giornale, cartolina, bicchiere di vino, orologio, francobollo. Poi c'è . . . tazza.
Gianna	Da tè o da caffè?
Silvio	E' da caffè. Poi c'è una chiave.
Gianna	Poi?
Silvio	Un passaporto.
Gianna	Soldi?
Silvio	Diecimila lire, diecimila lire e poi . . . e un pacchetto di sigarette.
Gianna	Basta! Bravo, grazie.
Silvio	Prego.

ALLORA . . .

VOCABOLARIETTO

l'uomo	la radio	nuovo
la donna	la pila	carino
il passaporto	il voltaggio	simpatico
il giornale	comprare	straniero
l'orologio	(*or* comperare)	il colore
l'oggetto	soldi	giallo
il pacchetto	un biglietto da	rosa
la sigaretta	cinquemila (lire)	

By now you will have learnt quite a lot of words in Italian and there are several tricks you can use to help you build up your vocabulary.

A good one is to get a set of blank index cards, write the Italian for something on one side and the English on the other. Shuffle them and then go through the cards looking at the Italian first, thinking of the English equivalent and then checking by turning the card over. Put aside the ones you didn't remember correctly and go through those again. You can then repeat the game, but this time look at the English first and try to remember the Italian. You can play this game on your own or with others.

Another good trick, using the same cards, is to group words according to their meaning and add to them as you go along from chapter to chapter. In this chapter, for instance, there are two new words for colours, **giallo** and **rosa**, which you can add to the ones you've already met: **bianco**, **nero**, **rosso**, **blu**, **verde**, **marrone**, under the heading **colori**. You've now got a stock of eight colours. The new word **passaporto** can be put under **documenti**, together with **patente** and **carta di credito**. **Uomo** and **donna** can be added to **signore**, **signora**, **signorina**. And so on.

Some words, especially verbs, don't fit easily into a category, but you can always group them together under the kind of situation in which you'd use them. For instance under **viaggio** you could put **partire**, **arrivare**, **cambiare** and **prenotare**, as well as the more obvious **treno**, **pullman**, **biglietto**, etc.

To talk about doing something
When referring to more than one person:

	parlare arrivare	prendere chiudere	partire aprire
we (noi)	parl**iamo** arriv**iamo**	prend**iamo** chiud**iamo**	part**iamo** apr**iamo**

For *we*, the ending is always **–iamo**.

The ending **–iamo** without **noi** is also used for making suggestions:
Let's . . . Why don't we . . . ?
Mangiamo fuori stasera?
Andiamo al cinema?

you (**voi**)	parl**ate** arriv**ate**	prend**ete** chiud**ete**	part**ite** apr**ite**

For *you* (**voi**) the ending is different in each group of verbs.

they *you* (loro)	parl**ano** arriv**ano**	prend**ono** chiud**ono**	part**ono** apr**ono**

For *they* and for *you* (**loro**) the ending is **–ano** for the **–are** group and **–ono** for the other two. And notice how these forms are stressed:
parlano, **pren**dono, **par**tono.

PAROLE E USANZE

oggetto
oggettino

tazza
tazzina

pianta
piantina

piccolo
piccolino

grande
grandino

There are two ways of saying that something is small in Italian: you can either add **piccolo** or change the ending to **–ino** or **–ina**. A small cup can be either **una piccola tazza** or **una tazzina**; a small object either **un piccolo oggetto** or **un oggettino**.

You can use these 'diminutive' endings with some adjectives too. From **piccolo** *small* you can get **piccolino** *quite small*; from **grande** *large* you can get **grandino** *fairly large*.

Caro means *dear* in both senses: **caro Giovanni** and **questo ristorante è caro**. It has two diminutives: **carino**, which means *pretty*, *attractive*; and **caruccio**, which can mean *rather expensive* or *lovable*.

Simpatico has the meaning of *nice, likeable, friendly, pleasant* all rolled into one. You can use it to describe people, things, places, events:
è una persona simpatica
sono oggetti veramente simpatici
è simpatico questo ristorante, . . . etc

Soldi is the usual word for money in Italian (the other is **denaro**).
It is plural: **ci sono molti soldi** sul tavolo

Uomo *man* has an irregular plural: **uomini**

Uovo *egg* not only has an irregular plural, uova, but also changes from
masculine to feminine.

un uovo fresco

sei uova fresche

VITA ITALIANA

Da che voltaggio?

The voltage in Italy is 220v AC and in hotel bedrooms the sockets are
generally 2-pin.

The size of sockets, though, is different from those in Britain, so if you're
thinking of taking any appliances with you, you'll need an adaptor.
International adaptors are available in this country, but if in doubt it's
always best to consult the management of your hotel or camp-site.

PROVA UN PO'...

1   Read this telephone conversation and then answer the questions:

Maria	Pronto?
Anna	Ciao, Maria. Sono Anna.
Maria	Ciao, Anna. Come stai?
Anna	Bene. Senti, devi uscire questa mattina o posso passare di lì?
Maria	Eh, mi dispiace, ma sono fuori tutta la mattina. Prima cosa vado in banca, poi vado in farmacia. Devo essere dal parrucchiere alle dieci e alle dodici e mezzo incontro Carlo al Bar Gigi per un aperitivo. Per pranzo andiamo a mangiare al Ristorante del Pino. E' così bello uscire insieme senza i bambini.
Anna	Sì, certo! Ma dopo pranzo sei a casa?
Maria	Sì, alle tre sono qua.
Anna	Allora vengo lì alle quattro. Va bene?
Maria	Benissimo. Ti aspetto alle quattro. Ciao!
Anna	Ciao!

1   Do Maria and Anna call each other *tu* or *lei*?
2   What does Anna want to do this morning?
3   What is Maria having done at 10 o'clock?

FARMACIA 'LA CENTRALE'
Orario: 08.00–12.30
16.00–19.30
Chiuso per turno il gio...

Ristorante del Pino
Orario
12.00–15.00
18.30–23.00
Chiuso il martedì

LUIGI
Parrucchiere per signora
08.30–12.30
15.30–18.30
Chiuso il lunedì

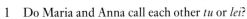

BAR GIGI
Orario di apertura
08.00–23.00
Chiuso per turno:
mercoledì

BANCA NAZIONALE DEL LAVORO
Aperta al pubblico dalle 08.20
alle 13.20
da lunedì a venerdì

4   Who is she meeting at 12.30 and who do you think he is?
5   Why do they like eating out sometimes?
6   What will she be doing at 4?
7   What day of the week is it?

2   The following exercise builds up into a set of situations you might well
     find yourself in. You have to meet an Italian business colleague, signor
     Mazzetti, in a town you've never been to before. All you know is that
     he's booked into the *Italia* Hotel in the centre of town and you're going
     to have to stay there overnight.

     a) On arrival at the station you ask the lady at the newspaper kiosk how
        to get there.

You	(*Attract the lady's attention and ask if there's a bus to get to the centre of town*)
Signora	Sì. Deve prendere il numero 15.
You	(*Ask her where the bus stop is*)
Signora	E' proprio qui davanti alla stazione, sulla destra.
You	(*Say thanks. Then ask how long the bus takes*)
Signora	Ma dipende un po' dal traffico. Un quarto d'ora circa.
You	(*Fine. And is the Italia Hotel there in the centre of town?*)
Signora	L'Hotel Italia? Sì, sì. Deve scendere in Piazza della Repubblica. L'albergo è proprio li vicino.
You	(*Thank the lady*)
Signora	Prego, s'immagini.

     b) At the bus stop there's not a bus in sight, but there's a man waiting
        and you decide to check.

You	(*Ask him how to get to Republic Square*)
Signore	Il 15.
You	(*Ask him if this is the bus stop*)
Signore	Sì, è questa.
	Still no bus in sight . . .
You	(*But when does the next bus arrive?*)
Signore	Mah! Ce n'è uno ogni dieci, dodici minuti e io sono qui già da dieci, perciò . . .
You	(*How much is the ticket?*)
Signore	Cento lire.
You	(*And can you buy the ticket on the bus?*)
Signore	Sì, sì. Ma ci vuole la moneta giusta per la biglietteria automatica, eh? Ha una moneta da cento lire oppure due da cinquanta?
You	(*A one hundred coin, no, but you have got two fifty lire coins*)
Signore	Quelle vanno bene. Ecco, arriva il 15.

     c) On the bus

Signore	Lei va in Piazza della Repubblica, no?
You	(*Answer*)
Signore	Bene. Anch'io scendo lì.
	That's good. He probably knows where the hotel is.
You	(*Say listen, the Italia Hotel, is it near the square?*)

Signore	L'Albergo Italia? Ah, lei deve andare lì? Sì, sì, è vicinissimo. Quando scendiamo le faccio vedere.
You	*(Say thank you)*
Signore	Prego, prego. Lei di dov'è? E' americano, forse?
You	*(Say no, you're English)*
Signore	Oh, scusi! Di dove in Inghilterra?
You	*(From Leeds)*
Signore	Leeds? Eh, vorrei tanto visitare l'Inghilterra . . ., e la Scozia anche. Lei è qui in vacanza o per lavoro?
You	*(Tell him you're here for work)*
Signore	Qual è il suo lavoro?
You	*(Tell him you've got a shop in Leeds)*
Signore	Interessante. Un negozio di che cosa?
You	*(A shoe shop. Then ask him what work he does)*
Signore	Oh, io sono pensionato. Non lavoro più io! Faccio niente!
You	*(Ask him if he likes doing nothing)*
Signore	Eh, mi piace moltissimo! *(the bus stops)* Eccoci qua, Piazza della Republica. Adesso le faccio vedere dov'è l'albergo.

d) At the hotel reception desk

You	*(Say good evening)*
Portiere	Buonasera. Mi dica.
You	*(Ask him if Mr Mazzetti is in this hotel)*
Portiere	Mazzetti? Sì, camera 36. Ma in questo momento è fuori. Ah, ma lei per caso è il signor . . . ?
You	*(Say you're Mr Searle)*
Portiere	Searle, sì. C'è un messaggio per lei, signor Searle, dal signor Mazzetti.

The message says he'll be back at seven thirty, so you might as well book in and have a shower.

You	*(Very good. Say you'd like a room)*
Portiere	Come la desidera?
You	*(A single with shower)*
Portiere	Benissimo. Per quante notti?
You	*(For one night. You are leaving tomorrow afternoon)*
Portiere	Va bene. Le posso dare la camera 21.
You	*(Ask how much the room costs)*
Portiere	Ventiduemilacinquecento per notte, tutto compreso.
You	*(And breakfast?)*
Portiere	E' servita nel bar dalle sette alle nove e trenta. Si paga a parte.
You	*(And how much is it?)*
Portiere	Tremila.
You	*(Say that's fine, thanks)*
Portiere	Mi dà un documento, per favore?
You	*(Say of course, and ask if tomorrow morning you can leave the luggage here)*
Portiere	Certo. Perché deve lasciare libera la camera entro mezzogiorno, va bene?
You	*(Yes, of course. And can you pay with a credit card?)*
Portiere	Senz'altro. E' tutto qui il bagaglio?
You	*(Tell him yes, you've only got this suitcase)*
Portiere	Bene. *(calling)* Marco, accompagna il signore alla 21 . . .

ANDIAMO IN TRENO

Crossword grid with pre-filled letters:
- 2 across: **E**
- 4 across: **B**
- 7 across: **V**
- 13: **O**
- 14 across: **R**
- Unnumbered: **M**

Across

A che ora parte l' .... (2) per Napoli?

Da quale .... (4) parte?

C'è .... (7) .... (10) su questo .... (11)?

C'è la .... (17) classe sul .... (14) delle .... (13) e trenta per Roma?

E' in .... (18) il treno?

Devo .... (19) prima delle cinque.

Down

C'è la .... (1) classe sul treno locale?

C'è un bar qui in .... (3)?

Posso fare il .... (4) sul treno?

Questo treno è in .... (5) di dieci minuti!

Il diretto per Ancona .... (7) Rimini .... (6) dal binario tre.

Per favore, mi dà un biglietto di andata e .... (8), seconda?

Il TEE da Zurigo è in .... (9) sul binario sei.

La prossima .... (12) è Piacenza.

Scusi, quanto costa un' .... (15), prima, per Perugia?

Orvieto è sulla .... (16) Milano–Roma.

12 MI PUÒ DARE UN NUMERO?

ASKING FOR A SERVICE OR FAVOUR

RADIO 1

Walter asks the receptionist at his hotel if she can get him a number in Rome.

Walter	Mi scusi, mi può dare un numero a Roma?
Segretaria	Che numero è?
Walter	Il sei sette otto, sei zero, quattro uno.
Segretaria	*(dialling)* Sei, sette, otto, sei, zero, quattro, uno. Si accomodi in cabina.
Walter	Grazie.

> To ask someone if they can do something for you:
>
> **mi può** | dare un numero?
> | prestare mille lire?
> | cambiare dieci sterline?

RADIO 2

At her hotel one morning Maddalena is up before the breakfast bar opens and the receptionist, Cesare, directs her to the nearest café. But it's raining . . .

Cesare	Buongiorno, signorina. Già in piedi?
Maddalena	Eh, sì. Buongiorno. C'è un caffè aperto a quest'ora?
Cesare	Dunque, il bar dell'albergo apre alle sette e trenta, ma qui a sinistra c'è un bar aperto.
Maddalena	Oh, grazie. *(going out)* Buongiorno.
Cesare	*(calling after her)* Ma piove!
Maddalena	Oh! E' vero. Mi puo prestare un ombrello?
Cesare	Sì, *(pointing to one in the umbrella stand)* eccolo.
Maddalena	Grazie. Buongiorno.
Cesare	Buongiorno.

già in piedi?	*up already?*
piove	*it's raining*

TV 3

At the tourist office, Walter asks the assistant if she'll change some English money into lire.

Walter	Buongiorno. Mi può cambiare queste sterline in lire italiane?
Impiegata	Sì, certo.
Walter	*(showing her some coins)* Mi può cambiare anche queste monete?
Impiegata	No, mi dispiace, ma per le monete non è possibile.
Walter	Allora cambio solo queste. Sono dodici sterline.
Impiegata	Sì.
Walter	Quant'è il cambio oggi?
Impiegata	Oggi è millenovecentodieci.
Walter	Grazie.

Impiegata	*(giving him 22,900 lire)* Venti, ventuno, ventidue . . . due, quattro, cinque.
Walter	Grazie. Buongiorno.
Impiegata	Buongiorno.

quant'è il cambio?   *what's the exchange rate?*

A driver stops at a service station for some petrol, and then asks to have the oil and the water in the radiator and battery checked.

Facciamo benzina!

Automobilista	Mi può controllare l'olio, per favore?
Benzinaio	Senz'altro.
Automobilista	L'acqua, tutto quanto, eh?
Benzinaio	Tutto quanto.
Automobilista	*(opens the bonnet)* Ecco.
Benzinaio	*(checking the oil)* L'olio è a posto.
Automobilista	A posto? Anche l'acqua?
Benzinaio	*(checking)* Manca un po'. *(he brings some water)*
Automobilista	Per gentilezza, mi guarda anche l'acqua della batteria?
Benzinaio	Senz'altro. *(he tops up the battery as well)* Tutto a posto.
Automobilista	Quant'è?
Benzinaio	Quindicimila.
Automobilista	Ecco a lei: dieci, quindici.
Benzinaio	Benissimo, grazie. Arrivederci.
Automobilista	Arrivederci.

senz'altro	*certainly*
tutto quanto	*the whole lot*
a posto	*in order, OK*
manca un po'	*it's a bit low*
mi guarda . . . ?	*will you look at . . . for me?*

When shopping, people sometimes ask for a discount, **uno sconto**. Maddalena asks for one when buying a small coffee machine.

Commessa	Buongiorno.
Maddalena	Buongiorno.

Commessa	Desidera?
Maddalena	Vorrei una caffettiera.
Commessa	Un attimo. *(she goes and gets one)* Di questo tipo?
Maddalena	Sì.
Commessa	Abbiamo da una tazza, da tre o da sei.
Maddalena	Questa da tre, quanto costa?
Commessa	Seimila e tre.
Maddalena	Mi può fare uno sconto?
Commessa	Sì, posso fare . . . seimila.
Maddalena	Va bene, prendo questa da tre.
Commessa	Va bene così?
Maddalena	Sì, va bene. Ecco. *(gives her 10,000 lire)*
Commessa	Sei, sette, otto . . . e dieci. Grazie.
Maddalena	Grazie. Buongiorno
Commessa	Buongiorno.

da una tazza   *for one cup*
posso fare . . .   *I can make it . . .*

Here Gianna's looking for a present for her mother. She wants to buy a jumper.

Commessa	Buongiorno.
Gianna	Buongiorno. Cerco una maglia per fare un regalo.
Commessa	Che taglia desidera?
Gianna	Quarantasei.
Commessa	Che colore?
Gianna	Rosso o blu.
Commessa	Vediamo. *(getting one from the shelf)* Questa è rossa. Le piace?
Gianna	Sì, ma . . . *(examining it)* quanto costa?
Commessa	Quarantamila.
Gianna	E questa blu?
Commessa	Questa sessantaquattromila.
Gianna	Oh, è cara! *(examining the jumper)* E' bella, morbida, ma è un po' cara!
Commessa	Prenda l'altra.
Gianna	Ma mi piace di più questa.
Commessa	Va bene, le posso fare un piccolo sconto.
Gianna	Quanto?
Commessa	Sessanta, va bene?
Gianna	Sì, grazie. Allora prendo questa.
Commessa	D'accordo. Le faccio un pacchetto.
Gianna	Sì, grazie. *(handing her 100,000 lire)* Centomila.
Commessa	Grazie. Settanta, ottanta, novanta e cento.
Gianna	Grazie.
Commessa	Molto gentile, grazie a lei.
Gianna	Buonasera.
Commessa	Arrivederci.

per fare un regalo   *to give as a present*
prenda l'altra   *take the other one*
le posso fare   *I can give (make) you*
molto gentile   *very kind of you*

Walter wants to buy his wife a woollen scarf for her birthday. He too asks for a discount, but he's unlucky.

Commessa	Buonasera, signore.
Walter	Buonasera.
Commessa	Desidera?
Walter	Senta, vorrei regalare una sciarpa a mia moglie perché è il suo compleanno.
Commessa	Che tipo di sciarpa desidera? Di lana, di seta, o qualcosa d'altro?
Walter	Di lana. Posso vedere qualche articolo?
Commessa	Certo, signore. *(she brings him two scarves)* Questa è in pura lana, oppure c'è quest'altro articolo in alpaca e lana.
Walter	Mi piace questa. Ha altri colori?
Commessa	Sì, abbiamo marrone, nero, beige, rosa, celeste . . .
Walter	Posso vedere il marrone?
Commessa	Certo, signore. *(she shows him a brown scarf)* Ecco il marrone.
Walter	Sì, questo marrone mi piace. Prendo questa. Quant'è?
Commessa	Diecimila, signore.
Walter	Senta, posso avere uno sconto?
Commessa	No, signore, qui abbiamo i prezzi fissi.
Walter	Me la può incartare, per favore?
Commessa	Sì, certo. *(she wraps it up)*
Walter	Ecco le diecimila.
Commessa	Grazie, signore.
Walter	A lei. Buonasera.
Commessa	Buonasera e grazie.

qualcosa d'altro	*something else*
qualche articolo	*some (items)*

In the Corso Cavour in Orvieto, there's a pottery cooperative, CLACO, where a group of young people make and sell pottery in the traditional Orvieto styles. Cecilia goes there to buy a coffee set.

Cecilia	Buongiorno.
Anita	Buongiorno, signorina. Desidera?
Cecilia	Vorrei comprare un servizio da caffè. Che tipi ci sono?
Anita	Adesso le faccio vedere. Dunque, c'è questo in marrone con il cervo, stile rinascimento, marrone e avorio; poi c'è la foglia di ulivo, medievale, in azzurro e in verde; poi c'è questo, in verde e in avorio.
Cecilia	Mi piace molto quello blu e verde.
Anita	Questo? Questo è molto bello. Questo è tutto graffito, fatto a mano.
Cecilia	C'è anche la zuccheriera?
Anita	Sì, c'è anche la zuccheriera. Eccola.
Cecilia	E' un po' grande.
Anita	No, non è grande . . .
Cecilia	Non ce n'è una più piccola?
Anita	No, più piccola non c'è. Ma è molto bella. E' fatta tutta a mano.
Cecilia	Va bene. E quante tazzine ci sono?
Anita	C'è il servizio da sei e il servizio da dodici.
Cecilia	E quanto costano?
Anita	Costa . . . il servizio da sei trentacinquemila lire.

Cecilia	E' un po' caro!
Anita	E' un po' caro questo da sei?
Cecilia	Eh, sì. Può farmi un piccolo sconto?
Anita	Le posso fare . . . trentaduemila. Va bene?
Cecilia	Va bene. Allora prendo quello. Può farmi un pacchetto, per favore?
Anita	Sì. Glielo incarto?
Cecilia	Sì, grazie.

adesso le faccio vedere	*I'll just show you*
tutto graffito	*all decorated in sgraffito (incised)*
fatto a mano	*hand made*
non ce n'è una più piccola?	*isn't there a smaller one?*
può farmi (= mi può fare)	*can you give/make me*
glielo incarto?	*shall I wrap it for you?*

ALLORA . . .

VOCABOLARIETTO

la maglia	il compleanno	il cambio
la sciarpa	il regalo	la moneta
la taglia	regalare	la sterlina
la lana	l'articolo	la batteria
la seta	il tipo	controllare
puro	fatto a mano	a posto
cercare	il servizio	azzurro
fare uno sconto	da caffè	celeste
dare	la caffettiera	beige
prestare	la zuccheriera	

To ask if someone can do something for you:

mi può | **dare** un numero?
cambiare queste sterline?
controllare l'olio?

You can also say:

può | **darmi** un numero?
cambiarmi queste sterline?
controllarmi l'olio?

In a shop, if you haven't got anything very precise in mind, you can say *I'm looking for . . .*

cerco | una maglia per me
una sciarpa per mia moglie

And to ask if you can see what they have in stock:
posso vedere qualche articolo?

or what types they've got:
che tipi ci sono?

If you're buying clothes, you'll be asked the size:

che taglia (desidera)?

and if the size isn't right, you can say:

ha	una taglia più	grande?
avete		piccola?

To ask if they've got other types or colours:

ha	altri	tipi?
avete		colori?

If the price is more than you want to pay, you can always try asking for a discount:

mi può fare	
può farmi	uno sconto?
posso avere	

Learn a verb a week. It's a good idea to build up your stock of commonly used verbs bit by bit, so from now until the end of the book we'll be introducing one (or two) a week. This week:

potere	
(io) posso	(noi) possiamo
(tu) puoi	(voi) potete
(lei) può	(loro) possono

Want to know more? See **Grammatica** 39, 43, 44, 46, 47

PAROLE E USANZE

Pila and **batteria** both mean *battery*: **pila** is the type of dry battery used in radios and torches; **batteria** is the heavy wet type of battery used in cars.

Two for the price of one
Blu, azzurro, celeste all mean *blue*: **blu** is the usual word, but tends to be used for the darker shades, **azzurro** and **celeste** for the lighter shades (**celeste** is literally *sky-blue*).

VITA ITALIANA

Uno sconto
In small shops where the seller is likely to be the owner, and at market stalls, it's not unusual for people to ask for a discount when buying items such as clothes, leather goods and gifts. If you waver and look as though you're not going to buy, you'll sometimes even find the seller offering a price cut without being asked: **posso farle un piccolo sconto**. But beware! Don't ask for discounts in very smart shops and department stores. And be prepared to be told **abbiamo prezzi fissi**. In some shops

you'll even see a sign to this effect over the counter. Many small shopkeepers, though, expect to be asked for, and give, **uno sconto** as part of the game of buying.

PREZZI FISSI

Che taglia ha?

Clothes sizes vary not only from country to country, but from manufacturer to manufacturer. The following are the closest comparative sizes we can give.

Women						
	UK	Italy			UK	Italy
Dresses, suits, etc.	10	42	Tights, stockings	Small		1
	12	44		Medium		2
	14	46				3
	16	48		Large		4
	18	50				5

Men						
	UK	Italy			UK	Italy
Trousers	30	46	Shirts, collars		14	36
	32	48			$14\frac{1}{2}$	37
	34	50			15	38
	35	52			$15\frac{1}{2}$	39
	36	54			16	40
	38	56			$16\frac{1}{2}$	41

Benzina

There are two grades of petrol available in Italy, **super** and **normale**. Apart from these, you can of course buy two-stroke, **miscela**, and diesel fuel, **gasolio**.

When you buy petrol you can state either a price or a number of litres. If you only know the capacity of your car's tank in gallons, just remember that 5 litres = 1.1 gallons, 10 litres = 2.2 gallons, 25 litres = 5.5 gallons, and so on. If you want your tank filled, just say: **il pieno, per favore**.

La ceramica

In Central Italy, pottery was already a highly developed art in Etruscan times, much of it modelled on Greek pottery which the Etruscans also imported.

The first pottery using tin glazes appeared in the 11th and 12th centuries, and Orvieto, Viterbo and later Deruta were the main centres of production. The art reached its peak in the 15th century, after which it went into decline. Since the beginning of the 20th century there has been a revival of pottery-making in Orvieto and in Deruta, where they reproduce the traditional shapes and designs of the great medieval and renaissance periods, as well as the older Etruscan styles and some very modern pottery.

1   Here's a girl who is in a clothes shop looking for a present. Can you fill the gaps in her conversation with the saleswoman, using the words on the right? We've added five extra words that won't fit into any of the gaps.

Commessa	Buongiorno. Desidera?	articolo
Signorina	Buongiorno. Vorrei .... una camicia. E' per un	cara
	.... vedere qualche modello?	prezzi
Commessa	Certo. Che ....?	mi può
Signorina	Trentanove.	beige
Commessa	E che ....? Abbiamo questo modello in blu,	bianchi
	verde, ...	di
Signorina	Posso .... il verde?	posso (2)
Commessa	Sì, un attimo. Oh, ... dispiace. Il verde ce	comprare
	l'abbiamo soltanto nel quaranta. .... vedere il blu?	compra
Signorina	Sì, grazie.	taglia
Commessa	Eccola. .... piace?	amico
Signorina	Molto, ma è .... cotone?	colore
Commessa	Cento .... cento cotone, signorina.	vedere
Signorina	E quanto costa?	mi
Commessa	Trentaduemila.	lei
Signorina	Oh! E' un po' ....! .... fare uno sconto?	le
Commessa	Mi dispiace, ma qui abbiamo i .... fissi.	per
Signorina	Va bene. La	prendo
Commessa	.... incartarla, signorina?	possiamo
Signorina	Sì, grazie. Ecco le trentaduemila.	lana
Commessa	Grazie a .... Buongiorno. Arrivederla.	vuole

2   You keep finding yourself in situations where you want to request a service or ask someone a favour. Using the phrases listed, make a series of requests, starting with **mi può** or **può** . . . as appropriate.

1   You've got to phone a friend in Rome.
2   Your soup lacks taste.
3   You want to go up to your hotel room.
4   You'd like to go to the disco in clean clothes.
5   You like the jumper but you think you can get it for less.
6   The bank's shut and you need some money for the evening.
7   You're at the petrol station about to set off on a long journey.
8   You'd like the present wrapped.
9   You've finished your meal and you want to pay.
10 The hotel porter's just popping over to the tobacconist's.
11 You need some small change for the ticket machine.
12 You've got to meet a friend off the coach but you can't find the stop.

fare un pacchetto?
prestare ventimila lire?
dare il sale?
controllare l'olio?
lavare questi pantaloni?
farmi uno sconto?
dirmi dove arriva il pullman da Venezia?
cambiare mille lire?
comprarmi un pacchetto di sigarette?
dare un numero a Roma?
dare la chiave?
portare il conto?

3   Here's a telephone conversation between two young men. One of them wants to invite the other and his girlfriend round to supper. Can you fill the gaps, using the appropriate forms of *potere*?

Gino   Senti, Paolo, ... (1) venire a casa mia venerdì sera con Roberta? Facciamo una piccola cena io e Luisa. .... (2) venire anche Filippo e Giovanna.

Paolo   Venerdì? Io sì, ... (3) venire, ma Roberta non .... (4) Deve fare la babysitter per sua sorella!

Gino   Voi due, ... (5) venire sabato, allora?

Paolo   Sabato, sì, ... (6) venire tutti e due. Facciamo sabato, allora?

Gino   Ah no, scusa! Sabato niente! Filippo e Giovanna non .... (7) venire. Sono via per il weekend. Allora senti, facciamo lunedì?

Paolo   Per me va bene, ma prima devo chiedere a Roberta. Se non .... (8) venire ti richiamo!

Gino   Bene. Allora mi richiami tu?

Paolo   Sì. Ti telefono stasera. Ciao, e grazie, eh?

4   You've seen a shop with a lovely display of jumpers in the window, and you might buy one if they're not too expensive. So you'd better go in and find out . . .

Commessa   Buongiorno.

You   *(Say good morning. You're looking for a jumper)*

Commessa   Che taglia desidera?

You   *(Forty-four)*

Commessa   Di che colore?

You   *(Tell her blue or brown)*

Commessa   Allora, vediamo. C'è questa in blu, molto morbida, molto elegante . . .

You   *(Ask if it's in pure wool)*

Commessa   Sì, cento per cento lana. Tutte le nostre maglie sono di pura lana.

You   *(Tell her it's very beautiful, you like it a lot, and ask how much it costs)*

Commessa   Questa viene sessantamila lire.

You   *(Oh, it's a bit expensive!)*

Commessa   Sì, è cara, ma è molto elegante. E' il modello che vendiamo di più quest'anno.

You   *(Ask her if you can see a brown jumper)*

Commessa   Certo. Abbiamo questa, molto morbida anche. E' l'ultima che abbiamo nel quarantaquattro.

You   *(Tell her you like the colour and it's very soft. Then ask the price)*

Commessa   Questa è un po' meno cara. Costa . . . quarantaduemila.

You   *(Say nothing and look doubtful)*

Commessa   Posso farle un piccolo sconto . . .

You   *(How much?)*

Commessa   Quarantamila. Va bene?

You   *(Say that's fine. You'll take it)*

Commessa   Benissimo. Gliela incarto?

You   *(Say yes, thank you, and here's the 40,000)*

Commessa   Grazie a lei. Molto gentile. Arrivederla.

13 VIENE FATTO COSÌ

TALKING ABOUT HOW THINGS ARE DONE

There's a shop in Orvieto where they make and sell fresh pasta. Walter asks the owner what kinds of pasta they make and if it's all home-made.

Walter	Questa pasta è fatta tutta a mano?
Signora	Sì, fatta tutta a mano.
Walter	Quali tipi di pasta fate?
Signora	Facciamo tagliatelle, agnolotti, gnocchi, umbrichelle, ravioli, tagliolini, spaghetti, pasta verde.
Walter	Fate tutti i giorni tutti questi tipi di pasta?
Signora	No, ci sono dei giorni particolari che facciamo delle specialità.
Walter	Per esempio?
Signora	Martedì gnocchi, giovedì ravioli, venerdì umbrichelle.
Walter	Quali sono i tipi di pasta che gli italiani amano di più?
Signora	Un po' tutti, però apprezzano maggiormente le tagliatelle.
Walter	Le tagliatelle . . . E i gnocchi?
Signora	Sì, anche i gnocchi. Da noi è anche molto apprezzato l'umbrichelle.
Walter	E' una specialità locale?
Signora	E' una specialità umbra.
Walter	Grazie.
Signora	Prego.

fate, facciamo	*you make, we make*
dei giorni particolari che	*special days on which*
apprezzano maggiormente	*above all they enjoy*
l'umbrichelle	(= il piatto di umbrichelle)

> To say something's done, or made:
> questa pasta **è fatta** a mano
> questi ravioli **sono fatti** in casa
> le tagliatelle **vengono fatte** così

Here's Walter talking to the chef of the *Ristorante Morino*, signor Paradiso. He asks him for the recipe of one of his specialities, an extremely rich dish: **le tagliatelle all'etrusca**, *tagliatelle Etruscan style.*

Walter	Signor Paradiso, ci può dare la ricetta delle tagliatelle all'etrusca?
Chef	Sì. Le tagliatelle all'etrusca vengono fatte così, per cinque persone. Ci vogliono: duecentocinquanta grammi di burro, cinquanta grammi di parmigiano, duecentocinquanta grammi di funghi, un etto di panna, e tre etti, tre etti e mezzo di tagliatelle. Per il sugo bisogna prendere un tegame, poi mettere tutti questi ingredienti – burro, panna, funghi e parmigiano. Bisogna mescolarlo bene e scioglierlo.
Walter	Per quanto tempo bisogna mescolare?
Chef	Per quattro minuti. Poi prendere le tagliatelle e mescolarle insieme a questo sugo.

Walter	Ecco, le tagliatelle vanno cotte naturalmente a parte?
Chef	Sì, le tagliatelle vanno cotte a parte. Le tagliatelle vengono cotte in un altro tegame con l'acqua bollente, circa due minuti, due minuti e mezzo.
Walter	Ci vogliono solamente due minuti?
Chef	Sì, due minuti, due minuti e mezzo. E dopo, quando sono pronte, vengono passate in questo tegame, dove c'è tutta la salsa pronta. Poi mescolarle ancora, ancora per due minuti, due minuti e mezzo circa, e poi sono pronte.
Walter	Vanno servite ben calde?
Chef	Ben calde si, anche i piatti ben caldi.
Walter	Grazie.
Chef	Prego.

ci può dare?	*can you give us?*
vengono fatte così	*are made like this*
ci vogliono	*you need*
bisogna	*you must/have to*
mescolarlo, scioglierlo	*stir it, melt it*
cotte, servite, passate	*cooked, served, transferred*
ben caldo	*nice and hot*

RADIO   3

Mr Fredda is the head wine waiter at the restaurant. He talks about the different kinds of wine produced locally.

Walter	Signor Fredda, qual è il vino più apprezzato dai clienti?
Sig. Fredda	Il vino bianco, vino bianco classico DOC.
Walter	Ci sono due tipi di vino classico Orvieto?
Sig. Fredda	Sì, c'è il classico abboccato e il classico secco. Il classico abboccato è un vino di entrata nel pasto, come aperitivo. Il secco invece è consigliato per carni bianche e pesce.
Walter	Lei, come sommelier, quali vini consiglia per il pasto?
Sig. Fredda	Io, come sommelier, consiglio dei vini bianchi con i primi piatti, come una pasta in bianco, le posso dire carni bianche come il pollo, vitello. Il rosso lo consiglio con delle carni rosse, di manzo, cacciagione e stufati.
Walter	Qual è il vino più venduto, il bianco abboccato, e secco, o il rosso?
Sig. Fredda	Be', il vino più venduto in Orvieto, e d'Orvieto, è il bianco secco. Poi viene il bianco abboccato e il rosso, che sta uscendo molto bene.
Walter	A lei personalmente, quale vino piace di più?
Sig. Fredda	Be', mi piacciono due tipi di vino, il bianco secco e il rosso.

un vino di entrata nel pasto	*a wine to be drunk before the meal*
il rosso lo consiglio	*I recommend the red*
che sta uscendo molto bene	*which is coming on very nicely*

TV   4

Settimio Belcapo is a lawyer, **un avvocato**. He owns a farm outside Orvieto called *La Cacciata*, where he produces wine and olive oil. How does he divide his time between running the farm and his office in town?

Anna	Avvocato, come divide il tempo fra le due attività?
Avv. Belcapo	Be', è una cosa molto semplice. Io m'alzo molto presto la mattina. Alle sette circa sono già in piedi e cerco di organizzare il lavoro degli operai,

quindi sto in campagna fino alle nove. Poi alle nove vengo qui in studio. Torno in campagna alla Cacciata, dove abito, all'una, una e un quarto, pranzo, e poi torno in campagna fino alle cinque. Alle cinque torno in studio fino alle otto, otto e mezzo, fino a che è necessario.

Anna   E' una giornata lunga per lei.

Avv. Belcapo   Eh, abbastanza!

io m'alzo molto presto	*I get up very early*
quindi sto in campagna	*so I stay on the farm (in the country)*
fino a che è necessario	*as long as it's necessary*

TV   5

A large vineyard like Luigi Barberani's, overlooking Lake Corbara, produces around 3,000 hectolitres (300,000 litres) of wine a year, mostly Orvieto Classico white, but also some red, some rosé and some other types of wine.

Anna   Signor Barberani, quanto vino produce in media all'anno?

Sig. Barberani   Ma dipende un po' dalle annate, all'incirca duemilacinquecento, tremila ettolitri di vino.

Anna   E' tutto vino bianco o fate anche del rosso?

Sig. Barberani   Ma in maggior parte è vino bianco, circa duemila ettolitri; il rimanente è vino rosso. Ce n'abbiamo anche del vino rosato e qualche altro tipo di vino.

Anna   E quali sono i diversi tipi di vino bianco?

Sig. Barberani   Ma la produzione fondamentale è l'Orvieto Classico di due tipi: secco, che è la produzione più importante, e poi c'è dell'Orvieto Classico abboccato.

| in media all'anno | *on average per year* |
| ce n'abbiamo anche | *we also have* |

TV   6

Settimio Belcapo also produces Orvieto Classico DOC, but he's particularly proud of his red wine, which he very much wants to promote.

Avv. Belcapo   Io faccio anche del vino rosso, anche se Orvieto è specializzata per il DOC, per il bianco, ma io tengo moltissimo a che s'affermi il vino rosso della Cacciata, cioè della zona dove è la mia azienda, perché è un vino veramente meraviglioso – immodestamente lo dico, ma è meraviglioso!

tengo moltissimo a che	*I'm very keen that*
s'affermi il vino rosso	*the red wine should become established*
immodestamente lo dico!	*it's immodest of me to say so!*

TV   7

In contrast to most other producers, he also believes that the white wine can be allowed to age before it's put on the market.

Avv. Belcapo   Oggi c'è una tendenza del mercato a mettere al consumo, di portare subito al consumo, il vino giovane, praticamente, quando ha un anno, al massimo un anno e mezzo. Io sostengo che il vino nostro d'Orvieto, che è veramente molto pregiato e molto buono, può essere portato al commercio anche dopo tre anni, tranquillamente.

| quando ha un anno | *when it's a year old* |
| io sostengo che | *I maintain that* |

<table>
<tr><td>TV</td><td>8</td><td colspan="2">Luigi Barberani is of the opposite opinion.</td></tr>
<tr><td></td><td>Anna</td><td>Il vostro vino viene imbottigliato e venduto subito o lo lasciate invecchiare?</td><td rowspan="2"></td></tr>
<tr><td></td><td>Sig. Barberani</td><td>Ma generalmente i vini bianchi sì, cioè i vini bianchi debbono essere presentati piuttosto giovani e quindi cerchiamo di imbottigliarli molto presto, a partire già dal mese di marzo dopo la vendemmia.</td></tr>
</table>

viene imbottigliato, venduto	*is bottled, sold*
lo lasciate invecchiare?	*do you let it age?*
debbono essere presentati	*must be offered for sale*
a partire già da . . .	*from as early as . . .*

TV   9

Many small producers and local farmers take their grapes to the wine cooperative in Sugano, a village up in the hills not far from Orvieto. Giovanni Roticiani is the secretary of the cooperative.

Anna	Senta, le piace il vino che fate qui?
Sig. Roticiani	Sì.
Anna	Quanto ne beve, circa, in una giornata?
Sig. Roticiani	Io? Eh, un litro circa.
Anna	Un litro?
Sig. Roticiani	Troppo?
Anna	No . . .
Sig. Roticiani	Giusto!

quanto ne beve, circa?   *how much (of it) do you drink, roughly?*

ALLORA . . .

VOCABOLARIETTO

pranzare	il litro	andare
la ricetta	abboccato	venire
l'ingrediente	rosato	tornare
il tegame	giovane	
cotto		prendere
servire	l'annata	mettere
	la giornata	portare
caldo		
lungo	pronto	amare
semplice	presto	fare
meraviglioso		organizzare

To say that something is done or made . . . :

la pasta **è fatta**
il pane **è fatto** | a mano
le tagliatelle **sono fatte** | in casa
i ravioli **sono fatti**

---

fare *to make, to do;*　**fatto**, –a, –i, –e *made, done*

You can say the same thing using **viene** instead of **è** and **vengono** instead of **sono**:

il vino **viene** | **imbottigliato** a marzo
| **venduto** subito
| **bevuto** fresco

le tagliatelle **vengono** | **fatte** a mano
| **cotte** per due minuti
| **servite** ben calde

To form the words for *bottled*, *sold*, *served*, etc. there is a pattern you can follow:

pass**are**	vend**ere**	prefer**ire**
imbottigli**are**	conosc**ere**	serv**ire**
pass**ato**	vend**uto**	prefer**ito**
imbottigli**ato**	conosc**iuto**	serv**ito**

Not all verbs follow this pattern, and those that don't are shown as follows from now on:

bere (bevuto); **cuocere** (cotto); **fare** (fatto), etc.

Learn a verb (or two) a week

andare (andato)	
vado	andiamo
vai	andate
va	vanno

venire (venuto)	
vengo	veniamo
vieni	venite
viene	vengono

Want to know more?　See **Grammatica** 32; 38; 45; 53; 62; 81

PAROLE E USANZE

il vino bianco | **è**
| **viene** | servito molto fresco.
| **va**

le tagliatelle | **sono**
| **vengono** | servite ben calde.
| **vanno**

People use **è**, **viene**, **sono** and **vengono** to say how things actually are done; they use **va** and **vanno** to say how things should be, or ought to be, done.

Giorno and giornata both mean *day* in English; giorno is used to talk of the day as a unit of 24 hours:

> siamo chiusi **un giorno** alla settimana
>
> il mese di settembre ha **30 giorni**

giornata is used to talk of the contents of the day:

> quanto vino beve in **una giornata?**
>
> che bella **giornata!**
>
> è **una giornata** lunga!

The same difference underlies **anno** and **annata**.

Tornare means *to return*, both in the sense of *to go back* and *to come back*:

> **torno** in campagna, dove abito, all'una,
>
> poi alle cinque **torno** in studio fino alle
>
> otto, otto e mezzo . . .

Gli gnocchi, i gnocchi: gli gnocchi is the correct form, but people often say **i gnocchi**.

Two for the price of one

abboccato and amabile both mean *sweet* when referring to wine.

VITA ITALIANA

La pasta

Whether or not Italians begin their meal with a starter, **un antipasto**, **pasta** remains the most popular first course to a meal. And virtually no other food lends itself so readily to such a wide variety of styles of preparation.

The word actually means 'pastry' or 'dough' (Italians use the same word for a pastry from the cake shop), and whatever shape or size it is eventually cut into, the dough is basically the same – a mixture of hard wheat flour, salt and water. Some varieties are also available made with egg (**pasta all'uovo**) or with the addition of spinach puree (**pasta verde**).

There are many dozens of different shapes and sizes, each with its own name, and an equally large number of sauces to serve with them. The popularity of different types varies greatly from region to region, but here is a list of some of the most common types (see next page):

Pasta for soup	Pasta for boiling or baking	
1 conchigliette	5 fusilli	10 farfalle
2 anellini	6 spaghetti	11 lumache
3 semini	7 penne	12 tagliatelle
4 vermicelli	8 lasagne	13 rigatoni
	9 ruote	

Pasta which is filled either with a meat stuffing or with a spinach and cheese or cream stuffing (**di magro**).

agnolotti	cannelloni
ravioli	tortellini

Il vino Orvieto Classico

Wine-making in Orvieto on a commercial scale is an ancient affair. The Etruscans ran a flourishing wine trade with the Gauls and other peoples of northern Europe, and the Romans expanded the business, shipping the wine from their inland port at Pagliano, about 10 kilometres southeast of Orvieto, where the river Paglia flows into the Tiber. The wine then was almost certainly sweet, **amabile** or **abboccato**. This is because it was made in cellars cut deep into the rock beneath the city where the temperature was, and still is, perfect for storing the wine, but too low to allow for a complete fermentation, leaving a certain amount of natural sugar in the liquid. On the other hand, this system of making wine underground at a constant temperature would have guaranteed the result and produced a wine far superior to the average of the time.

In later centuries, the wine was highly appreciated by a succession of popes, many of whom resided at various times in Orvieto when Rome was under the threat of invasion. Clement VII, with whom Henry VIII clashed over the question of divorce with such historic consequence, resided much of the time in Orvieto. And there are instances of artists employed by the Church being part paid in wine. One was Luca Signorelli, who painted the magnificent frescoes in the Cappella Nuova in the cathedral. Another, Bernardino da Perugia, better known as *il*

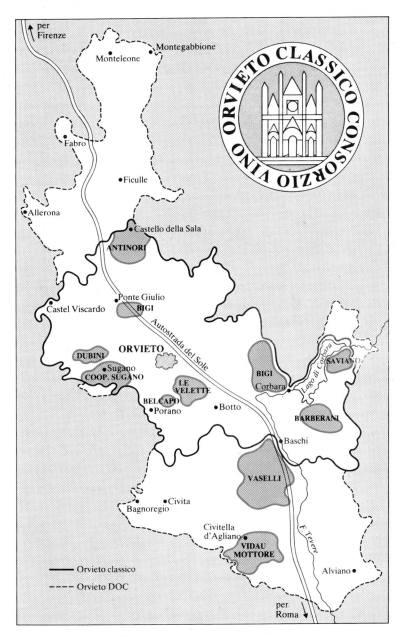

Pinturicchio, was sacked for consuming '. . . too much gold, too much blue and too much wine'.

Nowadays, Orvieto Classico DOC is made by modern methods and according to strict regulations as to proportions of certain grapes, and is grown within a clearly defined area. You can buy it dry, **secco**, or sweet, **abboccato**, and the wine bottled for shipment abroad is of a consistent quality. In and around Orvieto itself you can have a fascinating time going from bar to bar, and from restaurant to restaurant, discovering the different qualities of wine, according to which vineyard the proprietor buys from or, in some cases, even owns. You can also drink the wine **spaccato**, half dry, half sweet, and when it's very young – which it normally will be – it will fizz like a sparkling wine when poured. It isn't too difficult to understand why the popes approved!

PROVA UN PO'...

1   Can you fill in the gaps with the appropriate forms of **chiuso** or **aperto**?

In Italia i negozi sono .... (1) la mattina fino a mezzogiorno; molti rimangono .... (2) fino alle quattro, dopo di che sono ....
(3) fino alle otto di sera.

Le banche sono .... (4) da lunedì a venerdì; sono .... (5) sabato e domenica.

I ristoranti sono .... (6) per turno un giorno alla settimana; i bar, invece, sono sempre .... (7) E c'è sempre una farmacia ....
(8) per turno alla sera e al weekend.

I musei statali non sono .... (9) il lunedì.

Durante la stagione turistica molti negozi sono .... (10) sette giorni alla settimana, ma non nelle grandi città come Roma, Milano, Torino.
In agosto, nelle grandi città, molti negozi e ristoranti sono ....
(11) per ferie. In questo periodo non è sempre facile trovare un ristorante
.... (12)

2   Can you complete the sentences, using the appropriate form of the verbs given in brackets.

1   I vini italiani sono .... non solo in Italia ma anche all'estero. *(vendere)*
2   Sono .... in Gran Bretagna, dove sono molto ....
      (conoscere, apprezzare)
3   Un buon vino rosso può essere .... invecchiare per qualche anno; i vini bianchi, invece, vanno .... giovani. *(lasciare, bere)*
4   Il vino bianco va .... fresco e va .... con il pesce, il pollo ed altre carni bianche, come il vitello. *(servire, bere)*
5   I vini rossi, invece, vanno .... a temperatura ambientale e sono .... con le carni rosse, come il manzo. *(servire, consigliare)*
6   I vini di qualità vengono .... dalle case produttrici. *(imbottigliare)*

3   Can you fill the gaps in the following, using the appropriate form of the verbs given in brackets?

Una serata tipica? Allora, io (1 *lavorare*) fino alle cinque ma non
(2 *tornare*) subito a casa. Generalmente (3 *restare*) un po' in città e
(4 *andare*) in un bar del centro dove (5 *prendere*) l'aperitivo con gli amici.
(6 *parlare*), così, di un po' di tutto per una buona mezz'ora. Poi, dato che
i negozi (7 *essere*) aperti fino alle otto, quando c'è bisogno (8 *andare*) in
piazza e (9 *comprare*) un po' di vino, o della frutta, o un pacchetto di
sigarette. Dopo di che, (10 *prendere*) l'autobus e (11 *arrivare*) a casa tra le

otto e le otto e mezzo. In genere, (12 *mangiare*) tutti insieme, Sandra, io e i ragazzi, ma qualche volta Sandra e io (13 *lasciare*) i ragazzi a casa e (14 *andare*) a mangiare fuori, in un ristorante. Una volta alla settimana (15 *venire*) degli amici a mangiare da noi, oppure (16 *prendere*) la macchina e (17 *andare*) tutti in campagna a cenare in una piccola trattoria dove si mangia molto bene. Quando (18 *cenare*) fuori, non (19 *tornare*) mai prima di mezzanotte.

4   You're in a restaurant in Orvieto with a couple of friends and rather than take the house red as you usually do, you've decided to ask the wine waiter something about the wines.

Cameriere   Allora, cosa prendono da bere?
You   *(Ask him if he's got a red wine from the region)*
Cameriere   Certo. Ma siamo a Orvieto, signore. Abbiamo i nostri famosissimi vini bianchi!
You   *(Say fine and ask if it's dry)*
Cameriere   Ci sono due tipi, il classico secco e il classico abboccato.
You   *(Ask him why 'classic')*
Cameriere   Classico vuol dire che il vino viene prodotto in certe zone limitate della nostra regione.
You   *(And ask him if the classic Orvieto is drunk young)*
Cameriere   Sì, sì. Il nostro vino bianco va bevuto molto giovane, massimo due anni. Allora, una bottiglia?
You   *(Tell him yes, but you don't know if you'll have the dry or the sweet)*
Cameriere   Allora, sono ottimi tutti e due. Come aperitivo consiglio l'abboccato. Il secco invece va bevuto con il pesce, le carni bianche . . .
You   *(Very good. Say you'll have half a bottle of sweet straight away)*
Cameriere   Benissimo . . .
You   *(And then a bottle of dry)*
Cameriere   Perfetto, signori! E buon appetito!

14 COSA HA FATTO?

TALKING ABOUT WHAT YOU'VE BEEN DOING

Gianna did a survey in Vicenza on people's shopping habits. First she stopped a man who'd just come through a supermarket checkout, so he knew exactly how much he'd spent.

Gianna	Scusi, signore, lei ha fatto la spesa, vedo. Che cosa ha comprato?
Signore	Ho comperato un po' di tutto. Dal detersivo alla frutta, allo zucchero, alle bibite, al latte.
Gianna	Ha comperato vino?
Signore	No, vino niente.
Gianna	Olio?
Signore	Olio nemmeno.
Gianna	Verdura?
Signore	Verdura neanche.
Gianna	Quanto ha speso in tutto?
Signore	Ventimilacentosettantacinque lire.
Gianna	Ha comprato tutto al supermercato?
Signore	Tutto qua, tutto al supermercato.
Gianna	E trova che la vita è cara?
Signore	In confronto a un anno fa, sì. Io direi venti per cento.
Gianna	Fa sempre lei la spesa?
Signore	Sempre io.
Gianna	Sì? Grazie.
Signore	Prego. Prego.

lei ha fatto la spesa, vedo	*you've done the shopping, I see*
che cosa ha comprato?	*what have you bought?*
quanto ha speso?	*how much have you spent?*
in confronto a un anno fa	*compared to a year ago*
io direi	*I'd say*

> To say you did, or have done, something:
>
> **ho**   **fatto** la spesa
>   **comprato** un po' di tutto
>   **speso** venticinquemila lire

Next a young woman carrying a couple of heavy shopping bags.

Gianna	Signora, scusi, lei ha fatto la spesa oggi?
Signora	Sì, ho fatto la spesa.
Gianna	Che cosa ha comprato?
Signora	Della pasta, del pane . . .
Gianna	Olio?
Signora	No, olio, no. Del burro, della panna.
Gianna	Ha comprato frutta?
Signora	Sì, ho comprato dei pompelmi.

Gianna	Ha comprato verdura?
Signora	No, la verdura non l'ho comprata ancora.
Gianna	E quanto ha speso in tutto?
Signora	Ho speso ventiduemila e qualcosa.
Gianna	E' cara la vita?
Signora	Abbastanza.
Gianna	E' cara la carne?
Signora	Sì, la carne tantissimo.
Gianna	E la verdura?
Signora	La verdura? Non ne parliamo!
Gianna	Ha comprato vino?
Signora	No, ho comprato un amaro.
Gianna	Grazie.
Signora	Prego.

la verdura non l'ho   *I haven't bought the*
    comprata ancora   *vegetables yet*
non ne parliamo!   *don't let's talk about that!*

Un supermercato.
Puoi fare la spesa
qui a mezzogiorno?

And here's a man who has come into Vicenza market from
the countryside.

Gianna	Signore, scusi, vedo che ha fatto la spesa. Che cosa ha comprato oggi?
Signore	Quindi, ho comperato della carne, verdura, vino, noci, Coca Cola, carote . . .
Gianna	(*seeing a bottle of oil amongst his shopping*) Olio, vedo.
Signore	Olio, mele . . .
Gianna	E quanto ha speso in tutto?
Signore	Circa venticinquemila lire.
Gianna	Trova che è cara la vita?
Signore	Eh! Purtroppo che è cara, purtroppo!
Gianna	E' cara la carne?
Signore	Verso le dieci o dodicimila lire al chilo!

Gianna	E la verdura?
Signore	E la verdura, secondo la verdura. Gli spinaci come ho comprato questa mattina, duemila cento e ottanta al chilo.
Gianna	Mamma mia! E il vino? E' caro?
Signore	Il vino, millecento due litri.
Gianna	Grazie.
Signore	Prego.

secondo la verdura	*depending on the vegetables*
come ho comprato	*like the kind I bought*
mamma mia!	*goodness me!*

RADIO   4 Finally a woman who looked as though she'd been stocking up for weeks ahead.

Gianna	Signora, scusi, lei ha fatto una grossa spesa, vedo. Che cosa ha comperato?
Signora	Sono andata dal macellaio e ho comperato della carne per metterla in frigorifero – in freezer, no? E quindi ho comperato vari pezzi di varie qualità.
Gianna	Che cosa, per esempio? Che carne?
Signora	Ho comperato, per esempio, delle fette di tacchino, della gallina, del manzo, eh . . . del pesce surgelato e anche dei piselli, della verdura surgelata, dei salami.
Gianna	Ha comperato olio?
Signora	No. Oggi non ho comperato olio. Sono andata invece dal panettiere e ho comperato del pane e della pasta e anche una torta.
Gianna	E verdura fresca?
Signora	No, oggi non ho comperato verdura fresca perché . . .
Gianna	*(suggesting a reason)* Ne ha già in casa.
Signora	Quindi ne ho ancora.
Gianna	E quanto ha speso in tutto, pressappoco?
Signora	Pressappoco ho speso circa trentamila lire.
Gianna	Trova che la vita è cara?
Signora	Abbastanza cara, direi.
Gianna	E' aumentata molto in questi ultimi tempi?
Signora	Be' sì, è aumentata e è diventata più cara di prima.
Gianna	E' aumentata di più la carne o la verdura o . . .?
Signora	Ma io credo più la verdura della carne.
Gianna	Sono d'accordo. Grazie, signora.
Signora	Prego. Arrivederla.

sono andata dal macellaio	*I've been to the butcher's*
ne ha già in casa	*you've already got some at home*
ne ho ancora	*I've still got some*
è aumentata molto?	*has it gone up a lot?*
è diventata	*it's become*
più la verdura della carne	*vegetables more than meat*

To say you've been somewhere:		
sono	andata	al supermercato
	andato	dal macellaio

There are probably more cooperatives in the area around Orvieto than anywhere else in Italy. One of them is a cattle farm producing milk and veal. It's been going for three years and membership has risen from nine to forty-seven. The hardworking president is Fernando Graziani.

Anna	Signor Graziani, ha fondato lei questa cooperativa?
Sig. Graziani	Be', dire che l'ho fondata io, no. Diciamo che siamo un gruppo di coltivatori che abbiamo fondato la cooperativa.
Anna	In quanti siete?
Sig. Graziani	Alla fondazione, siamo partiti in nove; oggi siamo quarantasette.
Anna	E siete tutti agricoltori?
Sig. Graziani	Tutti agricoltori, sì.

dire che	*to say that*
diciamo che siamo	*let's say we are*
in quanti siete?	*how many of you are there?*
siamo partiti in nove	*there were nine of us to start with*

The fishermen on Lake Corbara got together as a cooperative some years ago because they realised that individually they could not survive. They now have a small but flourishing business.

Anna	In quanti siete nella cooperativa?
Sig. Petrocchi	Dieci circa.
Anna	E c'è del buon pesce qui nel lago?
Sig. Petrocchi	Be', pesce d'acqua dolce, e ci stanno delle specie pure buone.
Anna	Pescate tutti i giorni?
Sig. Petrocchi	No; lunedì, martedì, mercoledì e giovedì.
Anna	E poi fate riposo?
Sig. Petrocchi	Riposo, sì.
Anna	Perché avete fondato una cooperativa?
Sig. Petrocchi	Perché è un lavoro che da soli non si fa.
Anna	Non è abbastanza . . .
Sig. Petrocchi	Non è abbastanza, no. Si lavora male, si fatica molto e rende poco.

ci stanno delle specie pure buone	*there are some quite good ones*
che da soli non si fa	*that you can't do on your own*
si lavora male, si fatica molto e rende poco	*you can't work properly, it's very tiring and there's little return*

A group of mostly young people run a cooperative to provide guided tours, help in the work of the local tourist office and teach English. President of this cooperative is Silverio Lupi, who lived in Canada for thirteen years and now runs the English classes with his Canadian wife.

Anna	Da quanti anni abiti qui a Orvieto?
Silverio	Un anno solo.
Anna	Ma dove hai imparato l'inglese?
Silverio	In Canadà, dove sono stato per tredici anni.
Anna	Perché sei andato nel Canadà?
Silverio	Ma . . . per lavoro e per studio.
Anna	Dove hai studiato?
Silverio	A London, Ontario.
Anna	Ontario. E quando sei tornato in Italia?
Silverio	L'anno passato.
Anna	E sei venuto a vivere qui?
Silverio	Qui vicino, in un paese che si chiama Fabro.
Anna	E tu e tua moglie insegnate l'inglese qui?
Silverio	Sì.
Anna	Quanti studenti avete?
Silverio	L'altr'anno ne abbiamo avuto quarantadue. Quest'anno si spera di più.
Anna	Perché tutti vogliono imparare l'inglese?
Silverio	In generale, qui a Orvieto, c'è una necessità perché appunto vi sono molti turisti e l'economia è legata al turismo. In più c'è un interesse vero e proprio a scopo culturale e d'interesse generale a sapere la lingua inglese.

dove sono stato	*where I lived*
l'altr'anno ne abbiamo avuto	*last year we had*
si spera di più	*we're hoping (one hopes) for more*
tutti vogliono	*everybody wants*
perché appunto vi sono	*because there are in fact*
vero e proprio	*very real*
a scopo culturale	*for cultural reasons*

ALLORA . . .

VOCABOLARIETTO

fare la spesa	lavorare	il gruppo
spendere	insegnare	il turista
piselli	pescare	il paese
carote	la vita	la campagna
il macellaio	vivere	
il panettiere	credere	grosso
l'agricoltore	sperare	fresco
il pescatore	diventare	ultimo
	aumentare	

To say you did, or have done something:

	fatto la spesa
ho	**comprato** un po' di tutto
	imparato l'inglese in Canadà

164

When talking about something you've done in the past, you use **ho** *I have* followed by the words for *made, bought, learnt,* etc.

To **ask** another person what he or she did, or has done:

cosa ha	fatto?
	comprato?
	imparato?

To form the words for *made, bought, learnt,* etc., see the pattern on p 154.

To **say** you went, or have been somewhere:

sono	andato	*(if you're male)*
	andata	*(if you're female)*

sono, not **ho**, is used with a number of verbs, most of them to do with coming and going like **andare, venire, partire, arrivare,** and a few miscellaneous ones like **essere** and **diventare**.

Oggi Maria **è andata** dal macellaio
Silverio **è tornato** in Italia dal Canadà
Il treno per Roma **è partito** alle cinque
Sono arrivate due cartoline dalla Francia

When using **sono, è,** etc., the endings of **andato, venuto, partito,** etc. change according to what they refer to.

Learn a verb (or two) a week
To talk about the past, you need to be familiar with **avere** *to have* and with **essere** *to be*.

avere (avuto)	
ho	abbiamo
hai	avete
ha	hanno

essere (stato)	
sono	siamo
sei	siete
è	sono

In the glossary at the back of the book, verbs that use **essere** in the past are marked with an asterisk, eg: **partire***

Want to know more?   See **Grammatica** 54, 63; 72, 74

PAROLE E USANZE

When answering a series of questions, Italians tend not to keep repeating **sì**, or **no**, but use other words instead:

Ha comprato del vino oggi?	Sì	No
E olio?	Anche	Neanche
E verdura?	Pure	Neppure/Nemmeno

Paese means country, as in *foreign country*, but it's also the word for a small town or village: **un paese che si chiama Fabro.** *The country* in the sense of countryside is **la campagna.**

Siamo in plus a number means *there are . . . of us*:

siamo in	**due**
	tre
	nove

This is how you tell a waiter how many of you there are when you go into a restaurant.

Sono andato, –a *I've been to, I went to:*
use **a** for the name of a town:

sono andato	a Roma
	a Glasgow
	a Londra

use **da** for the home or shop of a particular person:

sono andato	da Giovanni
	da Maria
	dal medico
	dal macellaio

use **in** for an area or country:

sono andato	in Umbria, in Toscana
	in Italia, in Scozia
	in centro, in campagna, in montagna

with establishments, work places, etc, it varies between **a** and **in**:

sono andato	in banca, in farmacia
	in ufficio, in fabbrica
	a scuola, all'ufficio postale, al cinema

Two for the price of one
L'anno passato and **l'altr'anno** both mean *last year* – and you'll also hear lots of people say **l'anno scorso.**

Ci sono, vi sono and **ci stanno** all mean *there are*; **ci sono** is the more usual.

Cooperative nell'orvietano
There are many cooperatives in the Orvieto area, and part of the reason for this is ideological. By law, a cooperative must be non profit-making, the aim being to provide a social service. Any surpluses must therefore be ploughed back to improve the service and reduce the cost to the public. But in an economy which is mainly agricultural there are other reasons, too. Many activities are simply not viable unless carried out by a group of people. The fishermen of Lake Corbara are an instance of this, and on a larger scale, the cattle farm *Co-opaz* is the result of local farmers realising that raising the odd head of cattle

individually was totally uneconomical. And there are other cooperatives, involving builders, craftsmen, and architects. To help with these enterprises there are state subsidies, grants and low interest loans. Several cooperatives have also been formed to provide employment for young people, for whom there is a further subsidy.

PROVA UN PO'...

1 Can you complete the following, using the correct forms of **avere** or **essere** as appropriate?

Stamattina .... (1) fatto la spesa al mercato. .... (2) comprato della frutta e della verdura fresca e un bel mazzo di fiori per mia moglie. Poi .... (3) andato dal macellaio, dove .... (4) comprato un chilo di carne per fare il bollito. In tutto .... (5) speso quasi ventimila lire. La carne soprattutto è carissima! Poi .... (6) tornato a casa dove .... (7) trovato un messaggio da mia moglie: '.............. (8) andata in farmacia. Torno tra cinque minuti'. Non .... (9) tornata in cinque minuti: .... (10) tornata dopo venti. Così .... (11) dovuto mettere io la verdura nel frigorifero e i fiori in un po' d'acqua fresca. Poi .... (12) telefonato mia suocera: arriva alle tre. Mi .... (13) domandato se posso andare a prenderla alla stazione. Mamma mia, che mattinata!

2 Here's a conversation that might well take place between a girl doing market research and a shopper. But we've left out 20 words. Can you fill the gaps, using the words listed in the box?

vino	torta	casa	carne	panettiere
cara	carissimo	del	degli	dei
tutto	comprato	andata	trova	fatto
scusi	sono	ho	speso	abbastanza

Ragazza	Signora, ..., lei ha .... la spesa, vedo.
Signora	Sì.
Ragazza	Che cosa ha .... oggi?
Signora	Ma oggi sono .... dal macellaio e .... comprato della carne. Dopo, ... andata al mercato e lì ho comprato .... pesce e della verdura: .... piselli, ... spinaci, un po' di .... E poi sono andata dal .... e ho comprato del pane e una ...., ecco!
Ragazza	Ha comprato del .... oggi?
Signora	No, oggi no perché ne ho già in ....
Ragazza	E quanto ha ...., più o meno?
Signora	Verso le trentamila lire.
Ragazza	Lei .... che la vita è ....?
Signora	....
Ragazza	E' cara la ....?
Signora	Molto!
Ragazza	E il pesce?
Signora	................!
Ragazza	Grazie, signora.
Signora	Prego.

3   You're out in the market and you can't help overhearing this conversation between two ladies. Read the text carefully and then see if you can answer the questions, in English, afterwards.

Sig.ra Magli	Buongiorno, signora Moretti!
Sig.ra Moretti	Buongiorno! Tanto tempo che non ci vediamo! Come vanno le cose?
Sig.ra Magli	Io abbastanza bene, ma la famiglia . . .
Sig.ra Moretti	Perché?
Sig.ra Magli	Dunque mia figlia è andata in Inghilterra, per imparare l'inglese, no? Sta con una buona famiglia ma non telefona mai, non scrive mai. E poi mio figlio non lo vediamo quasi mai perché va fuori tutte le sere o con una ragazza o con l'altra, e non torna mai a casa prima di mezzanotte . . . !
Sig.ra Moretti	Eh, povere mamme! I ragazzi pensano che siamo qui solo per lavorare, cucinare, lavare, fare la spesa . . . e non ci aiutano mai.
Sig.ra Magli	Senta, ha visto quanto costa tutto?
Sig.ra Moretti	Be', io questa mattina, con queste poche cose che ho comprato ho speso più di ventimila lire.
Sig.ra Magli	Non ne parliamo! Io sono arrivata qui alle nove con più di quarantamila lire nella borsa e adesso ne ho meno di dieci!
Sig.ra Moretti	Mamma mia, è una cosa impossibile!
Sig.ra Magli	Soltanto dal macellaio ho speso dodicimila lire per quattro piccole bistecche! E poi altre seimila per la verdura, e quasi quindicimila al supermercato.
Sig.ra Moretti	Incredibile! Noi stasera andiamo a mangiare fuori in una pizzeria. Quasi quasi costa meno!
Sig.ra Magli	Senta, signora, perché non andiamo a prenderci qualcosa al caffè per consolarci?
Sig.ra Moretti	Ma sì, perché no?

1   Do the ladies meet frequently?
2   Is Mrs Magli feeling well today?
3   Has her daughter gone to England to teach English, to learn English, or to marry an English man?

4 Does her son have a steady girlfriend?
5 Do the children help with the housework?
6 Did Mrs Moretti buy a lot of things this morning?
7 How much did Mrs Magli spend – approximately?
8 Did she spend more or less at the supermarket than anywhere else?
9 Does Mrs Moretti think it's cheaper to eat out these days?
10 Has Mrs Moretti got time for a coffee?

4 You've become quite friendly with the woman who runs the local tobacconist's where you always buy your postcards and stamps. So when you go in there one morning carrying a lot of parcels, she's more than keen to chat . . .

Tabaccaia	Buongiorno. Tutto bene?
You	*(Say very well, thanks, and her?)*
Tabaccaia	Anch'io benissimo, come sempre! Cosa desidera oggi?
You	*(Eight stamps for Great Britain)*
Tabaccaia	Eccoli qua. Ha fatto delle compere, vedo.
You	*(Tell her yes, you've bought some presents)*
Tabaccaia	Ah, che bello! Per la famiglia? In Inghilterra?
You	*(Tell her yes. You've been to the market)*
Tabaccaia	Già, è vero, oggi c'è il mercato.
You	*(And you've bought a lovely bag for a girlfriend. Ask her if she likes it)*
Tabaccaia	E' bellissima! E nemmeno cara, vedo! E' tutto così caro qui in Italia oggi . . . !
You	*(Tell her you know. But today you've bought a bag, a scarf and a pair of sandals and you've only spent 50.000 lire)*
Tabaccaia	Sì, ma la carne e la verdura, guardi, sono carissime!
You	*(Say in England too)*
Tabaccaia	Ieri ho comprato delle bistecche per mio marito e i figli e ho speso quasi undicimila lire!
You	*(My goodness!)*
Tabaccaia	E dopo ho speso ancora ottomila lire dal fruttivendolo!
You	*(Tell her life has become very expensive in England too)*
Tabaccaia	Ecco, anche lì! Poveri noi! Cosa ci possiamo fare?
You	*(Tell her you don't know, and then ask how much it is)*
Tabaccaia	Allora, otto francobolli da centosettanta, milletrecentosessanta lire.
You	*(Say at least, **almeno,** the stamps aren't too expensive! Goodbye!)*

15 SONO STATO A...

SAYING WHERE YOU'VE BEEN

RADIO   1

On a cold but sunny February morning, Gianna interviewed people strolling around Piazza San Marco in Venice. She wanted to know why they were visiting Venice and what other Italian cities they had been to. First an elderly man, who turned out to be Venetian.

Gianna	Scusi, signore, lei è di Venezia?
Vecchietto	Di Venezia. So' nato a Venezia.
Gianna	E è sempre vissuto a Venezia?
Vecchietto	Sempre vissuto a Venezia.
Gianna	Quali altre città d'Italia conosce?
Vecchietto	So' stato a Roma, so' stato a Milano, so' stato a Novara, Torino, Firenze, Pescara . . .
Gianna	Ha viaggiato molto, allora?
Vecchietto	Sì.
Gianna	Quale città d'Italia preferisce? Quale città le è piaciuta di più?
Vecchietto	Io sono nato a Venezia e Venezia mi piace molto di più di tutte le altre città d'Italia. *(laughs)*
Gianna	Senta, lei quanti anni ha, scusi?
Vecchietto	Ottanta.
Gianna	Ah, complimenti! Li porta molto bene. Grazie.
Vecchietto	Grazie. *(laughs)*

so' nato = sono nato	*I was born*
so' stato = sono stato	*I've been*
è sempre vissuto?	*have you always lived?*
quale città le è piaciuta di più?	*which town did you like best?*
li porta molto bene	*you don't look it*
	(you carry your years very lightly)

     Now a young woman who had come specially to see the exhibition of the Russian artist, Kandinsky.

Gianna	Scusi, signora, lei è di Venezia?
Signora	No, non sono di Venezia, sono di Padova.
Gianna	E perché è venuta a Venezia?
Signora	Sono venuta a Venezia a visitare una mostra di pittura.
Gianna	La mostra di Kandinsky?
Signora	Esatto.
Gianna	Le è piaciuta?
Signora	Mi è molto interessata.
Gianna	E lei ha visitato l'Accademia?
Signora	Sì, alcuni anni fa, perché in questi ultimi due anni l'ho sempre trovata chiusa.
Gianna	Senta, lei ha visitato altre città d'Italia?
Signora	Sì, io conosco l'Italia molto bene, soprattutto l'Italia del sud, che amo molto.
Gianna	Che cos'ha visto, per esempio?
Signora	Sono stata in Sicilia, sono stata in Calabria, in Puglia, in Campania.
Gianna	Lei ha visto Capri?
Signora	No, Capri non l'ho mai visitata.
Gianna	E nel nord ha visto Milano, Torino?
Signora	Sì, Milano, Torino, ho lavorato a Milano, e poi ho lavorato anche a Genova . . .
Gianna	Quando è arrivata lei da Padova?
Signora	Oggi pomeriggio alle due sono arrivata da Padova in corriera.
Gianna	E' venuta sola o con amici?
Signora	Con degli amici e una mia amica tedesca che ho portato a visitare un po' la città.
Gianna	Grazie.
Signora	Grazie anche a lei . . . Arrivederci.
Gianna	Arrivederla.
Signora	. . . e buon lavoro!
Gianna	Grazie.

     Next a man who was in Venice for a sentimental reason. His wife was too shy to be interviewed.

Gianna	Scusi, lei è di Venezia?
Signore	No, sono di Firenze, sono in viaggio . . . , direi, quasi di nozze, perché è il ventiseiesimo anniversario del nostro matrimonio.
Gianna	Oh, complimenti! Eh, senta, è la prima volta che lei viene a Venezia?
Signore	No, veniamo tutti gli anni per ricordare il giorno che ci siamo sposati.
Gianna	E che cosa ha visitato qui in città?
Signore	La solita visita turistica: San Marco, abbiamo visto la Chiesa dei Frari, la Chiesa della Madonna della Salute, Rialto . . .
Gianna	Ed è stato a Murano?
Signore	No, non sono stato a Murano.
Gianna	Dove ha mangiato qui a Venezia?
Signore	Ho mangiato in alcune trattorie tipiche veneziane.
Gianna	Che cos' ha mangiato di buono?
Signore	Be', le specialità veneziane: risi e bisi . . .

Gianna	E' stato trattato bene, comunque?
Signore	Non tanto, non tanto. *(laughter)* I veneziani hanno una particolare predilezione per il turismo. Quando vedono un turista aumentano il conto!
Gianna	Sì. Senta, lei ha visto Vicenza?
Signore	Ci sono solo passato. La conosco però.
Gianna	Sì. Ha visto qualche altra città venendo da Firenze?
Signore	No, questo è . . . è un viaggio di ricordi.
Gianna	Ma altre volte ha visitato altre città italiane?
Signore	Be', l'Italia la conosco molto bene. Sono stato a Roma, sono stato a Napoli, sono stato a Genova . . .
Gianna	Qual è la città che le è piaciuta di più?
Signore	Venezia, come prima, e Firenze perché è la mia città ed è una bellissima città.
Gianna	Grazie.

sono in viaggio, direi,	*I'm almost, sort of*
quasi di nozze	*on my honeymoon*
il giorno che ci siamo sposati	*the day we got married*
che cos'ha mangiato di buono?	*had anything nice to eat?*
è stato trattato bene?	*have you been treated well?*
ci sono solo passato	*I've only been through it*
venendo da Firenze	*on the journey from Florence*

RADIO　　　4　　And lastly another man who has come to Venice to visit the Academy Gallery.

Gianna	Scusi, lei è di Venezia?
Signore	No, sono di Padova.
Gianna	E' venuto qui per visitare la città o qualche mostra?
Signore	Sono venuto qui per visitare l'Accademia.
Gianna	Le è piaciuta?
Signore	Sì, abbastanza.
Gianna	Che cosa ha visto di bello, di particolare?

Signore	Diversi pittori, ma soprattutto ho visto il Tintoretto e anche il Tiziano.
Gianna	Lei ha visitato il Palazzo Ducale?
Signore	Non oggi; l'ho visitato anni fa.
Gianna	Lei è venuto questa mattina?
Signore	Sì, sono partito alle nove e mezzo da Padova e sono venuto a Venezia in automobile.
Gianna	E' venuto da solo o con amici?
Signore	No, sono venuto con la mia fidanzata.
Gianna	Senta, lei ha visto qualche altra città d'Italia?
Signore	Sì, ho visitato bene Firenze, Napoli, e anche Milano.
Gianna	Ha visto Capri?
Signore	No, non ci sono mai stato.
Gianna	E ha visto la Sicilia?
Signore	Sì, l'ho visitata quattro anni fa.
Gianna	Qual è la città che preferisce?
Signore	Eh, preferisco Venezia, vengo molto spesso qui.
Gianna	Perché Venezia?
Signore	Be', preferisco Venezia perché è una città molto calma, senza automobili, che si può camminare, ricca di patrimonio artistico. A me piace e vengo per quello.
Gianna	Grazie.
Signore	Prego.

che cosa ha visto di bello?	*see anything nice?*
non ci sono mai stato	*I've never been there*
che (= dove) si può camminare	*where you can walk around*
ricca di patrimonio artistico	*with a rich artistic heritage*
a me piace	*I like it*

In the plain below Orvieto there are several large tobacco plantations, one of which is owned by the Istituto Piccolomini, an old people's home. The harvest begins early July and is usually over by the end of September, but this year, the weather hasn't been too good. We talked to the farm manager, Tomaso Orsini.

Il tabacco, nella piantagione dell'Istituto Piccolomini, vicino a Orvieto

Anna	Quest'anno quanti ettari avete piantato?
Sig. Orsini	Circa diciannove. Diciotto, diciannove ettari.
Anna	Sì. E la raccolta quando è cominciata qui?
Sig. Orsini	I primi di luglio. S'inizia verso il 10, il 15 di luglio.
Anna	E quando si finisce?
Sig. Orsini	Per solito settembre, mentre quest'anno, forse, avremo tutto ottobre.

ettaro	*hectare (10,000 square metres)*
s'inizia, si finisce	*it begins, it ends*
avremo tutto ottobre	*we'll be at it the whole of October*

TV   6

The old people's home is a charitable institution. Signora Conticelli, a local primary school teacher and honorary president of the trust, explains where the residents come from and who pays for them.

Anna	La casa adesso è completa? C'è una lista d'attesa?
Sig.ra Conticelli	Sì, in questo . . . ecco, a tutt'oggi c'è una lista d'attesa di trenta persone.
Anna	E queste persone sono tutte di qui, della zona?
Sig.ra Conticelli	Sì, di Orvieto e del circondario di Orvieto.
Anna	E chi paga per loro?
Sig.ra Conticelli	Ogni ospitato, ogni ospite, paga i due terzi della pensione e il resto, fino a dodicimila lire al giorno, è integrato dal comune di appartenenza – soprattutto è il comune di Orvieto.

a tutt'oggi	*up till now*
è integrato dal comune di appartenenza	*is made up by their local authority*

TV   7

The mother superior at the old people's home is Sister Giuseppina. Her main concern is to create a family atmosphere and provide the constant care and attention the old people need.

Suor Giuseppina   Hanno bisogno di molte cure ma in maggior modo di assistenza, come si può dire . . . attenzione più che assistenza. Cioè correrle dietro, vedere se hanno mangiato, vedere se hanno dormito, se il respiro è buono. Perché loro stesse non hanno quella intelligenza pronta di comunicarci subito le cose; allora le attenzioni, così, continue, ci vogliono.

come si può dire . . .	*how can I put it . . .*
correrle (= corrergli) dietro	*run around after them*
loro stesse	*they themselves*
di comunicarci subito le cose	*to let us know what's wrong straightaway*
ci vogliono	*are needed*

And Sister Giuseppina describes how a typical day might begin when the residents get up in the morning.

Suor Giuseppina Si alzano al mattino . . . Però hanno un orario libero, non si alzano tutti alla stessa ora. Bisogna aiutarli, una parte di questi ospiti, a vestirsi, a allacciarsi le scarpe, lavarsi, tutto quanto. Altri invece, alcuni, che sono pochi, fanno anche per conto suo, però bisogna sempre osservarli perché magari mettono la camicia a rovescio, oppure mettono due cravatte come alcuni hanno fatto, ecco!

Anna E dopo di questo?

Suor Giuseppina Dopo di questo si fanno la loro colazione alle otto, poi sono liberi; chi va in giardino, chi va a fare la sua passeggiata . . .

si alzano	*they get up*
bisogna aiutarli	*you've got to help them*
. . . a vestirsi	*get dressed*
che sono pochi	*but not many*
fanno anche per conto suo	*manage on their own*
(= per conto loro)	
a rovescio	*inside out*
chi va . . .	*some go . . .*
a fare la sua passeggiata	*to take their walk*

ALLORA . . .

VOCABOLARIETTO

la persona	la camicia	il ricordo
l'amico	la cravatta	ricordare
il fidanzato		dormire
	alzarsi	finire
sposarsi	lavarsi	
il matrimonio	vestirsi	avere bisogno di . . .
l'anniversario		aiutare
il viaggio di	camminare	
nozze	fare una	completo
	passeggiata	ricco
il viaggio	visitare	calmo
la mostra	viaggiare	spesso

To tell people about your travels, you can say you've *visited* . . . :
   ho visitato Firenze.

or that you've *been to* . . . :

   sono | **stato** / **stata** | a Firenze.

You can also say that you *know* . . . :
   conosco Firenze.

To say that you've *never been to* . . . :

   non sono **mai** | **stato** / **stata** | a Venezia

And you can use **mai** on its own:
Ha visitato Venezia?   **Mai!**

If people ask you if you've been to a certain place, you can avoid repeating the name by using **ci** *there*:

Lei è | stato / stata | a Venezia?   No, non **ci** sono mai | stato / stata

To tell someone where you were born:

sono | **nato** / **nata** | a Oxford

To say *I get up*, eg at seven: (io) **mi alzo** alle sette

To ask someone else when he or she gets up: a che ora **si alza?**

Many verbs in Italian are used with the extra words **mi, si,** etc., and you'll recognise them in dictionaries because they are given as **alzarsi, vestirsi, chiamarsi,** and so on. A lot of them convey the idea of doing something to oneself.

alzarsi *to get up*	
mi alzo	ci alziamo
ti alzi	vi alzate
si alza	si alzano

To say *I got up*, eg at seven:

mi sono | **alzato** / **alzata** | alle sette | *(if you're male)* / *(if you're female)*

When talking about the past, these verbs are used with **essere** and the endings of words like **alzato** change according to who is being referred to.

mi sono alzato, –a	ci siamo alzati, –e
ti sei alzato, –a	vi siete alzati, –e
si è alzato, –a	si sono alzati, –e

Learn a verb a week

fare (fatto)	
faccio	facciamo
fai	fate
fa	fanno

Want to know more?   See **Grammatica** 17; 37; 40, 41; 49; 61; 78, 83

PAROLE E USANZE

Un amico, due amici. Amico doesn't follow the rule in the plural (see p 253), though **amica** does: **un'amica, due amiche.**

The same thing goes for all adjectives ending in –ico, like **artistico**, **simpatico, tipico**:

| In questa città ci sono | molti ristoranti **tipici** |
| | molte trattorie **tipiche** |

Città, specialità: words that end in an accented vowel don't change in the plural: **due città famose; le specialità tipiche della regione; tre caffè, per favore**. The same applies to words that end with a consonant: **un bar, due bar; i pullman che vanno a Padova**.

Sapere and **conoscere** both mean *to know*, but they're not interchangeable. **Sapere** means to know something:

So dov'è il ristorante ma non **so** se fanno delle specialità veneziane.
Conoscere is to know a person or place:

Conosco Giovanni ma non **conosco** sua moglie.
Conosco l'Italia molto bene, ma la Francia no.

Fare *to do, to make*, turns up in a number of useful expressions:

fare la spesa	*to do the shopping*
fare il biglietto	*to buy your ticket*
fare riposo	*to have a rest*
fare colazione	*to have breakfast*
fare la valigia	*to pack your bags*
fare benzina	*to get some petrol*
fare un bagno	*to have a bath, go for a swim*

Two for the price of one
Macchina and **automobile** both mean *car*. **Macchina** is the more usual.

Stesso means *same* when it comes before the word it applies to: **la stessa cosa; la stessa ora; lo stesso treno**. When it is after it means *self* or *selves*: **io stesso** *I myself*; **loro stesse** *they themselves*.

Ci Ha visto Vicenza? Sì, **ci** sono stata due volte.
Cosa **c**'è da vedere?
Ci sono molte cose interessanti . . .

In these sentences, **ci** means *there*. But it can also mean *us*: **ci** può dare la ricetta? (p 150)
it can mean *ourselves*: **ci** alziamo sempre alle sette
and it can mean *each other*: il giorno che **ci** siamo sposati . . .

VITA ITALIANA

Venezia
Nobody who goes to Venice can fail to be struck by the city's unique character and beauty. It is an extraordinarily romantic town, with canals for streets, bridges everywhere and delightful small squares and courtyards. There are boats instead of buses, motorboats instead of taxis and gondolas for leisurely, if expensive, sightseeing. And as if the town itself didn't have enough to offer, it's surrounded by a necklace of smaller islands, each with its own special attraction: glass in Murano,

mosaics in Torcello, lace in Burano. And there's the Lido with its beaches and luxury hotels. The very word *lido* is originally Venetian.

Gondole e battelli sul Canal Grande, Venezia

For Italians and a good many non-Italians, Venice has been for years the mecca of honeymooners. One word of warning, however, whether you are on honeymoon or not: for visitors needing restaurants and hotels, Venice can be the most expensive city in Italy.

Specialità veneziane
A number of local dishes from Venice and its region (which includes Vicenza) are well-known all over Italy. They include:

Risi e bisi: rice and peas cooked in butter with ham, onions and parmesan.

Fegato alla veneziana: a famous dish, consisting of calves' liver, thinly sliced and fried with onion in butter.

Baccalà alla vicentina: salt cod simmered in milk with onion, garlic and anchovies.

Polenta: ground maize cooked in salt water to the consistency of a stiff porridge. It's eaten with a variety of dishes made with lentils, mushrooms, sausages, game, etc.

PROVA UN PO'...

1   Can you fill the gaps with the correct forms of the verbs in the box? You'll find they're listed in the correct order for both a) and b).

visitare	vedere	camminare
andare	comprare	spendere
tornare	alzarsi	andare
dormire	arrivare	

a)   Stefano e Giulia sono stati a Firenze per tre giorni. Che cosa hanno visto in così poco tempo? Ci parla Stefano.

Ci siamo divertiti molto! In tre giorni .... il Duomo, il Palazzo Vecchio, il Palazzo Pitti, la Galleria degli Uffizi, il Museo Nazionale, la Galleria dell'Accademia. .... chiese e palazzi vari e .... per tutta la città. .... anche a San Miniato e a Fiesole. Poi .... due belle stampe antiche di Firenze e .... veramente poco. Firenze non è cara se sai dove andare! .... ieri sera, stanchi morti. Questa mattina io mi .... alle sette e .... a lavorare, ma Giulia .... fino alle nove. .... in ufficio con un po' di ritardo!

b)   Anna e Silvia sono state a Napoli per tre giorni. .... la città, il Museo Nazionale, la Pinacoteca, Capodimonte, e .... anche il Vesuvio. .... moltissimo! Poi .... a Pompei e a Capri. .... della ceramica da portare a casa e non .... molto. Sono state abbastanza fortunate! .... ieri sera, molto stanche e stamattina Silvia si .... alle otto ed .... a lavorare. Anna invece .... fino alle undici. E' .... in ufficio dopo pranzo.

2   Here's a conversation between two young men, Silvio and Marco, about a party that took place last night. Can you answer the questions that follow it?

Marco   Senti, ma Pia è venuta?
Silvio   Sì, sì, è venuta ma è rimasta soltanto mezz'ora e poi è andata via.
Marco   Perché?
Silvio   Ah, non lo so. Non ha detto niente. Almeno con me non ha parlato.
Marco   E Angela?
Silvio   Angela è venuta con Paolo. Sono arrivati insieme verso le otto. Sono stati inseparabili tutta la sera. Non hanno parlato con nessuno!
Marco   E Giulio, cos'ha detto quando li ha visti insieme?
Silvio   Niente. E' venuto con Gianna, hanno ballato un po' e sono andati via verso le nove, le nove e mezzo.
Marco   E Giancarlo? Ha portato una ragazza?
Silvio   No, Giancarlo è arrivato da solo, ma poi ha cominciato a parlare con quella ragazza di Verona, non mi ricordo come si chiama. Deve aver fatto colpo perché più tardi la veronese mi ha chiesto se lo vedo spesso e se esce con qualche altra.
Marco   E lui?
Silvio   Mah, lui veramente non so, ha detto poco. Ha detto soltanto che è carina ma preferisce le bionde!
Marco   E cos'avete fatto tutti!
Silvio   Ma abbiamo bevuto, chiacchierato, ballato . . . Dopo siamo andati tutti in giardino, abbiamo mangiato qualcosa, abbiamo ballato ancora un po' . . .
Marco   Vi siete divertiti, allora!
Silvio   Abbastanza.

Now say which of these statements are **vero** (*true*) and which are **falso** (*false*) by marking **v** or **f** against the sentences.

1a)   Pia came with Angela but left on her own
 b)   She came on her own but left with Angela
 c)   She came and left on her own

2a) Angela and Paolo arrived at about eight
 b) They chatted to everyone in sight
 c) They didn't mix with anyone else

3a) Gianna came on her own
 b) She came with Giulio
 c) She stayed late

4a) Giancarlo met a girl from Verona
 b) He comes from Verona
 c) He came with a girl from Verona

5a) The girl from Verona is called Veronica
 b) She's called Barbara
 c) Silvio doesn't remember her name

6a) Afterwards Giancarlo kept talking about her
 b) He said she's quite pretty
 c) He said she's blonde

3 **Camping Sabaudia** You've come here on your own, but it hasn't taken you long to get to know people. Here's a brief run down of what's happened so far. When you've read it through, try answering the questions that follow, in Italian this time. Don't make your answers too short, but try to turn the whole thing into a conversation.

Oggi è giovedì e sei qui da due giorni. Appena arrivato incontri Enrico e Antonella. La sera stessa vai con loro al cinema. Tornate dopo mezzanotte. La mattina dopo ti alzi presto e vai a fare la spesa. Compri del pane, burro e latte fresco per la colazione. Antonella prepara il caffè – ottimo! Poi, in spiaggia, incontri due ragazze molto simpatiche, Iole e Valeria. Passi tutta la giornata con loro. Per pranzo compri delle pizze e una bottiglia di vino alla pizzeria qui vicino, e mangiate in spiaggia. Più tardi, da Roma, arriva Giorgio, l'amico di Valeria. La sera mangiate tutti insieme alla Trattoria dei Pescatori: spaghetti alle vongole, pesce con insalata e frutta fresca. E bevete molto vino, naturalmente, un buon vino locale. Stamattina dormi fino alle undici!

1 Da quanti giorni sei qui?
2 Che giorno sei arrivato?
3 Dove sei andato la prima sera?
4 Sei andato da solo?
5 Siete tornati presto?
6 E ieri mattina, cos'hai fatto?
7 Cos'hai comprato?
8 Hai preparato tu il caffè?
9 E' buono il caffè di Antonella?
10 Chi hai conosciuto ancora?
11 Dove le hai incontrate?
12 Siete stati in spiaggia tutto il giorno?
13 Avete mangiato alla tavola calda del camping?
14 Hai conosciuto Giorgio?
15 E poi la sera, cos'avete fatto?
16 Cos'avete mangiato di buono?
17 E come vino?
18 Ti sei alzato presto stamattina, come ieri?

4 You're on the beach at Santa Marinella, a seaside resort not far from Rome, thinking about the nice lunch you're going to have in half an hour's time. There's a young Italian couple a few feet away. Suddenly the woman gets up and comes over to you holding a cigarette. Take part in the conversation that follows (you're a woman).

Signora	Signora, scusi, mi può accendere?
You	*(She wants a light. Say certainly)*
Signora	Grazie. Scusi, lei non è italiana, vero?
You	*(Say no, you're English)*
Signora	Ma parla l'italiano benissimo! Viene qui a Santa Marinella ogni anno?
You	*(Say no, this is the first time)*
Signora	Le piace?
You	*(Very much indeed)*
Signora	Anche a noi. E' sempre abbastanza tranquillo qui in settembre.
You	*(Tell her you always go on holiday in September because there aren't too many people)*
Signora	Giusto. Lei è qui da sola?
You	*(Tell her no, you're with your husband . . .)*
Signora	Ah!
You	*(. . . but he's gone to buy an ice cream,* **un gelato***)*
Signora	Ho capito. Lei conosce molto bene l'Italia?
You	*(As a girl,* **da ragazza***, you visited Florence with the school)*
Signora	Firenze, che bella città! Conosce anche Roma?
You	*(Say no, you don't know it. You're now talking for both your husband and yourself: tell her you arrived last night at Fiumicino . . .)*
Signora	Ah, all'aeroporto! Ho capito.
You	*(. . . and from there you came here by car)*
Signora	Ah, ma dovete vedere Roma! Noi siamo di Roma, sa?
You	*(Tell her your husband came to Rome last year)*
Signora	Ah, per lavoro?
You	*(No, on holiday)*
Signora	Da solo?
You	*(No, he came with a (male) friend)*
Signora	E lei è rimasta a casa in Inghilterra?
You	*(Say no, you went to Scotland with a girl friend)*
Signora	Davvero?
	(Your husband arrives with the ice cream)
You	Thank you, darling! *(Now say to the lady: this is Bob)*
Signora	Buongiorno! Piacere! *(they shake hands)* Sua moglie parla molto bene l'italiano.
You	*(Tell her Bob doesn't speak Italian)*
Signora	Ho capito . . . !
You	*(Again you talk for both of you: tell her you got married last week)*
Signora	Ah, siete in viaggio di nozze, allora! Complimenti! Paolo, vieni qua. Anche questi signori sono in viaggio di nozze! Sentite, andiamo a prendere l'aperitivo tutti insieme. Qui bisogna festeggiare! Io mi chiamo Adriana . . .

16 RIVEDIAMO UN PO'...

REVISION (4)

You should now be able to buy clothes and give quite a lot of information about what you want. Here's Maddalena buying a shirt in a boutique. She and Antonella, the salesgirl, are friends and so they use *tu*.

Antonella	Ciao, Maddalena.
Maddalena	Oh, ciao, Antonella.
Antonella	Dimmi.
Maddalena	Posso vedere quella camicia in vetrina?
Antonella	Quale?
Maddalena	Quella gialla.
Antonella	Sì. *(getting one off the shelf)* Questa?
Maddalena	Sì, questa.
Antonella	La misura?
Maddalena	Una quaranta.
Antonella	Una quaranta. *(fetching the right size)* Eccola.
Maddalena	E' cotone?
Antonella	Sì, cento per cento cotone.
Maddalena	Mi piace. Quanto costa?
Antonella	E' sedicimila lire.
Maddalena	Posso provarla?
Antonella	Certo! Il camerino è là. *(Maddalena goes off to try the shirt and returns)*
Maddalena	Mi piace, ma è troppo piccola.
Antonella	Abbiamo la quarantadue.
Maddalena	Oh, va bene.
Antonella	Vuoi provarla?
Maddalena	No, no, va bene. La prendo.
Antonella	*(getting a size 42)* Eccola.
Maddalena	Me la puoi incartare?
Antonella	Certo. Ecco.
Maddalena	Grazie.
Antonella	Prego.
Maddalena	Quant'è?
Antonella	Sedicimila lire.
Maddalena	Ecco. *(gives her 20,000 lire)*
Antonella	Allora, sedici . . . diciassette, diciotto, diciannove e venti. Grazie.
Maddalena	Grazie. Ciao.
Antonella	Ciao.

dimmi	*what would you like? (tell me)*
vuoi provarla?	*do you want to try it on?*
me la puoi incartare?	*can you wrap it up for me?*

One of the many traditional crafts of Orvieto is lace. Luisa Geremei Pettinelli, Cavaliere della Repubblica, a well known local figure and now nearly eighty years old, is still making magnificent specimens of the art.

Anna	Signora Pettinelli, lei è di qui, di Orvieto?
Sig.ra Pettinelli	Di Orvieto.
Anna	Le posso chiedere quanti anni ha?
Sig.ra Pettinelli	Quanti anni ho? Quasi ottanta.
Anna	E da quanti anni fa questi lavori in merletto?
Sig.ra Pettinelli	Embè, embè, li ho fatti da giovane, molto giovane.
Anna	Dove ha imparato a fare il merletto?
Sig.ra Pettinelli	A Orvieto. Questo è un lavoro nostro, esclusivamente orvietano.
Anna	E da dove prende i disegni?
Sig.ra Pettinelli	I disegni? Dipende dallo stile che io desidero eseguire, e allora, secondo lo stile che desidero eseguire, mi regolo io da me.
Anna	Lei crea i suoi disegni? Non copia mai da disegni esistenti?
Sig.ra Pettinelli	Di altri? No, no, non copio mai da disegni di altri. Non copio mai!

embè = (be')	*well*
li ho fatti da giovane	*I started making them when I was young*
un lavoro nostro	*a local craft*
mi regolo io da me	*I work it out for myself*

TV	3	Another well-known figure in Orvieto is Lillo Catarcia, the young cathedral organist. As a boy he learnt to play the harmonium and the piano at his local parish hall, **la parrocchia**, but the only instrument he had at home was a small accordion.

Anna	Avevi un pianoforte in casa?
Lillo	No.
Anna	O altri strumenti?
Lillo	Una piccola fisarmonica.
Anna	E come hai cominciato a studiare, allora?
Lillo	Eh, con questa fisarmonica.
Anna	Ma poi hai cominciato a studiare il pianoforte?
Lillo	Poi . . . la parrocchia, l'armonium, e dall'armonium, il pianoforte. Poi l'organo.
Anna	Dove hai studiato l'organo?
Lillo	A Roma. Ossia con molti maestri. L'ultimo, Germani, Fernando Germani.

avevi	*did you have?*

Lillo now has an organ of his own at home, specially built for him.

Anna	Da quanto tempo hai questo organo in casa?
Lillo	Un anno, un anno e mezzo.
Anna	Chi l'ha costruito?
Lillo	La ditta Pinchi, di Foligno, una città qui dell'Umbria.
Anna	E' stato costruito apposta per te?
Lillo	Sì, sì.
Anna	E i vicini lo sentono?
Lillo	Ma non credo. Non hanno mai detto niente, quindi . . . !
Anna	Ma forse piace la musica anche a loro?
Lillo	Be', ho i miei dubbi!

i vicini lo sentono?	*can the neighbours hear it?*
non hanno mai detto niente	*they've never said anything*
ho i miei dubbi!	*I have my doubts!*

It's useful to be able to tell people what you've been doing recently. Here's Grazia, a friend of Gianna's, saying how she and her husband Luciano spent the previous Sunday.

Gianna	Grazia, come hai passato la domenica?
Grazia	Questa domenica sono stata a Venezia con Luciano e alcuni nostri amici.
Gianna	Sei andata in treno o in macchina?
Grazia	Siamo andati in macchina fino a Venezia e lì abbiamo preso dei vaporetti.
Gianna	Hai trovato da parcheggiare?
Grazia	Si. Abbiamo trovato da parcheggiare abbastanza in fretta.
Gianna	E' così difficile!
Grazia	Ma siamo stati fortunati.
Gianna	E poi che cosa avete visto di bello?
Grazia	Intanto abbiamo visto diverse chiese e ci siamo fermati in Piazza San Marco. Abbiamo passeggiato a lungo attraversando vari ponti, no?, tipici di Venezia, e poi ci siamo fermati a fare colazione.
Gianna	Dove?
Grazia	In una trattoria nuova, molto rustica. Abbiamo mangiato del pesce, naturalmente.
Gianna	Avete pagato tanto? E' così cara Venezia!
Grazia	Tantissimo! Tantissimo! Veramente!
Gianna	Nel pomeriggio?
Grazia	Nel pomeriggio siamo tornati a Mestre e ci siamo fermati da un antiquario.
Gianna	Avete comprato qualche cosa?
Grazia	No, non abbiamo comprato niente.
Gianna	A che ora siete ritornati?
Grazia	Siamo tornati incirca . . . verso le sei di sera.
Gianna	E avete cenato a casa?
Grazia	E abbiamo cenato a casa, sì.
Gianna	Vi siete divertiti?
Grazia	Ci siamo divertiti. Abbiamo passato una bella giornata.

hai trovato da parcheggiare?	*did you find somewhere to park?*
abbastanza in fretta	*quite quickly*
vi siete divertiti?	*did you enjoy yourselves?*

Gianna asked another friend, Tomaso, how he had spent the weekend.
He'd been to his house in the Alps with his family and two guests.

Tomaso con la
famiglia davanti
alla loro casa
di montagna

Gianna	Tomaso, che cosa hai fatto di bello questo finesettimana?
Tomaso	Mi sono riposato e divertito.
Gianna	Dove?
Tomaso	In montagna.
Gianna	Ah! In montagna!
Tomaso	Sì. Il sabato ho lasciato la città e sono andato alla mia casa di montagna con la famiglia e due amici, ospiti.
Gianna	Che cosa avete fatto sabato sera?
Tomaso	Sabato sera abbiamo soprattutto fatto da mangiare.
Gianna	Una grande cena?
Tomaso	Non grande, ma molto buona e preparata tutta sul camino.
Gianna	Che cosa avete preparato?
Tomaso	Sul caminetto abbiamo preparato maiale e pollo assieme, con erbe, e fatti cucinare lentamente per tre ore.
Gianna	Oh! Tre ore!
Tomaso	Poi abbiamo chiacchierato e bevuto.
Gianna	Tanto, scommetto.
Tomaso	No, no, no! Mi sembra che abbiamo bevuto moderatamente. Del buon vino e . . . una buona grappa, ma quella che basta per digerire, non per ubriacarsi.
Gianna	A che ora siete andati a letto?
Tomaso	Dopo la mezzanotte, mi sembra. Poi alla mattina ci siamo svegliati tardi, e gli ospiti con i miei familiari hanno deciso di sciare.
Gianna	Hai sciato anche tu?
Tomaso	Un poco, ho sciato anch'io.
Gianna	Ti sei divertito?
Tomaso	Sì, ma mi sono anche stancato.
Gianna	E poi a che ora siete tornati, allora?

Tomaso	Siamo tornati alle . . . circa alle tre del pomeriggio.
Gianna	E' stato un po' faticoso questo weekend?
Tomaso	No, assolutamente!
Gianna	Tu hai spesso degli ospiti?
Tomaso	Ho spesso degli ospiti perché la casa è grande, e si può vivere in molti.

mi sono riposato e divertito	*I had a rest and enjoyed myself*
abbiamo fatto da mangiare	*we cooked a meal*
fatti cucinare	*let them cook*
mi sembra (che . . .)	*I think, I believe*
quella che basta per digerire	*just enough to help us digest our meal*
si può vivere in molti	*there's room for a lot of people*

ALLORA . . .

VOCABOLARIETTO

svegliarsi	la famiglia	dire
andare a letto		sentire
	preparare	chiedere
tardi	fare colazione	chiacchierare
	fare da mangiare	
divertirsi	cenare	decidere
stancarsi	la cena	
fermarsi		il maestro
ritornare	attraversare	lo strumento
riposarsi	parcheggiare	il pianoforte
		la musica

Want to know more?   See **Grammatica** 47; 54; 63

PAROLE E USANZE

Dimmi: this is the 'tu' form of **mi dica** *tell me, what can I do for you?*

Avere fretta means *to be in a hurry*: non posso parlare adesso. **Ho fretta**.

In fretta means *in a hurry, hurriedly, without delay, quickly*.
> Ho preparato il pranzo **in fretta**.
> Abbiamo trovato da parcheggiare abbastanza **in fretta**.

Two for the price of one
Misura and **taglia** both mean size when talking about clothes, but remember that for shoe sizes you say **numero**.

Il finesettimana and **il weekend** are both quite commonly used. They don't change in the plural: **tutti i finesettimana, tutti i weekend**.

Tornare and **ritornare** both mean *to return*, either in the sense of *to go back* or *to come back*.

Qualcosa, qualche cosa, both mean *something*; the first is simply a shortened form of the second.

Insieme and **assieme** both mean *together*; the first is more common.

I pasti

Lunch, tea, dinner, supper? The names of meals are confusing in many languages, and Italian is no exception. Breakfast is **la colazione**, or **la prima colazione**. The midday meal is sometimes called **la colazione**, but more often **il pranzo**. The evening meal is generally **la cena**, especially if it's a light meal, but **pranzo** is also used.

The times of meals can also vary considerably. In cities, lunch is usually eaten between 1 and 2 pm and dinner between 7.30 and 9 pm. As a general rule, though, the further south you go, the later the times of meals tend to be.

The midday meal is traditionally the main meal of the day and the evening meal a fairly light affair. Habits are changing, though, and it is becoming more and more common to find the evening meal the more important, reflecting the tendency to take a shorter lunchbreak and finish work earlier in the evening.

Cavalieri e commendatori

On the recommendation of someone in authority, eg a mayor, or a member of parliament, the state may confer upon a citizen the title of **Cavaliere della Repubblica (Cav.)** for achievement in his or her field of work. After at least one year, the further title of **Cavaliere Ufficiale della Repubblica (Cav. Uff.)** may be awarded. **Cavaliere del Lavoro (Cav. Lav.)** has a similar rank to that of **Cavaliere della Repubblica** but is particularly to do with achievement in industry.

For outstanding achievement, the title of **Commendatore della Repubblica (Comm.)** may be awarded.

Una buona grappa

La grappa is a fiery spirit which is made by distilling the pulp which remains after the grapes have been pressed for wine. It is made in various regions of Italy but the best-known **grappa** comes from Veneto, and in particular from the small town of Bassano del Grappa some 35 kms to the north-east of Vicenza.

Italians who drink a small, neat grappa after their meal will often claim that they do so because it has medicinal properties and aids the digestion. There is very little medical evidence, however, to support this claim.

1 Only one of the choices in these sentences is correct. Which is it?

1 La Sicilia mi piace molto. Ci | *vai* / *andare* / *vado* | ogni anno per le vacanze.

2 Io non sono mai | *state* / *stati* / *stata* | a Capri. E lei?

3 | *Ci* / *Vi* / *Si* | siete divertiti?

4 Domenica | *abbiamo* / *siamo* / *veniamo* | andati tutti al concerto.

5 Se non potete venire stasera, perché non | *vengo* / *venite* / *viene* | domani?

6 Oggi non posso venire. Perché non ci | *andare* / *andiamo* / *andato* | domani?

7 Siamo andate al bar ma non abbiamo | *trovato* / *trovata* / *trovate* | gli amici.

8 Devo parlare con Gianna. | *Può* / *Posso* / *Puoi* | telefonare da qui?

9 Le tagliatelle vanno | *servito* / *serviti* / *servite* | con molto burro.

10 Il caffè, io lo | *fanno* / *facciamo* / *faccio* | così. Tu come lo | *fa?* / *fai?* / *fate?* |

11 Tutti i giorni | *si* / *mi* / *ci* | alziamo alle sette.

12 Ma ieri | *abbiamo* / *siamo* / *ci siamo* | alzati più tardi.

13 Tutti questi oggetti sono | *fatti* / *fatto* / *fatte* | a mano.

14 Signora, scusi, lei | *ha* / *è* / *viene* | fatto la spesa?

15 Non ho soldi: mi | *posso* / *possiamo* / *può* | prestare diecimila lire?

2   Check your vocabulary. Can you choose the right word from the alternatives offered?

    1   Which of these is not a profession?
        panettiere   **macellaio**   **pesce**   **cuoco**

    2   Which one of these wouldn't you wear to go out in?
        sciarpa   **maglia**   **camicia**   **pila**

    3   You need all but one of these to go on holiday abroad. Which?
        soldi   **valigia**   **funghi**   **biglietto**

    4   And which of these ingredients would most people not put in their stew?
        gelato   **piselli**   **carne**   **verdura**

    5   One of these activities might be forbidden on market day. Which?
        fare la spesa   **spendere**   **chiacchierare**   **parcheggiare**

    6   You're unlikely to find one of these in the average shopping bag.
        formaggio   **detersivo**   **agricoltore**   **bibite**

    7   And which of these wouldn't you try to eat?
        pollo   **fragola**   **torta**   **tegame**

    8   Which of these words would you normally not apply to wine?
        giovane   **abboccato**   **celeste**   **amabile**

    9   You probably do all of these things except one every day. Which?
        lavarsi   **sposarsi**   **vestirsi**   **alzarsi**

    10 Which of these wouldn't you put in your car?
        acqua   **batteria**   **aceto**   **olio**

    11 Which of these shouldn't you try to make at home on your own?
        maglie di lana   **torte alla fragola**   **bibite**   **biglietti da diecimila**

    12 And lastly, which of these requests are you unlikely to make to a waiter?
        Mi può dare il sale?
        Mi può consigliare un buon vino?
        Mi può controllare l'olio?
        Mi può portare il conto?

3   1   Ask someone if they can:
    a) help you with the suitcases
    b) lend you a map of the town
    c) buy some stamps for you
    d) give you the newspaper

2 Tell a shop assistant that you're looking for:
a) a red and blue tie for a friend
b) a handbag for the wife of a friend
c) a shirt for yourself

3 Now ask if *he's* got:
a) a larger size
b) a smaller size
c) a less expensive shirt

and whether *they've* got:
d) other colours
e) other types
f) this colour but in cotton

4 Ask a shop assistant if:
a) the jumper is handmade
b) the shirt should be hand-washed
c) the ravioli are homemade

4 1 Tell an acquaintance how you have spent your morning:
a) this morning you got up at eight
b) you had breakfast at eight thirty
c) you went for a lovely walk
d) you visited three churches

2 And your afternoon:
a) this afternoon you went into the town centre
b) you looked for a scarf
c) you bought a shirt
d) you came back by bus

3 Now tell him something about your travels:
a) you've never been to Palermo
b) you've been to Florence three times
c) you often come to Italy
d) but you don't know Rome very well

LETTURE 3

READING PASSAGES 13–16

13 Il vino Orvieto Classico

The major industry in the countryside around Orvieto is the production of white wine, *Orvieto*, or, if the grapes are grown in a strictly limited area close to the city, *Orvieto Classico* (see p. 157). Although some of the vineyards are now owned by large firms, most production houses are still fairly small, family-run concerns with traditions that go back many generations.

At what time of the year are the vineyards cleaned up and the vines sprayed against disease?
Where do Barberani's have their head office?
Who keeps bees on his small farm?
And who's mad about horses?
How many people help pick the grapes at Le Velette?

In primavera, i grappoli d'uva sono piccoli ancora, e delicati, e hanno bisogno di molta attenzione. Nei vigneti, come per esempio al Castello della Sala, dei Marchesi Antinori, le vigne vengono ripulite e spruzzate contro le malattie.

Il lavoro nei vigneti, in primavera

Nelle colline sopra il Lago di Corbara, a pochi chilometri da Orvieto, si trovano i vigneti della casa Barberani. La sede della ditta, dove il vino viene imbottigliato, è nel centro storico della città e, come altre case produttrici, i Barberani hanno anche un negozio dove il vino è venduto direttamente al pubblico. Luigi Barberani cura la parte commerciale della ditta mentre sua moglie si occupa del negozio.

Piccoli produttori e contadini portano l'uva alla Cooperativa Vinicola di Sugano, un villaggio vicino a Orvieto. Gino Capretto e sua moglie Lidia abitano a Sugano. Hanno un piccolo podere con vigneti, ulivi e alberi da frutta. Tengono galline, pecore e maiali, e tengono anche le api per fare il miele. Ogni anno Gino porta la sua uva alla cooperativa, ma non tutta: tiene sempre una parte per sé, per fare il proprio vino.

Un piccolo produttore indipendente è Settimio Belcapo, avvocato.
Nella sua tenuta, *La Cacciata*, l'avvocato produce l'Orvieto bianco
classico, un vino rosso di cui è particolarmente orgoglioso, e olio di oliva.
Tiene anche dei bei cavalli: i cavalli sono la sua grande passione.

La famiglia Bottai, invece, ha una tenuta molto grande, *Le Velette*. La
bellissima vecchia casa, dove la famiglia abita, è circondata da chilometri
di vigneti che producono 12.000 quintali di uva all'anno – circa 1.200.000
bottiglie di vino. Per raccogliere tutta l'uva ci vogliono 120 persone e un
mese di tempo.

Tra il 10 e il 15 ottobre l'uva viene controllata con molta attenzione:
quando contiene abbastanza zucchero, la vendemmia incomincia.

Chiediamo ai produttori: bevono soltanto il vino che producono loro
stessi? 'No, no,' risponde il sig. Barberani, 'beviamo tutti i vini, anche
quelli della concorrenza!' Il sig. Bottai, invece, ci dice: 'Qualche volta
qualche amico ci regala del vino e allora beviamo quello ben volentieri,
ma normalmente beviamo il vino nostro.' E l'avvocato Belcapo? 'Noi
soltanto il nostro beviamo! In casi eccezionalissimi possiamo comprare
una bottiglia di altro vino, ma se no beviamo il nostro, e ne beviamo
molto! Penso che siamo degli ottimi consumatori!'

per sé	*for himself*	vendemmia	*grape harvest*
il proprio vino	*his own wine*	loro stessi	*they themselves*
di cui	*of which*	la concorrenza	*the competition*
1 quintale	*= 100 kilos*	ben volentieri	*gladly*

14 Un'abbondanza di cooperative

Cooperatives in Italy obtain financial help from the state and can offer
work to young people who might otherwise be unemployed. In and
around Orvieto all kinds of activities and professions are organised in
this way.

cramst

Cooperativa
Ristorante Albergo
Mensa Spettacolo
e Turismo

Are meals expensive at CRAMST?
Are the first years easier for a cooperative than for an ordinary business?
Where will you find an urban planner and a graphic artist in the same office?
Where can children do weaving and woodwork four times a week?
Do they make a lot of noise?

L'attività principale della **CRAMST** è un ristorante *self-service*. I
camerieri, i cuochi e il cassiere ricevono tutti la stessa paga. Lo scopo

principale della cooperativa è di offrire un servizio sociale e il ristorante offre un pasto caldo a studenti, lavoratori e turisti a un prezzo economico.

Cooperativa Azienda
Zootecnica

Alla **COOPAZ** allevano il bestiame. Hanno 96 vacche da latte e da carne, tutte della razza Frisona canadese. Il toro si chiama Giorgio. Fondata tre anni fa con stalle e capannoni modernissimi, ci sono ancora molte difficoltà. 'Le partenze sono difficili,' spiega Fernando Graziani, 'e si pagano le inesperienze. I primi tre o quattro anni in un'azienda, anche in un'azienda così, cooperativa . . . Non è facile, insomma, ecco!'

Valle d'oro, invece, è un'azienda avviata da molti anni. Fondata nel 1963, è una cooperativa di pescatori del Lago di Corbara. Vendono pesce del lago e pesce di mare, del Mare Adriatico, direttamente al consumatore, e qualche volta il consumatore viene alla cooperativa, a comprare il pesce direttamente.

Laboratorio
Artistico
Cooperativo

Negli uffici della **LAC** sono tutti professionisti: architetti, urbanisti, grafici, scultori, pittori e ragazzi giovani, disegnatori. Si occupano soprattutto del restauro di vecchi edifici della città, lavori che vengono fatti per il Comune di Orvieto. Abbiamo chiesto al presidente, l'architetto Costanzo Lemmi, se il Comune paga bene. 'Be', noi abbiamo un rapporto preferenziale con il Comune,' ci ha risposto, 'per cui facciamo uno sconto.'

La **CO·OT TURIST** è una cooperativa di persone che si occupano di turismo e della cura della città. Lavorano per l'azienda di turismo, fanno da guida a gruppi di turisti, vendono biglietti al Pozzo di San Patrizio, gestiscono il Teatro Mancinelli, curano il *Centro Umbria Artigianato*, dove sono esposti esempi di artigianato locale. Silverio Lupi e sua moglie Barbara insegnano anche l'inglese 'per chi vuole impararlo, per chi vuole perfezionarlo', come dice la pubblicità.

L'Aquilone

Poi c'è **L'Aquilone**, fondato da Salvatore Marecchiolo per provvedere attività, giochi e spettacoli per bambini e ragazzi dai tre anni e mezzo ai quindici, sedici anni. E' aperto quattro pomeriggi alla settimana e le attività sono quelle tradizionali: la tessitura, la lavorazione del legno, il disegno e il gioco. I bambini imparano a usare materiali e utensili diversi, a lavorare e a giocare insieme. E fanno sempre molto baccano!

stalle e capannoni	*sheds*	avviato	*well-established*
le partenze	*start ups (of businesses)*	gestire	*to manage*
		utensili	*tools*

15 Il tabacco per beneficenza

The **Istituto Piccolomini** is an old people's home, founded in 1935 in accordance with the last will and testament of the Countess Maria Cristina Piccolomini. The property includes a large tobacco plantation where, in late summer, the harvest is in progress.

How many kilos of dry tobacco are produced on the plantation?
(1 quintale = 100 kilos)
What happens to the leaves before they are packed and weighed?
Is growing tobacco a profitable business?
Does the president of the institution receive a fee?
Why does the farm manager get cross with his son?

Nella piantagione dell'Istituto Piccolomini il tabacco è pronto per la raccolta. Sono quasi 20 ettari di piante alte e dritte, con grandi foglie verdi e ciuffi di fiori rosa. Ci sono 35.000 piante per ettaro che producono in tutto 350 quintali di tabacco secco.

Le foglie vengono staccate una per una, vengono caricate sui trattori e trasportate alla fattoria. Qui, nei forni, vengono prima seccate e poi vaporizzate. Infine, le foglie secche ma morbide vengono imballate e pesate, pronte per essere vendute alle fabbriche di sigarette.

La produzione del tabacco rende bene e la rendita di questa azienda va interamente a beneficio delle persone ospitate nell'antica villa della Contessa Piccolomini, ora una casa di riposo. Come ci ha spiegato la signora Conticelli, presidente dell'istituto, lo scopo principale è 'l'assistenza alle persone bisognose, agli anziani, agli invalidi, alle persone che non hanno famiglia, che sono soli, abbandonati.'

La signora Conticelli si occupa non soltanto dell'istituto. A casa ha la famiglia e la mattina insegna, in una scuola elementare. 'Però ho tutto il pomeriggio,' ci ha detto, 'e poi ho delle persone che mi aiutano. Questo è un lavoro che noi facciamo gratuitamente, senza nessun compenso. Lo facciamo perché ci piace e ci dà soddisfazione.'

Una persona importante nell'istituto è Suor Giuseppina, la madre superiora. Suor Giuseppina cerca di creare un'atmosfera proprio di casa, di famiglia in tutti i suoi aspetti: affetto, feste, dolcezza anche, e gioia. Per gli ospiti dell'istituto sono queste le cose importanti.

Tomaso Orsini, il direttore dell'azienda agricola, è molto orgoglioso del buon tabacco che coltiva. Lui però non fuma e, secondo lui, fumare è una pazzia. Si arrabbia con il figlio perché fuma troppo! Ma se tutti smettono di fumare, chiediamo, cosa fa? 'Un'altra coltura,' ci risponde. Il signor Orsini è un bravo agricoltore comunque!

staccare, caricare	*to detach, to load*	secondo lui	*in his opinion*
anziano	*elderly*	una pazzia	*madness*
dolcezza	*sweetness, warmth*	smettere	*to stop*

16 Ci vuole passione in tutte le cose

Patience, aptitude and passion are required ingredients for success in any activity. We look at an elderly lady and a young man who have all three in abundance.

What has the beautiful cathedral rose window inspired Mrs Pettinelli to crochet?
Is single or double cotton used to fill in the background of the lace?
When Lillo was a little boy, was there a piano at home?
What is there now?

La signora Luisa Pettinelli, un'anziana signora di quasi 80 anni, è un personaggio importante a Orvieto. E' soprattutto famosa per i suoi lavori in merletto orvietano, un pizzo fatto interamente a mano, all'uncinetto.

La signora ha imparato a fare questi lavori da giovane: grandi merletti tondi in stile classico, come il bellissimo rosone, ispirato al rosone del duomo, e la fantasia classica con cavaliere; merletti in stile tradizionale, con scene rustiche come la vendemmia dell'uva, il contadino che lavora nei campi, o il gallo che canta al levar del sole.

Il disegno per un merletto nuovo viene creato prima sulla carta e poi riportato su una tela. Con due cotoni, vengono prima lavorate le parti importanti del disegno e, completate queste, viene fatto il fondo, con un cotone semplice, tutto sempre a mano, naturalmente. Per fare un lavoro importante ci vogliono mesi di tempo, ci vuole molta pazienza e molta disposizione. E ci vuole anche molta passione. Come dice la signora: 'Be', ci vuole passione in tutte le cose. Se non c'è passione non si riesce a niente!'

L'organista Lillo Catarcia ha due grandi passioni, la moto e la musica, soprattutto la musica per organo. Lillo ha studiato l'organo a Roma, con il grande organista italiano, Fernando Germani. Nel 1969, ancora giovanissimo, è diventato organista del duomo. Abita a Sferracavallo, una frazione di Orvieto, e viene in città tutti i giorni con la sua potentissima motocicletta.

Da ragazzino, Lillo ha studiato musica alla parrocchia perché a casa sua, un modesto appartamento dove vive ancora adesso con i genitori, c'era soltanto una piccola fisarmonica. Ora, nella sua camera, c'è un organo, che è stato costruito apposta per lui.

Lillo è anche il direttore della scuola di musica di Orvieto, dove insegna pianoforte. Ama molto suonare il pianoforte, ma preferisce sempre l'organo. Davanti all'organo si sente a suo agio.

al levar del sole	*at sunrise*
carta, tela	*paper, linen (cloth)*
non si riesce a niente	*you don't succeed at anything*
amare	*to love*
si sente a suo agio	*he feels comfortable*

CASA, FAMIGLIA E LAVORO

TALKING ABOUT YOUR HOME, FAMILY AND WORK

RADIO   1
Gianna wanted to get Italians talking a bit about their homes and families. First she talked to a girl who was out walking a baby in Vicenza's main park, *il Campo Marzo*.

Gianna	Scusi, signorina, stiamo facendo un'inchiesta sugli italiani e la loro casa. Mi può descrivere la sua casa?
Signorina	Io abito in un appartamento; due camere, cucina, bagno e sala.
Gianna	E lei vive da sola o con la famiglia?
Signorina	No, con mia mamma e mio fratello.
Gianna	E avete anche la soffitta o il garage?
Signorina	Il garage. E la soffitta, no. Abbiamo cortile e garage.
Gianna	E il giardino?
Signorina	No, abbiamo solo un cortile asfaltato senza giardino.
Gianna	E che elettrodomestici ha in casa?
Signorina	La lucidatrice, l'aspirapolvere, la lavatrice . . .
Gianna	Il congelatore?
Signorina	No, il frigo.
Gianna	E lei ha l'automobile?
Signorina	Sì, piccola. Comunque c'è.
Gianna	Tiene animali in casa?
Signorina	No. No, perché non è possibile in un appartamento.
Gianna	E' proibito?
Signorina	Mm mm.
Gianna	Grazie.
Signorina	Prego. Buongiorno.

stiamo facendo	*we're doing*
un'inchiesta	*a survey*
la loro casa	*their homes*
da sola	*on your own*
comunque c'è	*but at least we've got one*

> To talk about things that are yours:
> **il mio** appartamento   **la mia** casa
> **i miei** documenti   **le mie** valigie
>
> To talk about members of your family:
> **mio** fratello   **mia** sorella
> **i miei** fratelli   **le mie** sorelle

RADIO   2
Next a girl who works in a large travel agency in the centre of Vicenza but lives in the country.

Gianna	Signorina, mi può descrivere la sua casa?
Signorina	Be', io abito in una villetta in campagna, una villetta isolata con giardino.
Gianna	Quante stanze ci sono?

Signorina	Abbiamo una cucina, una sala da pranzo, un salotto, tre camere e due bagni.
Gianna	Lei vive da sola o con la famiglia?
Signorina	No, io vivo con la famiglia, mio padre, mia madre.
Gianna	Non ha fratelli?
Signorina	Ho una sorella, ma e sposata.
Gianna	E lei non è sposata?
Signorina	No, io non sono sposata.
Gianna	E' fidanzata?
Signorina	No.
Gianna	Esce con qualcuno, immagino.
Signorina	Qualche volta. . . .
Gianna	Avete elettrodomestici in casa?
Signorina	Abbiamo un frigorifero, la televisione, lavastoviglie, la lavatrice . . .
Gianna	Avete il freezer?
Signorina	Sì, abbiamo un grande freezer.
Gianna	E l'automobile?
Signorina	Abbiamo due automobili, una più piccola e una più grande.
Gianna	Tenete animali in casa?
Signorina	Mm mm. Per il momento abbiamo solo un canarino.
Gianna	Grazie.
Signorina	Prego.

esce con qualcuno *you're going out with someone*

> To say whether (or not) you're married, or engaged:
>
> (non) sono | sposato, –a
> fidanzato, –a

Remember Tomaso in Chapter 16? His wife Sandra describes their house in the mountains.

La casa di montagna di Tomaso e Sandra: l'entrata

Gianna	Sandra, mi descrivi la tua casa?
Sandra	Sì, è una vecchia casa di montagna dove ci sono: una camera da pranzo, una cucina, un soggiorno, alcune camere da letto e una cantina.

Gianna	In che località è la tua casa?
Sandra	E' in provincia di Trento.
Gianna	Tu vivi sola o con la famiglia?
Sandra	Vivo con la famiglia e siamo in quattro: mio marito, io e due figli.
Gianna	Che età hanno i tuoi figli?
Sandra	Il maggiore ha diciotto anni e il minore ne ha quattordici, quattordici e mezzo.
Gianna	Nella casa, che elettrodomestici avete?
Sandra	Una lavastoviglie, una lavatrice, una macchina lucidatrice, e basta.
Gianna	E il congelatore?
Sandra	Il congelatore, no. Il frigorifero, sì.
Gianna	Tenete animali in casa?
Sandra	No, non ne abbiamo.
Gianna	Non ti piacciono gli animali?
Sandra	Sì, mi piacciono, ma non posso tenerli. Non c'è abbastanza spazio nel giardino.
Gianna	Voi avete garage?
Sandra	No, non abbiamo garage. Abbiamo un piccolo spazio vicino alla casa e lì possiamo mettere le auto.
Gianna	Avete giardino?
Sandra	Un piccolissimo giardino dove io pianto qualche fiore durante l'estate.
Gianna	Ma avete tutta la campagna, voi, intorno.
Sandra	Sì, intorno abbiamo prati e boschi.
Gianna	Grazie.

che età hanno . . . ?	*how old are . . . ?*
avete tutta la campagna, voi, intorno	*you've got countryside all around you*

And lastly a man who works in a bookshop and lives right in the old centre of Vicenza.

Gianna	Scusi, lei mi può descrivere la sua casa?
Signore	Io non abito in una casa, ma abito in un appartamento nel centro storico di Vicenza. Il mio appartamento è composto di cinque stanze: un ingresso, una cucina, una sala da pranzo, due stanze da letto e un bagno.

Piazza dei Signori, nel centro storico di Vicenza

Gianna	Lei vive solo o con la famiglia?
Signore	Io vivo con la famiglia. Io ho una moglie e due bambine.
Gianna	Quanti anni hanno le bambine?
Signore	Dunque, una ha diciotto anni e una ha undici anni.
Gianna	Che elettrodomestici ha in casa?
Signore	Un fornello a gas per cucinare, la lavatrice, la lavastoviglie e altri piccoli elettrodomestici: tritacarne e cose del genere.
Gianna	Congelatore?
Signore	Congelatore, frigorifero.
Gianna	E lei ha anche la soffitta e garage?
Signore	Io ho solo la soffitta. Non ho il garage perché non ho la macchina. Non guido, non mi piace la macchina.
Gianna	Ha anche giardino?
Signore	No, nel centro storico è impossibile avere giardino.
Gianna	Tiene animali in casa?
Signore	Non più. Tenevo una volta un cardellino, ma è morto.

cose del genere	*things like that*
non più	*not any more*
tenevo una volta	*I used to have*

TV   5 Rossella Fiumi is the owner of the hotel *La Badia*, just outside Orvieto, and during the tourist season she spends quite a lot of time there. But she is also a ballet dancer and runs her own dance school.

Anna	Rossella, da quanti anni è aperta questa scuola?
Rossella	Eh, da quattro anni.
Anna	E quante classi ci sono?
Rossella	In questo momento, otto.
Anna	Insegna solo danza classica?
Rossella	Prevalentemente sì. Aiuto anche la mia collega, Manuela, che fa corso di jazz; l'aiuto alcune volte a tenere la classe per il corso di danza moderna per gli adulti.

che fa corso di jazz	*who runs a jazz dance course*
l'aiuto alcune volte	*I sometimes help her*

TV   6 In the jazz and modern dance classes, run by Rossella's colleague Manuela, not all the students are exactly youngsters.

Anna	Ma vengono anche degli studenti non proprio giovanissimi. Perché?
Rossella	Ma perché magari non è mai troppo tardi per fare un pochino di movimento! Magari studiano, fanno questo corso di jazz soltanto per sciogliersi un pochino, per muoversi, per capire proprio il tipo di danza e il ritmo che accompagna questo tipo di danza.

per sciogliersi un pochino	*to loosen up a bit*

TV   7 Like most dancers, Rossella started learning very young, and the idea of becoming a professional dancer came only gradually.

Anna	Quando ha cominciato a studiare la danza?
Rossella	Ho cominciato a dieci anni.

Anna	Da bambina, le piaceva sempre ballare?
Rossella	Be', indubbiamente, sì.
Anna	Ma voleva sempre essere ballerina?
Rossella	Ma direi che questa idea è venuta a poco a poco. Prima ho iniziato con la danza classica. Piano piano, abbiamo imparato a usare le famose scarpette da punta. Poi abbiamo fatto *pas de deux* con il ballerino. Quindi sono tutte forme che, per chi è portato, insomma, danno molta passione, diciamo.

da bambina   *as a little girl*
le piaceva sempre ballare?   *did you always enjoy dancing?*
voleva sempre essere . . . ?   *did you always want to be . . . ?*
per chi è portato   *for someone who's got a talent for it*

TV   8 Livio Orazio Valentini is a painter. When we filmed him in his studio, he improvised on a sheet of paper and before long a bird began to take shape between bars of brilliant colour.

Valentini   Per una mia filosofia, per una mia esperienza, cerco di far capire che dietro a ogni atto c'è sempre questo significato oscuro e negativo, ecco.

For Valentini the bird is a recurring theme, a symbol of freedom, bound, crushed and imprisoned. He himself was imprisoned for three years during the war, in Buchenwald.

cerco di far capire   *I try to get people to see*

TV   9 Valentini's wife Flora teaches mathematics at a local school. He believes that, like mathematics, painting is also subject to precise laws.

Valentini   Matematica . . . , una scienza esatta contro l'inesattezza e la precarietà della pittura. Almeno così si crede. Invece io credo che anche la pittura ha delle leggi precise, apparentemente disorganizzate che invece sono molto organizzate.

almeno così si crede   *at least that's what people think*

TV   10 We also filmed him at home with his family, which he doesn't see much of as his three daughters are students and his wife leads a busy working life. We caught this little snatch of conversation.

Silvia	*(to her sister)* Andiamo, Cristiana?
Cristiana	Sì. Senti, mamma, allora ci vediamo dopo, quando torni da scuola?
Flora	Sì, va bene.
Cristiana	Ciao . . .
Valentini	Ciao. *(the girls leave, and Flora has to go too)*
Flora	*(to her husband)* Ti ritrovo stasera?
Valentini	Sì.
Flora	Allo studio?
Valentini	Sì, sì.

Flora	Ecco. *(gets up to go)* Spero di ritrovarti prima di cena. Ciao.
Valentini	Ciao.

allora ci vediamo dopo?   *see you later, then?*
ti ritrovo stasera?   *shall I meet you somewhere this evening?*

ALLORA . . .

VOCABOLARIETTO

il padre	l'adulto	usare
la madre	lo studente	uscire
la mamma	il collega	guidare
il marito		ballare
	l'appartamento	capire
sposato	la camera	
fidanzato	da pranzo	vecchio
	da letto	moderno
il figlio	il soggiorno	famoso
il fratello	la cucina	
la sorella	il frigorifero	piano
il bambino	il fornello	sempre

To say *my* . . .

il mio appartamento   **la mia** casa

i miei | documenti
       | figli   **le mie** | valigie
                      | sorelle

But if you're talking about *one* of your relatives:

mio | padre
     | fratello   **mia** | sorella
     | marito | moglie

To say *his* . . ., *her* . . . or *your* . . . with someone you call 'lei':

il suo appartamento   **la sua** casa
   suo marito   **sua** moglie

i suoi | documenti
       | figli   **le sue** | valigie
                     | figlie

With someone you call '**tu**', the words are: **tuo, tua, tuoi, tue.**

> For a list of the words for *my, your, our,* etc., see p 251

To tell people your marital status:

(non) sono | fidanzato, −a
            | sposato, −a
            | vedovo, −a

To ask someone's age:

quanti anni
     che età | ha | (lei)?
                  | tuo figlio?
                  | sua sorella?
                  | Giancarlo?

If you're asked, you can just state your age as a number, e.g. **venti, trenta** or say: **ho vent'anni, ho trent'anni**

Notice the following:
Il maggiore ha diciotto anni, il minore **ne** ha quattordici.

> **ne** is used to avoid repeating a word when talking about a number or a quantity of something:
>   Avete del parmigiano?
>   Sì, certo. Quanto **ne** desidera?
>
>   Quanti studenti avete?
>   L'altr'anno **ne** abbiamo avuto quarantadue.
>
>   Tenete animali in casa?
>   No, non **ne** abbiamo.

Learn a verb (or two) a week

volere (voluto)	
voglio	vogliamo
vuoi	volete
vuole	vogliono

dovere (dovuto)	
devo	dobbiamo
devi	dovete
deve	devono

Want to know more? See **Grammatica** 2, 4; 12, 14–16; 52; 84

PAROLE E USANZE

Un'inchiesta sugli italiani e la loro casa. Italians say *a survey on Italians and their house*, whereas in English you'd say *their houses*.

Auto, frigo. Some long words like **automobile, frigorifero,** are shortened in colloquial speech.
    la mia automobile – la mia auto
    il mio frigorifero – il mio frigo

Bambino, bambini. If someone says **ho un bambino**, you know he's got a son; if he says **ho una bambina**, you know he's got a daughter; but if he says **ho tre bambini** you can't tell whether they're all boys or a mixture of boys and girls (but you do know they're not all girls!).

In the same way, **fratello** is *brother* and **fratelli** could be either *brothers* or *brothers and sisters*; **figlio** is *son*, **figli** could be *sons* or *sons and daughters*.

VITA ITALIANA

Il campo marzio
The original **Campo Marzio** was part of ancient Rome: *Campus Martius*, or Field of Mars, a piece of open ground by the banks of the

Tiber devoted to the pursuit of athletic exercises and sports. Other ancient towns followed suit. Later these open spaces were also used as parade grounds for the military, and in modern times, most have been built over or converted into parks. A particularly well-known one is the Champ-de-Mars in Paris, by the Eiffel Tower, the site of many international exhibitions.

La casa italiana

It's probably safe to say that the majority of Italians live in flats, **appartamenti**, and in the major cities these are in tall blocks, **palazzi**, or **condomini**. Leases are unheard of in Italy and most flats are owned freehold **in condominio**, a sort of co-ownership in conjunction with the owners of the other flats in the building and the owner of the land on which the flats are built. There are flats for rent, but not many; if at all possible people buy their home.

On the outskirts of towns and in country areas, for those who can afford it, it has become fashionable to have a small house, **una villetta**, detached and with its own private garden. These are custom-built, individually designed by a local architect and built by local builders. Kitchens and bathrooms are tiled and there are tiled or stone floors. There is a vast choice of ceramic tiles on the market, ranging from plain colours to very elaborate designs.

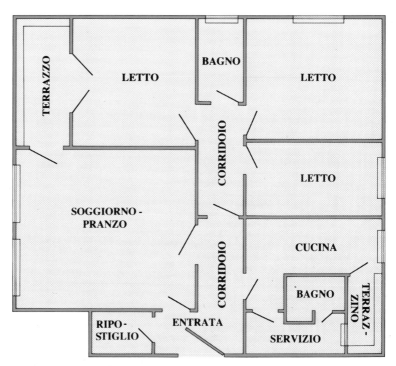

A typical medium-sized family flat would have two or three bedrooms, a living-cum-dining room, two bathrooms, kitchen, 'service' area (for storage, ironing, etc.) and a box room. Most flats have at least one balcony, **terrazzo** (or **balcone**), and many will have two. Plants are always abundant, even on the smallest **terrazzino**. Notice that the bedrooms and main bathroom are closed off from the rest of the flat by a door. This is a pretty universal feature of Italian homes.

The names of reception rooms can be a bit confusing (English isn't much better!), and the variations are as much regional as a matter of size, formality and fashion. A large, rather formal drawing room would be **un salone**; a smaller one, though still fairly large, **una sala**, and a small sitting room **un salotto**. Nowadays most people have what we might call a living room, **un soggiorno**.

Sala is basically another word for **stanza** (which is another for **camera**), and so you have **una sala da pranzo**, if you've got a separate dining room, and **una sala** (or **stanza**) **da bagno**, or just **un bagno**.

Many modern homes – space being scarce and big family meals perhaps no longer the fashion – just have **un soggiorno-pranzo**, but even a small flat might have what is called **doppi servizi**, two bathrooms, the second consisting of a loo, washbasin, shower and the washing machine. And whereas once you'd have had a good-sized kitchen, now you'll have one in which you can barely swing a spaghetto. Not so different from anywhere else after all!

PROVA UN PO'...

1 Fill the gaps in these sentences. You'll need to use **lo, la, li, le, ci** or **ne**.

1 Conosce Venezia? No, non .... sono mai stata.
2 Avete animali in casa? Si, ... abbiamo tre: un cane, un gatto e un canarino.
3 Si chiama Gianna la tua amica? Non mi sembra di conoscer ....
4 Mi piacciono queste scarpe ma sono un po' troppo care. Non .... prendo.
5 Come sta Carla? Ma non so, non .... vedo quasi mai.
6 Sapete che Tiziana si sposa? No, non .... ha detto niente.
7 Sono belli questi quadri! Dove .... ha comprati?
8 Firenze è una bellissima città. .... siamo stati due anni fa.
9 Tu quanti fratelli hai? .... ho tre.
10 Avete del buon parmigiano? Certo. Quanto .... desidera?
11 La verdura? .... compro sempre al mercato perché costa meno.
12 Chi fa il corso di jazz? .... fa Manuela.

2 To complete this conversation, you'll need the Italian for *my* and *your*.

Anna Scusi, signore, mi può dire dov'è la .... casa?
Signore La .... casa è in città. E' un appartamento, in Via Marconi.
Anna Ho capito. E' lontano dal .... lavoro?
Signore No, circa mezz'ora.
Anna Ci va con la macchina?
Signore No, no, con l'autobus. Dove lavoro io è impossibile parcheggiare! .... moglie usa la macchina per fare la spesa e quando va a visitare .... madre.

Anna	E i .... figli? Vanno a scuola lì vicino?
Signore	.... figlia, la maggiore, va all'Istituto Tecnico che è vicino a casa, sì. .... figlio invece va alla scuola elementare che è piuttosto lontana. Deve prendere l'autobus pure lui.
Anna	Quanti anni ha .... figlio?
Signore	Dodici e mezzo.
Anna	E' bravo a scuola?
Signore	Mah, i .... insegnanti sembrano abbastanza soddisfatti, insomma!
Anna	E .... figlia?
Signore	.... figlia va molto bene quest'anno. Nella .... classe ci sono anche le .... amiche, così è abbastanza contenta e tranquilla – per il momento, almeno!
Anna	Cosa studia .... figlia?
Signore	Studia ragioneria.
Anna	Ma brava!

3 Have another look at Text 2 on pp 196–197, then answer these questions in Italian.

Dove lavora la signorina?   ....

Dov'è l'agenzia?   ....

E la signorina dove abita, in centro?   ....

Abita in un appartamento?   ....

C'è giardino?   ....

Ha fratelli la signorina?   ....

Perché sua sorella non abita con lei?   ....

Con chi vive allora la signorina?   ....

Quante macchine hanno?   ....

Pensi che la signorina va al lavoro in macchina?   ....

Con la grande o la piccola?   ....

4 Here is a shortened version of the interview with Rossella Fiumi, but with 16 words left out. Can you fill the gaps with the words listed in the box? We have given 8 extra words in the list which, when rearranged, make an Italian proverb.

meglio	aperta	gli	uovo
cominciato	quanti	un	vengono
essere	mia	oggi	volte
pochino	domani	è	ho
gallina	corso	insegna	la
classi	che	ballare	troppo

Anna	Rossella, da .... anni è .... questa scuola?
Rossella	Da quattro anni.
Anna	E quante .... ci sono?
Rossella	In questo momento otto.
Anna	.... solo danza classica?
Rossella	Prevalentemente sì. Aiuto anche la .... collega, Manuela, che fa corso di jazz; l'aiuto alcune .... a tenere la classe per il corso di danza moderna per .... adulti.
Anna	Ma .... anche degli studenti non proprio giovanissimi. Perché?

Rossella	Perché non è mai .... tardi per fare un pochino di movimento! Magari studiano, fanno questo .... di jazz soltanto per sciogliersi un ...., per muoversi.
Anna	Quando ha .... a studiare la danza?
Rossella	A dieci anni.
Anna	Da bambina, le piaceva sempre ....?
Rossella	Be', indubbiamente, sì.
Anna	Ma voleva sempre .... ballerina?
Rossella	Ma direi che questa idea .... venuta a poco a poco. Prima ho iniziato con la danza classica, piano piano .... imparato a usare le famose scarpette da punta, poi abbiamo fatto *pas de deux* con il ballerino.

5 A group of you are comparing notes on the kind of homes you have. It's your turn to answer the questions.

Domanda	Dove abita? In città o in campagna?
You	*(You live in the town)*
Domanda	Ha una casa, o . . . ?
You	*(You have a flat)*
Domanda	A che piano?
You	*(On the third floor)*
Domanda	E' grande il suo appartamento?
You	*(No, it's small)*
Domanda	Quante camere ci sono?
You	*(Two bedrooms, a small sitting room, kitchen and bath)*
Domanda	In quanti siete?
You	*(There are three of you: yourself, your wife and your son)*
Domanda	Tenete animali in casa?
You	*(No, in a flat in town it's not possible)*
Domanda	Non c'è un giardino?
You	*(No, but there's a park nearby)*
Domanda	C'è molto traffico dove abita?
You	*(Well yes, a fair amount)*
Domanda	Anche di notte?
You	*(No, at night it's fairly quiet)*
Domanda	Le piace abitare in città?
You	*(No, not much)*
Domanda	Perché ci abita, allora?
You	*(You have to live there for your work)*

18 COM'ERA UNA VOLTA?

TALKING ABOUT HOW THINGS USED TO BE

A retired schoolteacher, signora Jolly, is talking to Gianna about life as it was in Vicenza around 1935. This is how she got to town from the neighbouring village where she lived.

Gianna   Signora Jolly, com'era la vita a Vicenza prima della guerra?

Sig.ra Jolly   Io non vivevo a Vicenza. Vivevo in un paese nella periferia, dove facevo l'insegnante. Però venivo a Vicenza moltissime volte per far delle compere, per andare al cinema, per visitare monumenti della città e quindi la conoscevo abbastanza bene.

Gianna   E con che cosa andava a Vicenza?

Sig.ra Jolly   A Vicenza si veniva o con la carrozza . . .

Gianna   *(interrupting)* Ah! La carrozza a cavalli!

Sig.ra Jolly   Sì, a cavalli, o con tram a vapore. Oppure c'era un treno che non passava proprio vicino al paese ma era facile raggiungerne la stazione.

com'era la vita?	*what was life like?*
io non vivevo	*I didn't live*
dove facevo l'insegnante	*where I worked as a teacher*
si veniva	*one used to come*
era facile raggiungerne la stazione	*it was easy to get to the (its) station*

> To talk about what you used to do:
> **facevo** l'insegnante
> **venivo** a Vicenza moltissime volte
>
> and what you and others did:
> **facevamo** qualche viaggio
> **andavamo** in montagna

The pay sounds ridiculously low by today's standards, but the cost of living was equally low.

Gianna   E lei faceva l'insegnante. Quanto guadagnava al mese?

Sig.ra Jolly   Guadagnavo trecentottanta lire al mese.

Gianna   Trecentottanta lire al mese! E con questo stipendio come si poteva vivere? Bene?

Sig.ra Jolly   Allora la vita era molto a buon prezzo.

Gianna   Voi, quanti eravate in famiglia?

Sig.ra Jolly   In famiglia eravamo io e la mamma soltanto. La mamma mia era vedova e faceva l'insegnante anche lei.

Gianna   Quanto costava un litro di vino, per esempio?

Sig.ra Jolly   Non ricordo bene. Forse costava dieci centesimi di lira per litro.

Gianna   E potevate, per esempio, fare dei viaggi?

Sig.ra Jolly	Sì, facevamo qualche viaggio, non dei lunghi viaggi come si usa fare adesso, però andavamo nelle città italiane più lontane oppure nei paesi limitrofi all'estero.
Gianna	Come Svizzera . . . ?
Sig.ra Jolly	Come Svizzera, Francia, Austria. . . .

come si poteva vivere?	*how could one live?*
dieci centesimi di lira	*ten cents (hundredths) of a lira*
come si usa fare adesso	*as is the custom nowadays*
nei paesi limitrofi all'estero	*to neighbouring foreign countries*

In those days what did people do in their spare time?

Gianna	E come passavate il finesettimana?
Sig.ra Jolly	Il finesettimana era un po' triste rispetto alle possibilità di adesso. Però c'era una vita più semplice, più sana, perché si andavano a fare delle belle passeggiate o delle gite in bicicletta molto.
Gianna	Le signore andavano al caffè?
Sig.ra Jolly	Non era molto usato di andare al caffè per le signore. Si andava quando c'era la compagnia di un uomo, allora era più facile.
Gianna	E qualche volta andavate in montagna a sciare?
Sig.ra Jolly	Sì, occasionalmente si andava a sciare in montagna, oppure a fare gite, ma la montagna era molto più frequentata di estate.
Gianna	Parliamo dell'anno 1935 circa, vero? Le signore, allora, facevano dello sci?
Sig.ra Jolly	Le signore cominciavano appena a fare dello sci. Era uno sport non ancora popolare come adesso.

si andavano a fare delle belle passeggiate	*we used to go for nice walks*
non era molto usato	*it wasn't very common*
le signore, allora, facevano dello sci?	*did ladies go skiing then?*

> To say what other people used to do:
> le signore, allora, **facevano** dello sci?
> le donne **cominciavano** a guidare la macchina

But there were certain things that signora Jolly was not allowed to do.

Gianna	E guidavano la macchina, le donne?
Sig.ra Jolly	Cominciavano, appunto, anche a guidare la macchina.
Gianna	Lei ha imparato a guidare la macchina?
Sig.ra Jolly	Io avevo imparato, ma poi mia madre non mi permetteva di guidarla.
Gianna	Perché?
Sig.ra Jolly	Perché aveva paura che mi ammazzassi. *(laughs)*
Gianna	E ha imparato a fare dello sci?
Sig.ra Jolly	No, neppure.
Gianna	Anche quello troppo pericoloso?
Sig.ra Jolly	Era troppo pericoloso. Era ritenuto, in quel tempo, troppo pericoloso.

non mi permetteva di guidarla	*wouldn't allow me to drive (it)*
aveva paura che mi ammazzassi	*she was afraid I'd kill myself*
era ritenuto in quel tempo	*in those days it was considered*

And young ladies were chaperoned when they went out in the evening.

Gianna	E lei, qualche volta, usciva con le amiche o con gruppi di amici?
Sig.ra Jolly	Certo, si usciva in gruppo per andare a fare passeggiate, oppure delle gite nelle località vicine dove c'era qualcosa di interessante da vedere.
Gianna	E lei andava a ballare qualche volta?
Sig.ra Jolly	Andavo a ballare, sempre però accompagnata dalla mamma, o la mia o quella delle mie amiche che venivano con me.
Gianna	Senta, signora Jolly, le piace di più Vicenza com'è adesso o com'era una volta?
Sig.ra Jolly	Io penso che sia molto meglio com'è adesso. Allora era più familiare, diciamo, meno grande, ma adesso la vita è un po' più vivace di un tempo.

o la mia o quella delle mie amiche . . .	*either my own or the mother of the friends . . .*
com'era una volta	*as it used to be*
io penso che sia molto meglio	*I think it's much better*
più vivace di un tempo	*livelier than it used to be*

Vicenza, com'era una volta

> To say how things used to be:
> allora Vicenza **era** più familiare
> il territorio degli Etruschi **era** molto esteso

It's often quite easy to understand Italians talking about a subject in which they're expert. This is because the words they use are very similar to those that would be used in English. In the passage that follows, Professor Torelli, the director of the Archaeological Institute in Perugia, talks about the development and spread of the Etruscan civilisation in Italy. He uses words like:

209

territorio	*territory*	**occupare**	*to occupy*
area	*area*	**colonizzare**	*to colonise*
origine	*origin*	**estendere**	*to extend*
dominio	*dominion*	**esistere**	*to exist*
controllo politico	*political control*		

The only trap is the word **attuale** which doesn't mean *actual* but *present day*.

Anna   Era esteso il loro territorio?

Prof. Torelli   Estesissimo. Gli etruschi occupavano l'area dell'attuale Toscana e del Lazio settentrionale ed era la loro terra di origine, diciamo, dove si sono sviluppati nell'età più antica, probabilmente. Poi hanno occupato terre e colonizzato terre al di fuori di questa area. Nella Valle del Po, Bologna è una città etrusca. In Campania, Capua è una città etrusca. E nell'estendere questo dominio hanno anche esercitato un controllo politico – un dominio su genti, città e popoli non etruschi, come i latini a Roma, dove sappiamo che è esistita una dinastia etrusca.

dove si sono sviluppati	*where they developed*
al di fuori di	*outside (of), beyond*

TV   3

Orvieto (*Urbs vetus*, the old city, as the Romans called it) is built on top of a huge mound of tufo, a soft rock of volcanic origin which, ever since Etruscan times, has been dug into and used for building palaces and houses, and for providing cellars, drains and even escape routes. Today the rock is described as a gruyère cheese. The mayor of Orvieto, Francesco Barbabella, tells us about his 'city full of holes'.

Anna   La rupe di Orvieto è stata descritta come una groviera . . .

Sindaco   Ecco, è esatto. E' una specie di groviera nel senso che è una città molto antica, che sorge su un masso di tufo sul quale gli uomini hanno fatto le loro opere nelle diverse epoche a seconda delle civiltà. Gli etruschi, per esempio, hanno appunto scavato nella roccia di tufo e hanno realizzato tutta una serie di cunicoli, di grotte, di tombe, e oggi la città di Orvieto mantiene ancora queste cose che hanno fatto gli etruschi. Poi sono venuti i romani che hanno fatto le loro opere. Per esempio, una grande parte della rete fognaria della città è romana e quindi noi abbiamo appunto una città bucata, no?

che sorge su	*that rises up on*
a seconda delle civiltà	*depending on the civilisations*
mantiene ancora queste cose	*still retains these things*
la rete fognaria	*the sewerage system (network)*

TV   4

Not much is known of Etruscan life in the town itself (the city was destroyed by the Romans in 265 BC), but it is known that the Etruscans cultivated vineyards and made wine. The grapes were pressed and the wine fermented and stored in cellars cut into the rock, some of them three floors deep. These cellars are still used by present day wine producers, such as Luigi Barberani.

Sig. Barberani   Infatti gli etruschi conoscevano il vino e facevano il vino proprio in queste cantine qui della città; cioè con cantine disposte su tre piani. Nel primo piano facevano la vendemmia, poi mandavano il mosto per la fermentazione nel secondo piano interrato, e poi, dopo, il vino lo passavano nel terzo piano per la conservazione . . . e lì c'era una temperatura costante e quindi un ambiente ideale per la conservazione del vino.

cantine disposte su tre piani *cellars set out on three floors*

ALLORA . . .

VOCABOLARIETTO

la terra	la civiltà	la periferia
il territorio	la guerra	il cinema
il popolo		il caffè
la gente	l'ambiente (m)	
la compagnia	la temperatura	la bicicletta
l'estero		fare una gita
	antico	
pensare	ideale	fare delle compere
permettere	semplice	a buon prezzo
usare	popolare	
mandare	pericoloso	lo stipendio
		guadagnare

To say that you used to go . . . :

andavo | a ballare ogni domenica
in montagna a sciare

that you used to live . . . :

vivevo | in un paese vicino a Vicenza
con mia madre

or that you used to go out . . . :

uscivo | con le amiche
tutte le sere

To talk about what you used to do or how things used to be, you use a form of the verb which has a −v− in its ending. It is formed like this:

andare	anda−	−vo
parlare	parla−	−vi
vivere	vive−	−va
prendere	prende−	−vamo
uscire	usci−	−vate
venire	veni−	−vano

Here are some more examples from the interviews in this chapter:

Guadagnavo trecentottanta lire al mese
Il vino **costava** dieci centesimi di lira per litro
Gli etruschi **occupavano** l'area dell'attuale Toscana

Fare doesn't quite follow the above pattern, and **essere** doesn't at all:

fare			essere	
facevo	facevamo		ero	eravamo
facevi	facevate		eri	eravate
faceva	facevano		era	erano

Com'**era** la vita a Vicenza prima della guerra?
Le donne, allora, **facevano** dello sci?

> Just as you say **c'è** for *there is* and **ci sono** for *there are*, **c'era** and **c'erano** mean *there was* and *there were*.

c'era qualcosa di interessante da vedere
c'erano molte cose interessanti da vedere

To say that *people used to, one used to*, without specifying *I*, *we* or *you*, you use **si**:

si andava | al caffè
             | a sciare

si viveva | bene a Vicenza
             | una vita molto semplice

si usciva | con amici
             | in gruppo

Si can also be used to talk about the *present*:
la sera **si va** al caffè
per andare a Perugia **si passa** per Chiusi
non **si può parcheggiare** nel centro storico
si mangia molto bene qui

And if you don't know what something's called in Italian, you can ask:
come si dice *weekend* in italiano?
or: **come si chiama** questo in italiano?

Learn a verb (or two) a week

sapere (saputo)			conoscere (conosciuto)	
so	sappiamo		conosco	conosciamo
sai	sapete		conosci	conoscete
sa	sanno		conosce	conoscono

Want to know more? See **Grammatica** 4, 13, 17; 50; 58; 64; 82

Gente means *people* in the general sense:
c'è molta gente in centro oggi
and, unlike *people* in English, it's singular. (The plural **genti** as used on p 210 has the rather specialised meaning of *tribes*.)

Popolo means *people* in the sense of a nation:
il popolo etrusco occupava tutta questa zona

and also in the sense of *the ordinary people*: in Italy many towns have a square called **Piazza del Popolo**.

When used with a specific number, *people* is **persone**:
c'erano tre persone nel bar

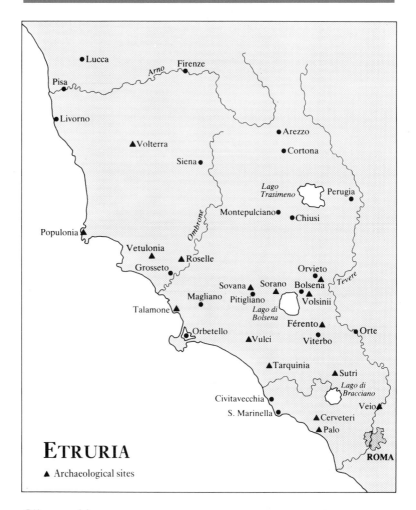

ETRURIA

▲ Archaeological sites

Gli etruschi

The Etruscans were a people who lived in the area that corresponds very closely to what is now Tuscany and northern Latium. They flourished between the seventh and third centuries BC. Rome was subdued by them early in its history and they imposed on the Romans a series of seven 'kings'. Later, the tables were turned and Rome conquered Etruria, so that the Etruscans slowly lost all political identity, for ever.

Their origin is something of a mystery, one of the mysteries of antiquity. Many say that they came from one of the islands of the Aegean or from

213

Veduta della
necropoli etrusca
a Orvieto, detta
'del Crocefisso
del Tufo'

Asia Minor, by sea; others believe them to be autochthonous, ie the local descendants of iron age prehistoric populations in Central Italy.

Most of the towns of that part of Etruria that bordered the sea dwindled slowly during the early Middle Ages to become mere villages with little-known names. It is thought that this happened because of the malaria that used to infest this region, the Maremma. The modern aspect of these archaeological sites is extraordinarily interesting and beautiful. Their settings have fascinated scholars, poets and tourists for centuries. The inland towns, on the other hand, flourished and grew to give the modern towns of Fiesole, Volterra, Arezzo, Perugia, Chiusi and Orvieto.

One of the most attractive features of Etruscan civilisation to modern eyes is the relation between the sexes: the Etruscans, for instance, were much condemned by the Greeks for allowing men and women to eat together on equal footing at their banquets.

La lingua . . .
Another 'mystery' concerning the Etruscans is their language. Its connections are not known, and Etruscan is famous among scholars as the language that cannot be deciphered. The decipherment of Etruscan has in fact fascinated scholars since the 15th century and it is no great

Iscrizione
sopra l'entrata
di una tomba

exaggeration to say that hardly a year passes by without some scholar (or crank) claiming to have found the solution. In fact, most of the inscriptions are very short and can be read perfectly well, for they are very repetitive. It is only the two or three longer texts that have come down to us that are not understood with any certainty. What is lacking is a clear bilingual inscription of some length; none has turned up so far.

Among the many features of civilised life which the Romans took from the Etruscans is the alphabet: the Roman alphabet as we know it is adapted from the Etruscan, itself an adaptation of the Greek alphabet.

. . . e l'arte

A destra:
Cavalli alati,
Tarquinia

The art of the Etruscan people is well known to us, for much of it has survived and now lies scattered in many of the large national museums of Europe and the USA: terracotta statues, bronzes large and small, vases, everyday metal or ceramic objects, but especially the frescoes found on the walls of tombs, as in Tarquinia. Etruscan art is particularly attractive to modern tastes, for although in its main lines it is largely derived from Greek art, it acquired in Etruscan hands an element of realism which gives it a very different feel from the predominantly idealistic works of art that have come down to us from the Greeks. This is especially noticeable in portraiture, where it was taken up by the Romans, so that it can be said that Roman art is a fusion of Greek and Etruscan elements.

PROVA UN PO' . . .

1 Here's a summary of what signora Jolly talks about on p 207*ff*. See if you can complete it, using the necessary −v− forms of the verbs listed: they are in the correct order.

1	abitare	6	viaggiare	11	andare
2	fare	7	guadagnare	12	usare
3	andare	8	costare	13	avere
4	prendere	9	permettere	14	permettere
5	essere	10	fare	15	essere

Nel 1935, prima della guerra, la signora Jolly .... (1) in un paese fuori di Vicenza. Come sua madre, anche lei .... (2) l'insegnante.

Quando .... (3) a Vicenza, ... (4) la carrozza (allora c'............... (5) ancora le carrozze a cavalli), oppure il tram, oppure .... (6) in treno.

Come insegnante .... (7) 380 lire al mese; oggi sembrano poche, ma la vita non .... (8) molto allora. Il suo stipendio le .... (9), durante le vacanze, anche di viaggiare all'estero. Il finesettimana, lei e le sue amiche .... (10) delle lunghe passeggiate, o .... (11) in bicicletta. Allora non si .... (12) andare nei bar da sole. La signora Jolly .... (13) imparato a guidare la macchina ma sua madre non le .... (14) di guidare. .... (15) ritenuto troppo pericoloso!

2   Complete these sentences, using either **so** or **conosco** as appropriate.

1   Maria è uscita e non .... a che ora torna.
2   Mario è un vecchio amico. Lo .... da molti anni.
3   Gianna? Non la .... molto bene, ma .... che parla benissimo l'inglese.
4   Non .... a che ora arriva Giovanni, ma .... che viene con una ragazza che io ....
5   Roma? Sì, ci sono stato tre volte; la .... molto bene.
6   Non trovo più il passaporto; non .... dove l'ho lasciato.
7   L'Azienda di Turismo? Non .... bene il centro, ma .... che non è lontana dal duomo.
8   Verdi mi piace moltissimo; .... tutte le sue opere.
9   La strada per Venezia? Non la .... molto bene, ma .... che passa per Mestre.
10 Questo treno va a Roma, ma non .... se si ferma a Orvieto.

3   Two friends are talking about their recent holidays. Can you fill in the gaps with the appropriate −v− forms of the verbs listed.

1	alzarsi	7	prendere	13	essere
2	andare	8	vestirsi	14	essere
3	fare	9	andare	15	andare
4	essere	10	andare	16	prendere
5	arrivare	11	dormire	17	restare
6	stare	12	leggere	18	guardare

Paolo   Dimmi un po', ma al mare, cosa facevi tutto il giorno?
Mario   Ma io .... (1) tutte le mattine molto presto, ... (2) in spiaggia e .... (3) il bagno prima di fare colazione. A quell'ora non c' .... (4) quasi mai nessuno. Dopo la colazione, invece, ... (5) le famiglie con tutti i bambini. Allora io .... (6) lì, così, per una mezz'ora e .... (7) un po' di sole, ma poi .... (8) e .... (9) a fare delle lunghe passeggiate nella campagna lì intorno. Dopo pranzo .... (10) in camera e .... (11), oppure .... (12)
Paolo   Ma hai fatto anche qualche amicizia? Parlavi con qualcuno qualche volta?
Mario   Sì, sì, certo! C' .... (13) una famiglia molto simpatica nel mio albergo – marito, moglie e due bambini. La sera, quando i bambini .... (14) a letto, ... (15) a fare delle passeggiate insieme lungo il mare, oppure .... (16) un caffè in un bar oppure .... (17) in albergo e .... (18) la televisione.
Paolo   E' stata una bella vacanza, allora!
Mario   Bellissima!

4   The Italian friend that you have met on holiday is very curious to know about life in Britain. You tell him. You'll need to use the construction with **si** to say what people in general do.

Giorgio	Ma voi in Inghilterra lavorate meno di noi, vero?
You	*(Tell him in your firm* (**la ditta**)*, people work from 9 till 5.30)*
Giorgio	Tutti i giorni?
You	*(Say no, not every day. You don't work on Saturday)*
Giorgio	No? Nella mia ditta si lavora anche il sabato mattina, fino a mezzogiorno. Dimmi, come si passa il finesettimana in Inghilterra?
You	*(It depends. People take the car and go to the country. Or else people stay at home, read the paper, or else if the weather's fine people work in the garden, wash the car . . . And Sunday at midday people go to the pub, and have a chat with friends . . .)*
Giorgio	*Pub?* Cos'è il *pub?*
You	*(Tell him it's a type of bar)*
Giorgio	Ho capito! E cosa si beve nel *pub?*
You	*(People drink a lot of beer, but you can also drink whisky, wine or simply an orange juice)*
Giorgio	E il tè?
You	*(No, you can't drink tea in a pub!)*
Giorgio	Che strano! E dimmi, in Italia si dice che piove sempre in Inghilterra, che c'è sempre molta nebbia a Londra, e che fa molto freddo. E' vero?
You	*(No, it's not true. And in England people say that Italians eat spaghetti morning, noon and evening!!)*
Giorgio	Ma va! Andiamo al bar a prendere un tè . . . !

19 PARLIAMO UN PO'...

TALKING TO PEOPLE

RADIO   1

We got Gianna to ask some young Italians about when they use **tu** and when **lei**. She spoke first to a girl called Anna who thought it was all a question of age.

Gianna	Senti, Anna, a chi dai del 'tu' e a chi dai del 'lei'?
Anna	Generalmente do del 'tu' alle persone della mia età.
Gianna	Che tu conosci o anche a quelli che non conosci?
Anna	Anche alle persone che non conosco, no?, purché abbiano circa la mia età.
Gianna	E parenti, amici, cioè conoscenti . . .
Anna	Sì, anche ad altre persone che non hanno la mia età purché ci sia una certa confidenza, una certa apertura anche da parte di queste altre persone.
Gianna	A tutti i tuoi parenti – anche parenti lontani, anche parenti più anziani?
Anna	Sì, io sì do del 'tu' a tutti quanti.
Gianna	E a chi dai del 'lei'?
Anna	Alle persone più anziane, alle persone con cui si ha un certo rapporto . . . di lavoro, per esempio.

a chi dai del 'tu', del 'lei'?	*who do you call 'tu', 'lei'?*
purché ci sia una certa confidenza, apertura	*as long as there is a sort of familiarity, friendliness*
purché abbiano circa la mia età	*as long as they're about my age*
con cui	*with whom*

RADIO   2

For another girl, Monica, it depends not so much on age but on how well you know someone.

Gianna	Tu, Monica, preferisci dare del 'tu' o del 'lei' alle persone?
Monica	Io generalmente do del 'lei' a persone che non conosco. Del 'tu' invece a persone che mi sono più vicine, agli amici, ai parenti, ai genitori, ma sempre do del 'lei' generalmente anche a persone giovani, se non sono loro che mi invitano a dare del 'tu'.
Gianna	Quindi non fai una distinzione d'età?
Monica	No, assolutamente.

che mi sono più vicine	*who are closer to me*
se non sono loro che mi invitano	*unless they ask me*

RADIO   3

In Orvieto, Maddalena put the same question to a young girl from the tourist office, Franca. She started by asking her if she generally used **tu** with young people, **lei** with others.

Franca	Dipende. A volte mi succede di dare del 'lei' a persone giovani, a volte mi succede di dare del 'tu' a persone non troppo giovani.

Maddalena	Ma generalmente?
Franca	Generalmente do del 'lei'.
Maddalena	A tutti?
Franca	A una persona che non conosco, generalmente do del 'lei'. Può accadere anche che mi trovo di fronte a una persona che non conosco e spontaneamente do del 'tu'.
Maddalena	A chi dai del 'tu' quotidianamente?
Franca	Ai miei amici, a . . . alla gente che normalmente incontro, vedo . . .
Maddalena	Più vicina a te?
Franca	Sì, alla gente più vicina . . .
Maddalena	Alla famiglia?
Franca	Sì.
Maddalena	Preferisci dare del 'tu' o del 'lei'?
Franca	Preferisco dare del 'tu'.
Maddalena	E perché?
Franca	Perché . . . ho la sensazione di comunicare meglio dando del 'tu'.
Maddalena	Qualcosa di più familiare?
Franca	Di più familiare, sì.
Maddalena	Grazie.
Franca	Prego.

a volte mi succede di . . .	*I sometimes happen to . . .*
può accadere anche che . . .	*it can also happen that . . .*
che normalmente incontro, vedo	*that I meet, see all the time*
dando del 'tu'	*when using 'tu'*

RADIO   4

We asked Gianna to describe what she could see as she stood in the old central square in Vicenza, the **Piazza dei Signori**. And we asked her to talk to some of the shopkeepers who work in the piazza.

Vicenza: la
Basilica Palladiana

Gianna   *(The bells in the clock tower have just stopped ringing)*

Sono i rintocchi della torre di piazza. Siamo in Piazza dei Signori nel cuore di Vicenza. E questa piazza oggi è molto tranquilla, la gente passeggia, ci sono delle mamme con i bambini, che danno da mangiare ai colombi. Non ci sono macchine perché da anni è una zona pedonale. Ma due volte alla settimana la piazza si anima perché c'è il mercato. Arrivano venditori ambulanti dalla provincia e vendono un po' di tutto: stoffe, vestiti, lane.

Vediamo un po' la piazza. Il lato sud è occupato dalla Basilica Palladiana, che è l'edificio più importante di Vicenza. E' della seconda metà del sedicesimo secolo. Di fronte c'è la Loggia Bernarda o Loggia del Capitanio. A fianco della loggia, sullo stesso lato, c'è un lungo palazzo che è pure del sedicesimo secolo e che è il Monte di Pietà. Il lato est, uno dei due più brevi della piazza, è chiuso da due colonne. Su di una c'è il leone di San Marco, perché Vicenza un tempo faceva parte della Repubblica di Venezia. E sull'altra, c'è Cristo Redentore. Su tutti i lati della piazza si aprono dei negozi, dei negozi di orefici, venditori di stoffe, di dischi, di cappelli, di abbigliamento. Chiediamo adesso ad alcuni negozianti come si trovano qui in piazza.

(Continued in Chapter 20, p 229)

la piazza si anima	*the square comes to life*
dalla provincia	*from the surrounding countryside*
su di una	*on one (of them)*
si aprono dei negozi	*shops open out*
come si trovano qui	*how they like it here*

TV	5	The towns of Sovana and Sorano in southern Tuscany have changed little over the centuries and much of the population has left in search of work. The mayor of the two towns, Ermanno Benocci, tells us something of the history, past and present.

Sig. Benocci   Eh, la storia è la storia di molti altri centri storici italiani. Sovana è stata una città etrusca, poi è stata una città medievale, e, in un certo tempo, ha conosciuto anche un periodo fiorentissimo; si dice che abbia fatto anche quarantamila abitanti.

And what happened to the people of Sorano more recently when part of the old town subsided and slid into the valley below?

Sig. Benocci   Ecco, la gente che abitava qui, che era molto più numerosa di ora, in parte si è trasferita nella parte nuova del paese, ma in parte, e in gran parte, anzi, se n'è andata per motivi di lavoro fuori, a Roma, a Milano, e anche all'estero . . . in Francia, in Belgio.

Anna   Ma tornano un po' per volta?

Sig. Benocci   Tornano nel periodo estivo . . . , e poi tornano soprattutto quando sono anziani, ecco.

si dice che abbia fatto anche	*they say that it even reached*
in parte si è trasferita in . . .	*part of them moved to . . .*
se n'è andata fuori	*went away*
un po' per volta	*bit by bit*

Today the population of Sorano is a meagre one thousand. Dario dell'Arcangeli is ten years old, in the fifth form at primary school.

Anna	Come ti chiami?
Dario	Dario.
Anna	Dario chi?
Dario	Dell'Arcangeli.
Anna	Dell'Arcangeli? Che bel nome! Dimmi un po', tu che classe fai?
Dario	Io la quinta.
Anna	La quinta elementare?
Dario	Sì.
Anna	Allora devi fare gli esami alla fine dell'anno?
Dario	Sì.
Anna	Sei bravo a scuola?
Dario	Non tanto.
Anna	Perché? Non ti piace studiare? Nemmeno una materia? Forse una?
Dario	Forse, sì, una.
Anna	Quale?
Dario	Eh . . . , lo scienziato.
Anna	Le scienze?
Dario	Sì, le scienze.
Anna	Bene.

Dario thinks he might like to study science, and become a scientist. In the meantime, he's got his exams to think about at the end of the year, before moving on to secondary school.

Sovana is now being carefully restored, not just to make it attractive to tourists, but to create work for people and encourage them to stay and live there.

Sig. Benocci	Noi non vogliamo fare di Sovana un museo morto. Vogliamo fare una città dove si conservano le antichità e la cultura, ma vogliamo che sia una città abitata, non morta. Ecco, questo è l'elemento essenziale.

vogliamo che sia una città   *we want it to be a town that's*
    abitata   *lived in*

Hopefully, work will soon start on the restoration of Sorano also.

Another remarkable town worth looking at is in Lazio, just a few kilometres south of Orvieto: Civita di Bagnoregio. This tiny ancient hill town is reached by a footbridge, the original road having long since disappeared after a series of landslips. We talked to Giuseppe Medori, one of the few remaining inhabitants.

Anna	Quante persone abitano qui, nella città?
Giuseppe	Trenta persone.
Anna	Ma quando lei era giovane, quante persone c'erano?
Giuseppe	Verso settecento abitanti.
Anna	Settecento?
Giuseppe	Settecento, seicentocinquanta, insomma.
Anna	E adesso solo trenta?

Giuseppe	Sì.
Anna	E queste trenta persone, incluso lei, di che cosa vivete ora?
Giuseppe	Eh, io pensionato, quella pensionata, quell'altro giovane, lui va a lavorare la mattina e torna alla sera, signora.
Anna	E vengono qui molti turisti?
Giuseppe	Sì, come turisti, diversi, tanti, sì.

insomma	*thereabouts, more or less*
quell'altro giovane, lui va a lavorare	*that young man over there, he goes to work*
come turisti, diversi, tanti	*as tourists go, quite a few, lots*

ALLORA . . .

VOCABOLARIETTO

i parenti	il secolo	il vestito
i genitori		il cappello
	l'edificio	la stoffa
il medico	la basilica	
lo scienziato	il museo	il disco
il negoziante	la torre	
l'abitante	la colonna	il motivo
il conoscente		
	la storia	bravo
incontrare	l'esame	anziano
invitare		pensionato

If you get to be on friendly terms with someone, sooner or later you'll be invited to use **tu**:

> **ci diamo del tu?**
> **diamoci del tu!**

This is more likely to happen if there's no great difference in age, especially if you're fairly young. And if you're around 20 or under, someone your age will probably use **tu** with you from the very beginning.

To talk about another person the words for *he* and *she* aren't normally necessary:

> Conosce Stefano? Sì, lavora con me.
> Conosce Anna? Sì, è un'amica.

But if you *do* need to distinguish, the words to use are **lui** (*he*) and **lei** (*she*)

> Quando arrivano Stefano e Anna?
> **Lui** arriva stasera e **lei** viene domani mattina.

The same two words mean *him* and *her* after **con, per, a,** etc.

> Per **lei** ho comprato una sciarpa e per **lui** una cravatta.

To talk about *they* or *them* the word is **loro**:

> **loro** vanno a lavorare a Orvieto
> Franca va con **loro**

> Like **io, tu** and **lei** (*you*), it's usually unnecessary to use **lui, lei** and **loro** when they mean *he*, *she*, *they*. That's why we've come across these words so little.

Learn a verb (or two) a week

dare (dato)	
do	diamo
dai	date
da	danno

dire (detto)	
dico	diciamo
dici	dite
dice	dicono

Want to know more? See **Grammatica** 34; 47, 48; 50; 71

See **Grammatica** 34; 47, 48; 50; 71

PAROLE E USANZE

Un parente is *a relative*; the word for *parent* is **genitore**: **i miei genitori** *my parents*

Grande, bello and **buono** are often shortened to **gran, bel** and **buon** before a singular noun beginning with a consonant; **grande** before both masculine and feminine nouns: **un gran palazzo, in gran parte; bello** and **buono** only before masculine nouns: **un bel nome, un bel paese** but **una bella città; un buon piatto di spaghetti** but **una buona zuppa di verdura.** (But see also p 254.)

Medico *doctor* becomes **medici** in the plural.

Un po' *a little* is often used in expressions like:

vediamo	*let's see*
vediamo un po'	*let's just have a look*
dimmi	*tell me*
dimmi un po'	*tell me something*
andiamo a vedere	*let's go and see*
andiamo un po' a vedere	*let's just go and have a look, shall we?*

223

C'era una volta *once upon a time*. There are lots of expressions using the word **volta**. Here are some of them:

una volta	*once*	a volte	
due volte	*twice*	alcune volte	*sometimes*
due volte alla settimana	*twice a week*	qualche volta	
altre volte	*(at) other times*		
la prima volta	*the first time*		
un po' per volta	*a little at a time, bit by bit*		
quante volte?	*how many times? how often?*		

Two for the price of one

Adesso and **ora** both mean *now*. Both are quite common, but **adesso** seems to be more popular.

Accadere and **succedere** both mean *to happen*; **succedere** is probably used more frequently.

VITA ITALIANA

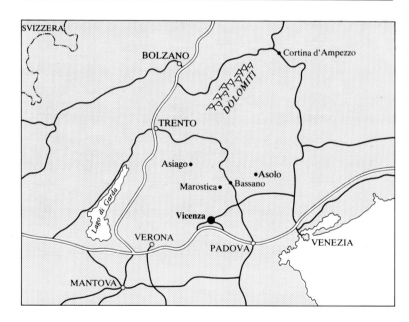

Vicenza

Vicenza is a town of well over 100,000 inhabitants and an important commercial and industrial centre. But owing to the influence of the great architect, Andrea Palladio (see p 23), its character is still largely that of a Renaissance town. There are nearly 100 palaces in the city which have led to it being described as a 'Venice on land'.

The town began as a Roman colony called *Vicetia* and during the middle ages it became one of the free communes of North Italy. It found it hard to maintain its independence from its powerful neighbours, however, and from the early 15th century till the end of the 18th, it lived under the domination of Venice, whose influence may still be seen everywhere.

The main features of the town are the **Corso Palladio**, the principal street, flanked by palaces on each side, and the **Piazza dei Signori**, originally a *forum* or open-air meeting place. The **Basilica Palladiana**, which occupies the whole of one side of the piazza, is not a religious building but the civic centre of the city: its proper name is in fact **Palazzo della Ragione** (Debating Palace).

Vicenza come centro turistico
Many interesting places can be visited easily from Vicenza. Close by are the towns of Verona and Padua, both of great interest and attraction. Bassano del Grappa, about 35 kilometres to the north-east, the home of the famous **grappa** brandy, is also renowned for the covered wooden bridge that spans the river Brenta. Venice to the east and Mantua and Lake Garda to the west are only a little further off. More distant, but not too far for a day's excursion, there is the beautiful range of the Dolomites.

Il ponte sul Fiume Brenta, Bassano del Grappa

PROVA UN PO'...

1 It's often the little words that are the most important. Can you complete these statements using **di, del, della, dei, da** or **dal** as appropriate?

1 Un orologio .... uomo.
2 Un negozio .... cappelli.
3 Una bottiglia .... vino .... casa.
4 Abbiamo due camere .... letto.
5 Galileo Galilei era .... Pisa.
6 Un francobollo .... duecento lire.

7 Vuole .... parmigiano con gli spaghetti?
8 Un paio .... scarpe .... donna.
9 Stamattina sono andato .... macellaio.
10 Il treno in arrivo sul binario due è l'espresso .... Venezia.
11 La Basilica Palladiana è l'edificio più importante .... Vicenza.
12 La Basilica è .... seconda metà .... sedicesimo secolo.
13 Il lato est .... Piazza .... Signori è chiuso ....
    due colonne.
14 Ci sono .... negozi .... ogni tipo intorno alla piazza.
15 .... bambina, la signora Jolly viveva in un piccolo paese.
16 Le sciarpe .... lana sono molto .... moda quest'anno.
17 Io do .... tu alle persone .... mia età.
18 Ermanno Benocci è il sindaco .... due paesi .... Sorano
    e Sovana.
19 Laura e Roberto sono sposati .... quindici anni.
20 Cosa c'è .... vedere a Orvieto?

2 You've just got back from your holiday in Italy and you bump into your
   Italian teacher in the street. She wants to know all about it. Fill in the
   gaps with the appropriate form of the verbs listed.

   1 arrivare   10 essere
   2 fare   11 essere
   3 andare   12 fare
   4 stare   13 parlare
   5 essere   14 rimanere
   6 divertirsi   15 vedere
   7 essere   16 visitare
   8 essere   17 stare
   9 giocare   18 essere

Insegnante	Eh, buongiorno! Quando siete tornati?
You	.... (1) domenica sera.
Insegnante	Bene! .... (2) buon viaggio?
You	Sì, grazie, il viaggio .... (3) molto bene.
Insegnante	.... (4) a Rimini, vero?
You	Sì, a Rimini.
Insegnante	Com' .... (5), bella?
You	Molto. .... (6) veramente tanto.
Insegnante	E l'albergo com'era?
You	L'albergo .... (7) molto simpatico, semplice ma carino. C' .... (8) anche un giardino, e i bambini .... (9) lì tutto il giorno.
Insegnante	E c' .... (10) molta gente?
You	Eh, sì, ma in agosto al mare c' .... (11) sempre molta gente! .... (12) amicizia con una famiglia italiana, così .... (13) l'italiano tutti i giorni.
Insegnante	Ma brava! E .... (14) sempre a Rimini o .... (15) anche qualche altro posto?
You	.... (16) Ravenna, la Repubblica di San Marino, e .... (17) anche a Padova, Vicenza e Verona.
Insegnante	Sono delle bellissime città, vero?
You	Molto belle. E i mosaici a Ravenna .... (18) veramente meravigliosi!

3 Io, lei, lui, noi, voi, loro . . . Which one fits?

1 C'è Mario?
   No, ... non c'è ancora, però c'è Andrea.
2 Vogliono del vino bianco o rosso?
   .... vorrei del rosso, ma .... preferiscono il bianco.
3 Mi dispiace, ma non c'è posto per tutti in macchina!
   Allora .... andate in macchina e .... veniamo in treno.
4 Dove lavorate tu e Paolo?
   .... lavoro in un ufficio qui vicino; .... lavora in fabbrica.
5 Mario paga il conto?
   Certo. Paga sempre ....!
6 Vengono anche i Sala?
   .... no, però vengono i Cardini.
7 Quando sono tornati, loro, dall'estero?
   .... è tornata l'anno scorso; ...., invece, è tornato soltanto tre
   mesi fa.
8 Siete andati in vacanza insieme?
   No, ... sono stato in Francia, ..., invece, è andata
   in Sicilia.
9 Dove andate domani?
   .... andiamo a Venezia. Perché non venite anche ....?
10 Vengono anche i ragazzi al cinema?
   No, ... non vogliono mai venire con ....

4 Can you fill in the gaps in this conversation using the words listed in
   the box?

chiama	bambina	sempre	guido
autobus	incominciato	sua	vanno
fare	ragazzo	cucina	sala
abbastanza	lavastoviglie	congelatore	descrivere
ci sono	chilometri	mia	gatto
due	marito	soggiorno	camere
molto	città	abito	anni

Ragazza   Scusi, signora, mi può .... la .... casa?
Signora   Certo, Dunque, io .... con la .... famiglia in una villetta non
          .... lontano dalla ...., a circa cinque ....
Ragazza   C'è il treno?
Signora   Sì, c'è il treno e c'è l' ....
Ragazza   Lei guida?
Signora   No, io non .... Mio .... guida la macchina.
Ragazza   E ha figli, signora?
Signora   Sì, abbiamo due figli: un .... di quindici .... e una ....
          di sei.
Ragazza   .... a scuola?
Signora   Sì, quest'anno ha .... anche la bambina.
Ragazza   Ma allora ha molto lavoro, signora, il negozio, la casa, la famiglia!
Signora   Eh, sì. La casa, poi, è .... grande! .... cinque .... da letto,
          una .... da pranzo, un ...., una .... e .... bagni. Per cui
          ho .... tanto da ....

227

Ragazza	E che elettrodomestici avete?
Signora	Ma quelli li ho quasi tutti! La lucidatrice, il frigorifero, il ...., la lavatrice, la .... e altri ancora.
Ragazza	Tenete animali in casa?
Signora	Sì, la mia bambina ha un .... che si .... Orazio. Tutto qui.
Ragazza	Grazie.
Signora	Prego.

5 See if you can take part in this conversation. You've decided you'd like to buy a tee-shirt (**una tee-shirt**) and there's a nice-looking boutique in Piazza del Popolo.

Ragazza	Buongiorno, signora. Desidera?
You	*(Tell her you're looking for a tee-shirt)*
Ragazza	Che taglia?
You	*(Forty-four)*
Ragazza	Sì. Allora, abbiamo il blu, poi c'è il giallo . . . e questa in verde è molto bella.
You	*(Tell her no, you don't like these colours)*
Ragazza	Preferisce forse il rosso, oppure il nero?
You	*(What type of red is it?)*
Ragazza	Glielo faccio vedere. Un attimo, per cortesia . . . Ecco, è un bel rosso bordeaux.
You	*(Is it pure cotton?)*
Ragazza	Cento per cento cotone, signora.
You	*(Yes, it's beautiful, the colour's very beautiful, you like it very much. Can you try it on?)*
Ragazza	Prego, signora. Il camerino è lì in fondo.
	After you've tried it on . . .
You	*(Tell her yes, you'll have it. How much is it?)*
Ragazza	Quindicimila.
You	*(Looking in your bag: oh, tell her you've left the money in the hotel . . .)*
Ragazza	Ma signora, se vuole passare più tardi, gliela metto da parte.
You	*(Thank her and ask at what time do they shut this evening)*
Ragazza	Siamo aperti fino alle otto, signora.
You	*(Say fine, thanks)*

20 E PER FINIRE...

AND TO FINISH . . .

RADIO   1

For centuries jewellers and goldsmiths have come to work in the **Piazza dei Signori**, and the tradition continues. One side of the square, in the arcades beneath Palladio's Basilica, is occupied entirely by tiny jewellers' shops. Gianna spoke to one of the owners, Mr Balzarin.

Negozi nella Piazza dei Signori, Vicenza

Gianna	Siamo in un negozio di oreficeria. E parliamo con il signor Balzarin. Signor Balzarin, buongiorno.
Sig. Balzarin	Buongiorno.
Gianna	Senta, lei ha il negozio qui in Piazza dei Signori; da quanto tempo?
Sig. Balzarin	Dai primi del secolo. Io però lavoro in questo negozio da circa quindici anni. Prima c'era mio nonno e mio padre.
Gianna	Da quindici anni, quindi è un negozio di famiglia. E che cosa vende lei esattamente?
Sig. Balzarin	Noi vendiamo oggetti preziosi, d'oro e d'argento, e orologi: orologi da tavolo e da polso.
Gianna	Da muro, vedo.
Sig. Balzarin	Da muro anche, esatto.
Gianna	A che ora apre lei il negozio la mattina?
Sig. Balzarin	Noi apriamo alle nove al mattino e alle quindici, cioè alle tre del pomeriggio.
Gianna	Fino a che ora?
Sig. Balzarin	Fino alle sette e mezza.
Gianna	Di sera.
Sig. Balzarin	Di sera, sì.

Gianna	E lei, quando lavora?
Sig. Balzarin	Quando lavoro? Lavoro . . .
Gianna	Tutto il giorno.
Sig. Balzarin	Tutto il giorno. *(laughs)*
Gianna	Lei è qui da solo?
Sig. Balzarin	Sono da solo, sì. Sono da solo.
Gianna	Senta, le piace avere il negozio qui in piazza?
Sig. Balzarin	Sì, perché praticamente è il cuore della città anche se non è il vero e proprio cuore commerciale. E' una bellissima piazza. E quindi ci si lavora molto . . . molto bene, perché l'ambiente è ideale.
Gianna	Lei trova che la vita in piazza è cambiata in questi ultimi anni?
Sig. Balzarin	Vivendo in piazza è un po' difficile dire se è cambiata. Però mutamenti ce ne sono stati indubbiamente.
Gianna	In meglio o in peggio?
Sig. Balzarin	Forse in meglio e anche in peggio. E' un po' difficile dirlo.
Gianna	Grazie.
Sig. Balzarin	Prego.

dai primi del secolo	*since the beginning of the century*
vivendo in piazza	*living in the square*
mutamenti ce ne sono stati	*there have been changes*

Next she spoke to Mr Messina, who runs a smart bar in the piazza.

Gianna	Siamo nel Bar Haiti. Signor Messina, voi avete un bar qui vicino alla piazza. Da quanto tempo?
Sig. Messina	Da un anno, circa.
Gianna	A che ora aprite il bar la mattina?
Sig. Messina	Dalle sette alle sette e mezza.
Gianna	E quando chiudete la sera?
Sig. Messina	Dalle otto alle otto e mezza.
Gianna	Di sera. In quali ore della giornata il bar è più frequentato?
Sig. Messina	Verso mezzogiorno e mezzo, direi. E alla sera verso le sette, anche.
Gianna	E ci sono dei giorni della settimana in cui il bar è più frequentato?
Sig. Messina	Sì, il giovedì e il martedì, appunto, perché c'è il mercato in Piazza dei Signori.
Gianna	Che cosa prendono di solito i clienti? Dipende dalle ore, vero?
Sig. Messina	Dalle ore, sì. Alla mattina molti cappuccini. Quasi sempre cappuccini.
Gianna	O caffè.
Sig. Messina	O caffè, sì.
Gianna	Con la brioche.
Sig. Messina	Con la brioche, esatto. Con toast anche, molti. E a mezzogiorno e mezzo, così, l'aperitivo e dopo, all'una e mezza, il caffè.
Gianna	E nel pomeriggio . . .
Sig. Messina	Nel pomeriggio amari, così.
Gianna	Digestivi. E poi di nuovo aperitivi.
Sig. Messina	Aperitivi, sì, verso le sette.
Gianna	Altre bevande?
Sig. Messina	Altre bevande, birra molta, e Coca Cola.
Gianna	Le piace avere il caffè qui in piazza?
Sig. Messina	Sì, mi piace perché la piazza è una zona di passaggio, c'è molta gente nuova, turisti . . . .

Gianna	E' meglio che avere un bar in periferia?
Sig. Messina	Sì, sì, senz'altro perché, appunto, in periferia la clientela è sempre la stessa, le solite persone.
Gianna	Le solite facce, sì. Grazie.

in cui	*on which*
con toast anche, molti	*lots also have a toasted sandwich*
di nuovo aperitivi	*aperitifs again*
le piace avere il caffè	*do you enjoy having a café?*
una zona di passaggio	*a place with a lot of passing trade*
è meglio che avere . . . ?	*is it better than having . . . ?*

RADIO	3	And lastly she spoke to the owner of an old-fashioned hat shop on the other side of the square, Mrs Negretto. Her shop is the oldest in the square and has been in the family for generations.

Gianna	Signora Negretto, buonasera.
Sig.ra Negretto	Buonasera.
Gianna	Scusi, da quanto tempo lei ha questo negozio sulla piazza?
Sig.ra Negretto	Mm, io son dodici anni che son qua, però appartiene alla mia famiglia da ben centosettant'anni.
Gianna	Oh, ma allora è molto antico!
Sig.ra Negretto	Penso il negozio più vecchio della piazza.
Gianna	Certo. E lei che cosa vende?
Sig.ra Negretto	E' un negozio di cappelli e ombrelli, cappelli però soltanto da uomo, non da donna.
Gianna	Solo da uomo.
Sig.ra Negretto	Da uomo.
Gianna	E senta, le piace avere il negozio qui sulla Piazza dei Signori?
Sig.ra Negretto	Senz'altro, perché una volta dicevano che questo è il salotto di Vicenza, perciò è simpatico anche per la gente che passa, è . . . veramente nel centro di fronte alla Basilica, perciò è piacevole restare qui dentro.
Gianna	E' un bel posto. Lei trova che è cambiata la vita qui sulla piazza dagli anni passati?
Sig.ra Negretto	Be', senz'altro, gli anni passati c'era più movimento. Ora i negozi della piazza sono frequentati da gente che vengono espressamente per comperare.
Gianna	Qui ci sono dei caffè che danno sulla piazza. Sono ben frequentati, sono belli?
Sig.ra Negretto	Sì, c'è un caffè che si chiama La Taverna, però non è un gran caffè. Poi c'è il Caffè Garibaldi che è un bel caffè, però per gli anni passati c'era ugualmente il caffè che si chiamava Garibaldi, ma era però un caffè molto più frequentato da persone di un certo ceto. Era un caffè elegante, c'era l'orchestra, mettevano i tavolini in piazza. Era bello a vedersi, insomma, era qualche cosa di simpatico, mentre adesso è tutto una cosa normale, insomma, senza tante pretese, ecco.

io son dodici anni che son qua	*I've been here for twelve years*
da ben centosettant'anni	*for a good 170 years*
da gente che vengono	(= da gente che viene)
che danno sulla piazza	*that face onto the square*
era bello a vedersi	*it was lovely to look at*
è tutto una cosa normale	*it's nothing out of the ordinary*

Baschi, about ten kilometres south of Orvieto, is a lovely medieval village on a little hill almost overhanging the A1, the **Autostrada del Sole**. The building of the motorway has brought development and some prosperity to the village, but so far not much prospect of employment for its young people. We talked first to Albino Bacci, the deputy mayor.

Una vecchia strada di Baschi

Anna	Signor Bacci, lei è di qui, di Baschi?
Sig. Bacci	Di Baschi.
Anna	Ha sempre vissuto qui?
Sig. Bacci	Sempre vissuto a Baschi.
Anna	Quanti sono gli abitanti?
Sig. Bacci	Baschi paese – perché ha delle frazioni – Baschi centro è sui circa milletrecento abitanti; comprese le frazioni arriviamo a circa duemila e ottocentocinquanta abitanti.
Anna	Ci sono anche molti giovani qui?
Sig. Bacci	Abbastanza, diversi.
Anna	E che lavoro c'è per loro qui intorno?
Sig. Bacci	Be', per i ragazzi qui intorno, diciamo, quasi niente, perché il paese offre solamente una situazione agricola.

Agriculture is still the principal occupation, although work has started on developing some industry.

Anna	Quali industrie?
Sig. Bacci	Industria, diciamo . . . , lavorazione del legno, artigianale, tipo artigianale; lavorazione del ferro, tipo artigianale, e lavorazione delle ceramiche, tipo industriale.

Baschi paese, Baschi centro	*Baschi village, Baschi centre*
sui circa . . .	*more or less around . . .*
offre solamente una situazione agricola	*has nothing but farming to offer*
tipo artigianale, industriale	*on a craft, mass production scale*

Maurizio Bernardini is studying to be an accountant.

Anna	Senti, come ti chiami?
Maurizio	Maurizio Bernardini.
Anna	Tu sei di qui, di Baschi?
Maurizio	Sì.
Anna	Quanti anni hai?
Maurizio	Diciotto.
Anna	Che cosa fai adesso?
Maurizio	Studente sono. Vado a scuola.
Anna	C'è molto lavoro qui?
Maurizio	No, è un paesino che offre poco.
Anna	Cosa vuoi fare quando lasci la scuola?
Maurizio	Io faccio ragioneria. Spero di poter fare il ragioniere, se no . . .
Anna	E per voi giovani qui, non è un po' noioso la sera?
Maurizio	Tanto noioso! Non poco, ma sempre!
Anna	Non c'è un cinema?
Maurizio	Niente!
Anna	Una discoteca?
Maurizio	Niente!

io faccio ragioneria	*I'm doing accountancy*
di poter fare il ragioniere	*to be able to work as an accountant*
se no . . .	*if not . . .*

Albino Bacci is also the local butcher and a farmer.

Anna	Senta, lei è il vice sindaco, ma è anche macellaio.
Sig. Bacci	Esatto.
Anna	Ha sempre fatto questo lavoro?
Sig. Bacci	Sempre fatto. Ho studiato prima, poi ho fatto il macellaio. Comunque faccio anche l'agricoltore.
Anna	Ah, perché lei ha del terreno?
Sig. Bacci	Sì, ho del terreno.
Anna	E lo coltiva?
Sig. Bacci	Sì, sì, con le mie mani.
Anna	Bravo. E alleva anche del bestiame o no?
Sig. Bacci	No. Solamente faccio . . . il vino, l'olio, produco e semino del grano.
Anna	E' buono il suo vino?
Sig. Bacci	Ottimo, direi!

TV	5	Not far from Baschi is Lake Corbara, an artificial lake created by a dam across the river Tiber, **il Tevere**. The road that runs along the lake leads to the beautiful medieval town of Todi. Here the traditional craft is furniture-making, mainly reproduction furniture of the 15th, 16th and 17th centuries. One of the masters of this craft is Armando Gentili.

Anna	Signor Gentili, da quanti anni ha lei questa azienda?
Sig. Gentili	Quaranta.
Anna	E quante persone lavorano qui?
Sig. Gentili	Otto.
Anna	In otto? E lei ha sempre fatto questo lavoro?
Sig. Gentili	Sì, sì, sempre.
Anna	Ha imparato da ragazzo?
Sig. Gentili	Da ragazzino, perché c'era una scuola qui, eh?

233

Anna	C'era una scuola?
Sig. Gentili	Una tradizione di Todi, sì . . . , e che poi si trovava precisamente qui sopra, dove ci sono le scuole adesso, attualmente.
Anna	Ma allora questa scuola dove lei ha imparato, non c'è più?
Sig. Gentili	Non c'è più, no.
Anna	E i giovani, allora, dove possono imparare?
Sig. Gentili	Eh, nelle botteghe.
Anna	Allora, tra i suoi lavoratori, lei ha anche degli apprendisti?
Sig. Gentili	Sì, sì, son stati tutti qui da ragazzi. Da ragazzini sono venuti qua, son diventati grandi, hanno preso moglie . . . ! *(laughs)*

da ragazzo	*as a boy*
che poi si trovava	*which (the school) was at the time*
non c'è più?	*isn't it there any more?*

Period furniture of this kind is large, and Armando Gentili's customers have large houses. Does he have furniture like this at home?

Anna	Senta, lei a casa sua ha dei mobili come questi?
Sig. Gentili	Sì, alcuni pezzi, sì.
Anna	Allora anche lei ha la casa grande.
Sig. Gentili	No, piccola, ma ho . . . pezzetti piccoli!
Anna	Ho capito! Ma la mobilia, per esempio, in stile moderno, le piace?
Sig. Gentili	Sì. Infatti adesso stiamo facendo un arredamento modernissimo, del duemila!
Anna	Del duemila addirittura?
Sig. Gentili	Sì, sì, sì, sì. Infatti là, nel laboratorio, dal reparto macchine, stiamo costruendo per l'appunto un arredamento per un cliente, tutto modernissimo, dietro disegni di un architetto di Milano.

stiamo facendo	*we're making*
del duemila	*futuristic (of the year 2000)*
dal reparto macchine	*over in the machine shop*
stiamo costruendo per l'appunto	*we're making, as a matter of fact*
dietro disegni di	*based on designs by*

ALLORA . . .

VOCABOLARIETTO

la faccia	il grano	il toast
la mano	l'oro	la brioche
il nonno	l'argento	l'orchestra
il ragazzo	il ferro	la discoteca
l'architetto	il legno	appartenere
il ragioniere	la ceramica	
l'apprendista	industriale	noioso
	commerciale	normale
la bottega	artigianale	moderno
la macchina		piacevole
il terreno	il tavolino	elegante
	il mobile	

Learn a verb (or two) a week

uscire (uscito)	
esco	usciamo
esci	uscite
esce	escono

capire (capito)	
capisco	capiamo
capisci	capite
capisce	capiscono

PAROLE E USANZE

Qualche cosa di simpatico *something nice*. In expressions like this, **di** is needed.

qualche cosa di | bello
buono
interessante

La mano *hand* is feminine, despite the −o ending; the plural is **le mani**.

Una brioche, un toast. You might have either of these for a morning snack. **Una brioche** is what we call a *croissant*; it's pronounced to rhyme with *posh*. **Un toast**, or **tost**, is a toasted sandwich; it rhymes with *lost*.

Orologio means *watch*, or *clock*. In other words it's a timepiece, whether it's for putting on a wall, **orologio da muro**, on a table, **da tavolo**, or on your wrist, **da polso**.

Two for the price of one
Una bibita and **una bevanda** both mean a *drink*, though **bibita** tends to be used when referring to soft drinks, **bevanda** when referring to hot drinks.

VITA ITALIANA

Il gran caffè

Milano: la Galleria

The Italian **gran caffè** is an institution which was at its peak at the turn of the century. It is basically a large, smart café in the centre of town, frequented by the fashionable. The tables are placed outside during the warm season and an orchestra used to play (and still occasionally plays) palm-court music during the hours of greatest affluence, between 5 and 8 pm.

Many still exist, although most have been modernised so that they have lost some of the original splendour made up of large gilt mirrors, red plush and brass. On the other hand, some have been restored to their pre-first world war state.

Most of the larger towns have a covered street or arcade called **Galleria** lined with smart shops and containing at least one **gran caffè**. The **Gallerie** of Milan and Naples are famous and retain much of their original atmosphere, especially on Sunday afternoons.

Orvieto come centro turistico
Orvieto is well placed for exploring the whole of Umbria, much of Southern Tuscany, and Northern Latium.

In Umbria itself there's Perugia, the capital city of the region; there are the lovely towns of Gubbio and Spoleto, and of course there's Assisi, with its great Basilica di S. Francesco. Not to be missed, on the road between Spoleto and Assisi, are the little towns of Trevi and Spello.

There are a number of Etruscan sites worth visiting. Vulci and Tarquinia, south-west of Lake Bolsena, are just about within reach, and Volsinii, on the slopes above the town of Bolsena, is still in the process of being excavated. Sorano and Sovana are further north, in the **Monti Volsini**. Very close to Orvieto, there are of course the tombs at Crocefisso del Tufo and at Cannicella and, just outside the little village of Porano, there's even a tomb in a farmer's back yard, the painted tomb of the Heskanas.

Siena is within reach of Orvieto, though you'd need a lot more than a day's excursion to do it justice. An interesting excursion, however, would be to take the Via Cassia north out of Bolsena and turn off at San Quirico

Assisi: la Basilica di San Francesco

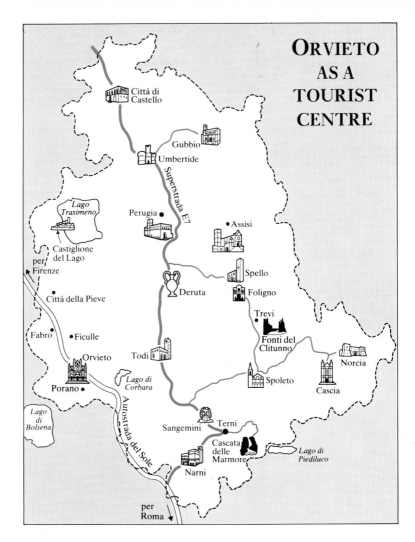

ORVIETO AS A TOURIST CENTRE

for Pienza. This is a fascinating town, built in early Renaissance times on the orders of Pope Pius II (Enea Piccolomini – ancestor of the Countess Maria Cristina Piccolomini, mentioned on p 193) on the site of the village in which he was born. It is one of the earliest and most perfect examples of Renaissance town planning.

PROVA UN PO'...

Just to round things off, take part in a couple of conversations.

1 You left your hotel in Genova, *l'Albergo Miramare*, with your wife and two children at 8 o'clock this morning. By 10 o'clock you're almost at the French border on your way back to Britain, when you suddenly realise you've left a bag in the hotel and among other things it's got your

237

passport in it. Right, you'd better get to a phone and ring up the hotel. Luckily you've got the number. Use the 'io' forms.

Segretaria	Pronto
You	*(Ask if it's the Hotel Miramare)*
Segretaria	Albergo Miramare, sì. Buongiorno.
You	*(Say good morning. You're Mr Robinson)*
Segretaria	Sì . . .
You	*(Tell her you left this morning at about 8)*
Segretaria	Allora . . . ?
You	*(And you've left a bag in the hotel)*
Segretaria	Oh Dio! Dove l'ha lasciata?
You	*(You don't know. Maybe in the restaurant, when you had breakfast)*
Segretaria	Un attimo, allora. Vado a vedere. *(she comes back a minute later)* Mi dispiace, signore, ma nel ristorante non è stata trovata nessuna borsa.
You	*(Tell her perhaps you left it in the room)*
Segretaria	Forse. Che numero aveva di camera?
You	*(Tell her a hundred and fifty-two)*
Segretaria	E che tipo di borsa è?
You	*(Well, it's a black bag, quite small. It's plastic, not leather)*
Segretaria	Va bene, signore. Vado a domandare. Un attimo, eh? *(another minute later)* Signore! Signor Robinson! Abbiamo trovato due borse nere. Che cosa c'era nella sua borsa?
You	*(Tell her there's a camera, a pair of ladies' sandals, . . . my passport, and . . . oh! some ham!)*
Segretaria	Va bene. Adesso guardo. Un attimo, eh? . . . sandali, prosciutto . . . e un passaporto. Sì, questa è la sua borsa.
You	*(Ask her where it was)*
Segretaria	L'abbiamo trovata nel garage. Cosa fa, allora? Ritorna qui a prenderla?
You	*(Say yes, you're coming back right away)*
Segretaria	Benissimo. Ma voi non siete più a Genova?
You	*(Say no, you're almost at Ventimiglia)*
Segretaria	Oh, che peccato! Allora, guardi, lascio la borsa con il portiere. Va bene?
You	*(Say yes, many thanks. Goodbye)*
Segretaria	Arrivederla.

2   You've finally got back after a wonderful two weeks holiday in Italy. It's a rainy Monday morning and your first day back at work, so to cheer yourself up you decide to call in at your little local Italian café (remember it from Chapter 4?).

Cameriere	Buongiorno, signore, come va? Tanto tempo che non la vediamo qui!
You	*(Tell him yes, you've been on holiday)*
Cameriere	Dove?
You	*(In Italy)*
Cameriere	Fortunato lei! E' andato da solo?
You	*(No, with your wife and the children)*
Cameriere	Siete andati in aereo o in treno . . . ?
You	*(Say no, you went by car)*
Cameriere	E dove siete andati?
You	*(Tell him the first night you slept in Milan)*
Cameriere	Vi è piaciuta, Milano?
You	*(Yes, but it's a big city and it's rather expensive)*

Cameriere	Certo. Allora, non siete rimasti molto tempo a Milano?
You	*(No, only one night. The morning after, you visited the cathedral and then you left for Venice)*
Cameriere	Un viaggio lungo, no?
You	*(Yes, but you took the motorway. You left Milan at 11 am and you arrived in Venice round about 4)*
Cameriere	Senza fermarvi?
You	*(No, you stopped once to have a roll and a coffee)*
Cameriere	Io non ci sono mai stato, ma tutti dicono che Venezia è molto bella.
You	*(Tell him what can you say, it's wonderful. You stayed there 3 days)*
Cameriere	E poi siete andati a Napoli?
You	*(No, you went to a small village which is called Ripe, near Senigallia)*
Cameriere	Sul mare?
You	*(No, it's 10 kilometres from the sea. But you went to the sea every day)*
Cameriere	E perché siete andati proprio lì?
You	*(Because you've got some friends who have a house in Ripe)*
Cameriere	Ho capito. Sono inglesi, gli amici?
You	*(No, they're Italian)*
Cameriere	E poi siete andati tutti a Napoli?
You	*(No! The friends went back to Vicenza, where they live, and you went to Santa Margherita)*
Cameriere	E perché non a Napoli? E' la più bella città d'Italia. Tutti gli inglesi vanno a Napoli!
You	*(Yes, but it was too far. You didn't have the time)*
Cameriere	E che cosa avete fatto di bello a Santa Margherita?
You	*(You ate and drank very well, and the children spent all day in the water)*
Cameriere	Bisogna andare a Napoli per vedere un mare bello.
You	*(From there you went to Genova for one night and then you came back to England)*
Cameriere	E' andato bene il viaggio?
You	*(Your wife left a bag in the hotel in Genova)*
Cameriere	Oh Dio!
You	*(You telephoned from Ventimiglia and you went back to get it)*
Cameriere	Meno male che l'ha trovata. Ma lei parla benissimo italiano adesso. Quasi senza accento.
You	*(Say thanks. There were some programmes (**la trasmissione**) on television and on radio . . .)*
Cameriere	In italiano?
You	*(Of course, and you saw all the programmes on television and nearly all the programmes on radio, and you bought the book)*
Cameriere	Mio cognato lavora per la televisione a Napoli. Ma senta, l'anno prossimo voi dovete andare a Napoli, eh?! E intanto cosa prende?
You	*(A white coffee, please)*
Cameriere	Va bene. Eh, a Napoli . . . Mi ricordo che una volta a Napoli . . .

LETTURE 4
READING PASSAGES 17–20

> There are no introductions in English to these last four reading texts as the subjects have already been introduced in chapters 17 to 20. Also we have omitted comprehension questions and key. See how you get on and how much you can understand without referring to the glossary.

17 Due artisti orvietani

Nel Quartiere Medievale di Orvieto, in un casa privata, c'è una scuola di danza. E' la scuola di Rossella Fiumi, ballerina classica, diplomata all'Accademia Nazionale di Danza di Roma. Aperta quattro anni fa, la scuola offre corsi di danza classica, danza jazz e danza moderna. Lillo Catarcia, l'organista del duomo, viene qualche volta per suonare il pianoforte.

A Rossella piace insegnare. E' un lavoro che dà molte soddisfazioni. Gli studenti seguono abbastanza con passione e con volontà ed è importante tramandare la tradizione della danza ai giovani. 'Anche se esiste una forma di scrittura,' dice Rossella, 'la danza si tramanda oralmente da maestro in ballerino. Il ballerino cresce, chi continua diventa a sua volta maestro e a sua volta tramanda la tecnica e i balletti di repertorio proprio della danza.'

La danza richiede anni di studio e molte ore quotidiane di esercizi. Per riuscire ci vuole passione e disciplina, 'molta disciplina', come dice Rossella, 'fisica e soprattutto mentale. Bisogna abituare il corpo agli esercizi, al lavoro che è stressante, molte volte. Ma questa è la danza: è un lavoro, un sacrificio continuo, praticamente.'

Per poter esprimere ciò che uno intende dire è essenziale per un artista sviluppare la propria tecnica. Il pittore Livio Orazio Valentini ha studiato all'Accademia di Roma, ha frequentato maestri già conclamati, famosi, ma lo studio vero e proprio è stato personale, privato.

Il segno emblematico di quasi tutta la sua opera è un uccello, legato, imprigionato e schiacciato. E' una metafora attraverso la quale il pittore esprime un significato particolare: la violenza dell'uomo contro l'uomo. 'E' necessario spiegare,' dice, 'che la pittura che vuole esprimere qualcosa la può esprimere attraverso molti significati, ossia attraverso le metafore, e può parlare di un significato di violenza pur rappresentandolo attraverso altri elementi.'

Mentre parla, Valentini improvvisa un quadro su un foglio di carta bianca. L'opera si sviluppa più per intuito che per un'idea precisa, ma anche qui vediamo nascere un uccello, imprigionato da fasce di colore.

Per una particolare esperienza del pittore (tre anni di prigionia a Buchenwald durante la guerra), dietro ogni atto c'è un significato oscuro e negativo. Anche attraverso un processo estemporaneo si esprime un atto di violenza: 'una costrizione di un uccello che però vuole dire una costrizione in senso globale, in senso umano, insomma. Ossia l'uomo che costringe, l'uomo che imballa, l'uomo che confeziona.' L'uomo contro l'uomo.

18 La città vecchia

Il nome etrusco di Orvieto non è conosciuto. I romani, dopo aver conquistato e distrutto la città nel 265 avanti Cristo, l'hanno chiamata semplicemente *Urbs vetus*, la città vecchia.

Oggi a Orvieto sono poche le tracce della città etrusca. Vicino al Pozzo di San Patrizio si vedono i resti di un tempio, il cosiddetto Tempio del Belvedere; altre tracce sono state trovate sotto chiese, palazzi e abitazioni. Fuori della città, invece, alla base della rupe, si possono vedere le necropoli.

La necropoli del Crocefisso del Tufo, con tombe del VI° e V° secolo avanti Cristo, ha un 'piano urbanistico' di strade diritte e parallele. Le tombe sono come delle piccole case, con panche di pietra e soffitti ad arco. Sopra alcune entrate ci sono delle iscrizioni e sui tetti ci sono forme in pietra – a punta per la tomba di un uomo, tonda per quella di una donna. A un incrocio di strade c'è un obelisco.

Nel Museo Claudio Faina, di fronte al duomo, si possono vedere degli oggetti trovati a Orvieto: un sarcofago scolpito, una grande testa di guerriero, ceramiche e figure varie, e la statua in marmo di una dea, trovata un secolo fa a Cannicella, una necropoli ancora più antica e forse più ricca di Crocefisso del Tufo.

Molte delle ceramiche attiche greche e etrusche dei principali musei europei vengono da Cannicella. Il prof. Mario Torelli, direttore dell'Istituto di Archeologia di Perugia, spiega: 'Gli scavi sono cominciati già nell'Ottocento e sono stati scavi fruttuosissimi. Ma questi scavi sono stati scavi di saccheggio e tutte le tombe sono state ricoperte, così che noi oggi non vediamo, tranne le tombe che abbiamo riscavato noi, nulla di quello che è stato fatto un secolo fa.'

Mario Torelli e i suoi assistenti cercano, in modo particolare, l'area sacra dove era stata trovata la statua della dea che ora si trova nel museo. Era originariamente una statua greca, di una figura maschile, che è stata trasformata poi, in Etruria, in figura femminile nuda.

Secondo il prof. Torelli, Orvieto è probabilmente l'antica Volsinii. 'Sappiamo che i romani hanno distrutto una grandissima città etrusca che si chiamava Volsinii e l'hanno ricostruita sulle sponde del Lago di Bolsena dando ad essa il nome di Volsinii. Ora, vicino a Volsinii romana c'è una grande città, che è questa . . . (Orvieto), con una grande necropoli, un estesissimo abitato, e quindi direi che è probabilmente Volsinii. Non abbiamo, per così dire, la prova documentaria, non abbiamo nessuna iscrizione che ci dice "qui siamo a Volsinii", però è molto verosimile.'

Oggi Orvieto è una città di 23.000 abitanti, costruita sopra di un grande masso di tufo che per secoli è stato scavato non soltanto per creare cantine, cunicoli, grotte e fogne, ma per costruire la città stessa. Un gruppo di giovani orvietani ha esplorato 750 delle numerose cavità all'interno della rupe. Hanno trovato una necropoli su quattro piani, probabilmente etrusca; hanno anche scoperto molte frane e crolli avvenuti sotto la città.

I secoli, l'uomo, il vento e la pioggia hanno tutti contribuito all'erosione, causando grosse crepe nella roccia. Con fondi stanziati dallo stato sono incominciati lavori di sostegno delle parti più danneggiate, ma sono lavori che richiedono miliardi e i fondi stanziati finora, causa l'inflazione, hanno già perso parte del loro valore. Altri fondi sono necessari, 'non per risanare tutto,' come spiega il sindaco di Orvieto, Francesco Barbabella, 'ma semplicemente per finire gli interventi che sono iniziati, diciamo, otto, dieci mesi fa.'

Una testa di donna, trovata a Cannicella durante i recenti scavi

19 Un giro in Etruria

Pitigliano, Sovana e Sorano sono tre cittadine a nord-ovest del Lago di Bolsena, nei Monti Volsini. Sono di origine antichissima, etrusca, isolate nelle montagne in mezzo a paesaggi drammatici. Molte delle case, soprattutto a Sorano, sono abbandonate e in parte anche crollate. Molta gente se n'è andata.

In tempi antichi, Sovana era un centro importante, con più di 40.000 abitanti, e qui, nel XII° secolo, è nato Papa Gregorio VII°. Oggi ci abitano appena 500 persone. Ma la città non è morta: le case, i palazzi e persino i mattoni rosso cupo delle strade vengono ripuliti e restaurati.

Sono luoghi dove la vita è semplice e tranquilla e a molti piace così, ma il problema per chi ci abita, e per i giovani in modo particolare, è quello di trovare lavoro. E' per questo che molti vanno via, a cercare lavoro in altre città italiane e all'estero.

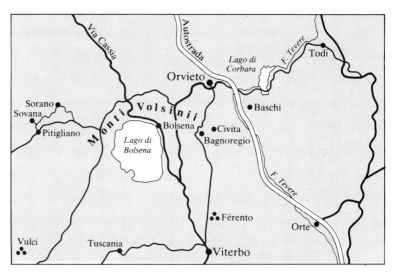

Il Lago di Bolsena è di origine vulcanica. E' infatti un grandissimo cratere. Qui da molti anni si è sviluppato il turismo e tutt'intorno al lago ci sono spiagge, alberghi, ristoranti e campeggi. La città di Bolsena, sull'antica strada romana, la via Cassia, è molto graziosa. Da visitare c'è la chiesa di Santa Cristina dove, nel 1263, è avvenuto il Miracolo di Bolsena, festeggiato poi con la festa del Corpus Domini. C'è anche un castello medievale e, vicino al castello, un'importante zona archeologica. Questa è Volsinii, la città che i romani avevano fatto costruire sulle rive del lago dopo aver conquistato e distrutto una grande città etrusca che si chiamava appunto Volsinii. Forse la Volsinii distrutta era la città che i romani hanno poi chiamato *Urbs vetus*, la città vecchia, cioè Orvieto? Su di questo non tutti gli esperti sono d'accordo.

Durante l'età imperiale, cioè dal I° al IV° secolo dopo Cristo, la Volsinii romana è diventata un importante centro, con una popolazione di 60.000 abitanti. Poi è stata distrutta dai barbari.

Resti di colonne a Volsinii, vicino a Bolsena

Oggi a Volsinii si possono vedere il grande piazzale del foro e un'area di palazzi e altri edifici con pavimenti in mosaico e in marmi di colori diversi. Vale la pena anche di fare il giro del lago e di visitare Férento, non lontano da Viterbo, per vedere il bel teatro romano e, accanto, i resti delle terme.

Tornando a Orvieto da Férento si passa da Bagnoregio. Da qui sono pochi minuti di strada per arrivare al ponte che porta a Civita. Però il ponte è stretto e le macchine non possono passare, così bisogna attraversarlo a piedi. L'erosione di secoli ha fatto crollare l'antica strada, nonché parte della roccia di tufo sulla quale la cittadina è stata costruita.

Le origini di Civita di Bagnoregio sono antichissime, certamente assai più antiche delle case medievali che oggi si vedono. La città è stata anche un importante centro religioso. Oggi la popolazione residente è di 30 persone. E c'è un cane, ma è randagio.

Turisti vengono a vedere Civita. Gente da Roma, da Torino, anche dagli Stati Uniti, ha comprato e restaurato alcune delle case, per abitarci qualche settimana all'anno. La pubblicità la chiama 'la città morta', ma Giuseppe Medori, che ha sempre vissuto qui, non è d'accordo. 'Moriamo prima noi,' dice, 'ma la città resta come si trova.'

Una strada di Civita, con il cane randagio

20 Orvieto come centro turistico

Baschi è un delizioso paese medievale a pochi chilometri da Orvieto, situato su di una piccola collina accanto all'Autostrada del Sole. La cittadina è del Millecento circa, con stradine strette e piccole piazze. Le case sono state restaurate con grande cura.

Abbiamo chiesto a qualche abitante com'era la vita a Baschi quando erano giovani 'Era allegra,' ci risponde Quarto Pieroni, un calzolaio, 'era un po' povera, ma era allegra. Ci volevamo bene.' Albino Bacci, vice sindaco, macellaio e agricoltore, spiega come, appena finita la guerra, a Baschi 'non c'erano né strade asfaltate, né bagni, né giardini, né fontane, niente. Ora lo sviluppo è avvenuto.'

Lo sviluppo è avvenuto soprattutto con la costruzione dell'autostrada. Molta gente del paese e dei dintorni ci ha lavorato e guadagnato, e oggi gli abitanti stanno abbastanza bene. Ai giovani, però, il paese offre poco, non solo come divertimenti ma anche come lavoro. Le possibilità di trovare lavoro, soprattutto per una persona qualificata, sono minime. A qualcuno di loro non dispiace proprio l'idea di andare a vivere altrove.

Baschi è a pochi passi dal Lago di Corbara, un lago artificiale creato da una diga sul fiume Tevere. La strada che costeggia il lago e continua per la valle del fiume porta a Todi, una delle città medievali più belle in tutta Italia. 'Todi vi aspetta', dice la pubblicità.

Chiamata Tutere dagli etruschi, Tuder dai romani, Todi è costruita su di un colle che domina la campagna circostante. Fuori le mura medievali della città si trova il Tempio di S. Maria della Consolazione, costruito nel Cinquecento su disegno del Bramante. Dentro le mura, invece, ci ritroviamo nel Medioevo. C'è il Tempio di San Fortunato, iniziato dai francescani nel 1292; la bellissima facciata, incompleta, è del Quattrocento. La grande Piazza Vittorio Emanuele, o Piazza Maggiore, è dominata da tre palazzi comunali: l'elegante Palazzo del Capitano, completato verso la fine del Duecento; il Palazzo del Popolo accanto, del 1213, uno dei palazzi comunali più antichi d'Italia, e il Palazzo dei Priori, diventato poi del Governatore, che è del Trecento. Di fronte, in fondo alla piazza, c'è la cattedrale. La facciata è del Cinquecento, ma la fondazione della basilica risale al Millecento. Dietro la cattedrale, nelle vecchie strade ripide, in vecchi chiostri e conventi, si trovano le botteghe degli artigiani.

A Todi, l'artigianato tradizionale è la riproduzione di mobili antichi italiani dal Trecento fino all'Ottocento, fatti in noce locale e decorati con intricati lavori di intaglio e intarsio. Nel Laboratorio Crispolti ci sono quattro operai, soci, che hanno imparato il mestiere alla scuola professionale, lavorano insieme da molti anni e si pagano tutti allo stesso modo. Nel Laboratorio Gentili, Armando Gentili impiega otto operai,

Todi: il Palazzo dei Priori

tra cui anche qualche apprendista. Fanno mobili in tutti gli stili richiesti: camere da letto, salotti, sale da pranzo, soggiorni, librerie, tutto. Vendono i loro mobili in tutta Italia e anche all'estero. Hanno mandato un lavoro importante in Inghilterra, a Londra: 'una bellissima sala da pranzo,' ci ha spiegato il signor Gentili, 'in pezzi molto pregiati.'

Abbiamo poi chiesto al signor Gentili quale tipo di mobili preferisce, di quale periodo. 'Oh, il Seicento. E' meno ricco, ma è molto interessante perché ha una linea sobria, elegante. Il Cinquecento è bello ma, insomma, è un po' carico, eh?'

Nelle botteghe di Todi la tradizione continua.

PRONUNCIA
PRONUNCIATION

The best way to develop a good pronunciation is to listen to how Italian is spoken on the cassettes or LPs that accompany this course. Here we can only give a rough guide.

Vowels

a is similar to Southern English *u* as in *bunk*: ba**n**ca

e is similar to *e* as in *met:* mette

i is similar to *ea* as in *easy*: vino

o is similar to *o* as in *soft*: otto

u is similar to *oo* as in *fool*: una

There is a variation in the sound of **e**: it can be 'open' as in caffè, bello, aperto; or 'closed' as in sera, mercato, inglese. The vowel **o** also has two sounds: 'open' as in donna, però, otto; or 'closed' as in sono, giorno, cotone.

Consonants

c **c** followed by **a, o, u,** or a consonant, is 'hard' like the English *c* in *cat* or *classic*: ban**c**a bian**c**o **c**amera **c**ultura **c**lassi**c**o

When followed by **e** or **i**, the sound is 'soft', like the *ch* in *chat*: arrivoder**ci** **c**entro **c**inque **c**ucina

g Similarly, **g** has a 'hard' sound when followed by **a, o,** or **u,** or most consonants, like the English *g* in *got*: alber**g**o fra**g**ola pa**g**are **g**uida **g**razie

It's 'soft' like the *j* in *Jack* when followed by **e** or **i**: a**g**enzia **G**enova **g**iro

gn The letters **gn** are pronounced rather like the English *ni* in *onion*: si**gn**ore Gran Breta**gn**a giu**gn**o

gli The letters **gli** are pronounced rather like the *lli* of *million*: **gli** fi**gli**o mo**gli**e

h **h** is not pronounced: **h**o, **h**ai, **h**a, **h**anno; after **c** and **g** it indicates a 'hard' sound before **i** and **e**: **ch**iesa Ingh**i**lterra ban**ch**e **ch**iuso

ci, gi An **i** is placed after **c** and **g** to indicate a 'soft' sound before **a, o,** or **u**: **gi**orno **Gi**anna **gi**ugno **ci**ao

Where the **i** is used like this to make the soft sound of the **c** or the **g**, it isn't pronounced, and this is usually the case with the groups of letters **cia, cio, ciu; gia, gio, giu** and **scia, scio, sciu** (see below), though there are cases when the **i** is pronounced, e.g. farmacia and sciare.

r **r** is always rolled, or trilled, by letting the tongue flutter at the front of the mouth: g**r**azie lavo**r**o ci**r**ca

r is always clearly pronounced, including when it comes before another consonant: parte mercato scarpe

z z sometimes sounds like the English *ts* in *bits*: prezzo stazione grazie; sometimes like the *ds* in *birds*: zucchero zero benzina
Unfortunately the spelling does not indicate which of the two sounds to pronounce.

sc The letters sc before i and e are pronounced like the *sh* in *fish shop*: lasciare ascensore uscire

Before a, o or u they sound like the English *sk* as in *skirt*: scarpe scozzese scuola

sche and schi also sound like *sk*: Ischia scherzo

Double consonants Double consonants are always more deliberately pronounced than single ones. If possible (as with -ff-, -ll-, -mm-, -nn-, -ss- etc), hold on to the sound longer; if it is not possible to hold the sound (as with -bb-, -pp-, -tt- etc), it will help if you shorten the preceding vowel and literally *prepare* to make the sound, though holding back briefly. Eg in a word like **mappa**, close your lips ready to make the 'p' but then hold them closed for a split second before letting it happen.

Stress
Some words are stressed on the last vowel, in which case this is shown in writing with an accent:
caffè città così perché però più

Most words, though, are stressed on the last vowel but one:
abitare costare farmacia Milano
palazzo stazione suo via

With words that don't follow this rule, the stress is shown in the *vocabolario* by a vowel in heavy type:
abito accademia acqua autobus
cinema giovane Padova prendere

(NB: Often words which are similar to English are stressed differently: macchina *machine*; telefono *telephone*; industria *industry*; Venezia *Venice*)

Words of recent foreign origin are usually pronounced approximately as they are in the original language, e.g. **dépliant, garage, Pinot, brioche**, all of French origin, are pronounced as if spelt *deplian, garag(e)* (like French), *pinó, briòsc* (rhymes with *posh*).

GRAMMATICA

ARTICLES

1 The form of an article is determined by whether the word that follows is masculine or feminine (its *gender*), singular or plural (its *number*) and by its initial letter(s); a preposition may also affect its form (see paragraph 6).

The indefinite article *(a, an)*
Forms

with words beginning:	masculine		feminine	
with a vowel	un	albergo	un'agenzia	
with a consonant,		bar		birra
with **s** followed by a consonant	uno	scontrino	una	scatola
or with **z***		zoo		zuppa

* a few rare consonant combinations also require **uno**, eg **uno ps**icologo.

2 *Uses*
Sometimes, a phrase that requires *a* or *an* in English doesn't need the article in Italian: **c'è vettura ristorante?; avete garage?; avete giardino?**

The definite article *(the)*
3 *Simple forms*

with words beginning:		masculine		feminine	
with a vowel,	*singular*	l'albergo		l'agenzia	
with s + cons. or z		lo scontrino		la	scatola
with a consonant		il bar			birra
	plural	gli	alberghi	le	agenzie
			scontrini		scatole
		i bar			birre

The consonant combinations that require **uno** also require **lo**, eg **lo ps**icologo.

4 *Uses*
Unlike English, the definite article is required in the following cases:

with titles, like **signore, signora, professore: il signor Rossi, la signora Rossi, il professor Torelli**, etc;

with countries: **l'Italia, la Gran Bretagna, gli Stati Uniti**, etc;

with names of regions: **la Toscana, l'Umbria, il Lazio,** etc;

with names of languages: **l'italiano, l'inglese,** etc (with **parlare** *to speak* the article is optional: **parlo (l') italiano**);

with (school) subjects: **l'aritmetica, la storia, la geografia,** etc;

with numerals, to tell the time: **l'una, le due, le tre,** etc, or to name a year: **il 1982, il 2000,** etc;

with abstract nouns: **la civiltà, la paura, la conservazione,** etc;

with concrete nouns used in a general sense: **il burro è caro; non mi piace il caffè senza zucchero; mi piacciono molto gli animali.**

The definite article is also used in expressions like: **avere la macchina, la televisione, la casa** *to have a car, a TV set, a house* where English uses *a* or *an*; in these expressions, the noun denotes an object which people may be expected to possess.

5 The definite article is *not* used in many idiomatic phrases, especially after the preposition **in** when referring to where something is or to where someone's going: **in centro, in vetrina, in macchina, in frigorifero, in banca, in campagna, in città, in Italia.**

Note also: **a casa, con o senza latte, con bagno o con doccia,** etc.

6 *Contracted forms (at the, from the, of the, in the, on the)*
When the definite article is preceded by **a, da, di, in, su,** the two words combine to form one word as follows:

	il	lo	la	l'	i	gli	le
a	al	allo	alla	all'	ai	agli	alle
da	dal	dallo	dalla	dall'	dai	dagli	dalle
di	del	dello	della	dell'	dei	degli	delle
in	nel	nello	nella	nell'	nei	negli	nelle
su	sul	sullo	sulla	sull'	sui	sugli	sulle

con *with* may combine with the definite article to give **col, collo, colla,** etc, but they usually remain separate, especially in writing: **con il, con lo, con la,** etc.

7 **The partitive article**
The combination of **di** + definite article is used to express the idea of *some* or *any*: **vorrei dei cannelloni; ha della mozzarella?; ho comprato del pane.** The forms are as those indicated in **6** above.

DEMONSTRATIVES

8 **Questo** *(this, this one)*

	masculine	feminine
singular	**questo** cestino	**questa** cartolina
plural	**questi** cestini	**queste** cartoline

9 **Quello** (*that, that one*)
The forms of **quello** are like those of the definite article:

	masculine		feminine	
singular	quell'albergo		quell'agenzia	
	quello scontrino		**quella**	scatola
	quel bar			birra
plural	**quegli**	alberghi	**quelle**	agenzie
		scontrini		scatole
	quei bar			birre

The consonant combinations that require **uno** also require **quello**: **quello ps**icologo.

When used as a pronoun (*that one*, etc), the forms of **quello** are simpler:

quello mi piace	**quella** mi piace
quelli non mi piacciono	**quelle** non mi piacciono

10 **Questo**, etc, may be used with **qui** and **qua**, and **quello**, etc, with **lì** and **là**, for emphasis: **questa** borsa **qui** non mi piace; preferisco **quella là**.

11 You use the masculine singular forms **questo** and **quello** when referring not to a particular word but to something abstract: **chi ha detto questo?** *who said this?*; **vengo per quello** *that's why I've come.*

POSSESSIVES

12 *Forms*
Unlike English, the various possessives (*my, mine; your, yours*; etc) agree with the thing(s) possessed:

	masculine		feminine	
	singular	*plural*	*singular*	*plural*
io	il mio	i miei	la mia	le mie
noi	il nostro	i nostri	la nostra	le nostre
tu	il tuo	i tuoi	la tua	le tue
voi	il vostro	i vostri	la vostra	le vostre
lei *lui/lei* *loro*	il suo	i suoi	la sua	le sue
	il loro	i loro	la loro	le loro

13 Possessives are used either as adjectives (*my . . . , your . . .*, etc.) or as pronouns (*mine, yours*, etc.): di che colore è **la sua macchina?**; **la mia è** blu. E **la sua?**

14 Possessives are preceded by the definite article, unless an indefinite article, a numeral or a demonstrative is used: **un mio** amico, **due miei** amici, **quel mio** amico.

The expressions **un mio amico, due miei amici** correspond to the English *a friend of mine, two friends of mine.*

251

The expressions: **questa valigia è mia** and **questa valigia è la mia** both mean *this suitcase is mine*.

15 When the noun following the possessive adjective is the word for a relative, the definite article is dropped: **mia madre** abita con noi; **suo marito** lavora con **mio padre**.

But when the word is for relatives, in the plural, the article is retained: **i miei fratelli** sono tutti sposati; **le mie sorelle** vivono a Milano.

It's also often retained with colloquial forms, eg: **la mia mamma**.

And with **loro** the definite article is always used, whether in the singular or the plural: Paolo e Maria vivono con **la loro madre**; Giovanna e Andrea vivono con **i loro figli**.

16 The possessive adjective normally comes before the noun, but it can come after it, especially for emphasis: **la valigia mia** è quella nera.

17 *Uses*
The possessive adjective is not normally required in Italian when the context makes it obvious who the possessor is: quando prende le vacanze? *when do you take your holidays?*; può fare il biglietto alla stazione *you can get your ticket at the station*; mi favorisce i documenti? *could I have your documents?*; vado con la mamma *I'm going with my mother*.

With reflexive verbs, the possessive isn't usually needed: mi lavo **la** faccia *I wash my face*; bisogna aiutarli a allacciarsi **le** scarpe *you have to help them to tie their shoes*.

NOUNS

Gender
18 There are two genders in Italian, masculine and feminine. Most nouns that denote human males are masculine, most nouns that denote human females are feminine: **un uomo, un pittore**; **una donna, una sorella**. With the others, it is not possible to predict the gender: **un elefante, una giraffa**; **un albero, una pianta**; **un albergo, una chiesa**; **un lavoro, un'idea**.

19 The ending of a noun gives a clue as to its gender, but this is unreliable as there are many exceptions. Nevertheless, it is helpful to use the ending of the singular noun as a guide:
−o masculine, with a few exceptions, eg **la mano, la radio**.
−a usually feminine; among the masculines, those ending in −ista form a large group: **un turista, un comunista**, etc.
−e rather more masculines than feminines; those ending in −ore are usually masculine: **il colore**; those in −ione feminine: **la stazione**
−i infrequent and ambiguous: **la crisi, il brindisi**.
−u non-existent.
−accented vowel (−à, −è, −ù, etc.) often masculine: **il caffè**; but also many feminine: **la città**.
−consonant mostly masculine: **un bar, un vermut**.

A few nouns are masculine in the singular and feminine in the plural: **l'uovo** − **le uova**; **il muro** − **le mura**. For these, see para. **21**.

Number

20 To form the plural, singular nouns ending in:
−o (masc.) change to −i: **un vino – due vini; un telefono – due telefoni;** also: **la mano – le mani.**
−e (masc. or fem.) also change to −i: **un limone – due limoni; una stazione – due stazioni.**
−a (masc.) also change to −i: **un turista – due turisti; un programma – due programmi.**
−a (fem.) change to −e: **una pera – due pere; una via – due vie.**
−i, − accented vowel or consonant do not change: **una crisi – due crisi; un caffè – due caffè; una città – due città; un autobus – due autobus.**

21 A few common words have irregular plurals: **un uomo – due uomini;** some also change gender: **l' uovo – le uova.** A few have two plural forms, with meanings that differ slightly: **il muro** *the wall* becomes **i muri** (masc.) *the walls* (eg of a house) and **le mura** (fem.) *the walls* (eg of a town or fortress).

Foreign words tend not to change in the plural: **una toilette – due toilette; un garage – due garage; un dépliant – due dépliant.**

22 *Spelling changes*
In writing, most nouns ending in −**co**, −**ca**, −**go** or −**ga** insert an h in the plural to show that the hard sound is preserved: **un parco – due parchi; un albergo – due alberghi; una banca – due banche.** An exception is **amico: un amico – due amici.** Nouns that are stressed on the last syllable but two are also exceptions: **un m*e*dico – due m*e*dici; uno psic*o*logo – due psic*o*logi.**

Conversely, when a noun ends in −**cio**, −**cia**, −**gio** or −**gia** the i is not usually written in the plural when it is not pronounced in the singular: **un'arancia – due arance; un formaggio – due formaggi.** When the i is pronounced in the singular, it is maintained in the plural: **una farmac*i*a – due farmac*i*e.**

Nouns ending in −**io**, where the i is pronounced but not stressed, form the plural by dropping the −**o**: **un binario – due binari.**

23 *Derived forms*
For the use of diminutive endings, see Ch. 11, p. 136.

ADJECTIVES

---

24 *Agreement*
Adjectives agree in gender and number with the nouns they qualify, eg for **rosso:**

un vino rosso	due vini rossi
una mela rossa	due mele rosse

The masculine plural is used when an adjective qualifies a mixture of masculine and feminine nouns:
un vino e una birra italiani

25 There are three classes of adjectives:

1 those with four forms, like **italiano** (or **rosso**, **bianco**, etc.):

un ombrello italiano   degli ombrelli italian**i**
una maglia italian**a**   delle maglie italian**e**

2 those with two forms, like **inglese** (or **verde**, **semplice**, etc.):

un ombrello		degli ombrelli	
una maglia	inglese	delle maglie	inglesi

3 those with only one form, like **blu** (or **rosa**, **marrone**, etc.); several of the colour adjectives fall into this class:

un ombrello	
una maglia	
degli ombrelli	blu
delle maglie	

The spelling changes and irregularities applying to nouns (see para. **22**) also apply to adjectives: **un vino bianco – due vini bianchi; un oggetto simp*a*tico – degli oggetti simp*a*tici; un programma vario – dei programmi vari.**

26 **Buono, grande** become **buon, gran** when placed before a masculine singular noun beginning with a consonant (other than **s** followed by another consonant, or **z**): del **buon** pecorino; un **gran** caffè.

When placed before a noun, **bello** has forms similar to those of the definite article:

un **bell'**albergo		dei **begli**	alberghi
un **bello** zoo			zoo
un **bel** bar		dei **bei** bar	

	azalea			azalee
una **bella**	scatola	delle **belle**		scatole
	chiesa			chiese

27 *Position*
Most adjectives follow the noun, or nouns, they qualify, but some, eg **grande, piccolo, buono, bello,** can also precede the noun, with some change of meaning:

un signore **grande**	*a large gentleman*
un **gran** signore	*a real gentleman*
una cosa **bella**	*a beautiful thing*
una **bella** cosa	*a fine thing*

And with some adjectives, the change of meaning can be very noticeable:

la cosa **stessa**	*the thing itself*
la **stessa** cosa	*the same thing*
una domanda **semplice**	*a simple question*
una **semplice** domanda	*just a question*

28 *Derived forms*
For the use of diminutive endings on adjectives, see Ch. 11, p 136.

29 Adjectives as nouns

Adjectives may be used as nouns simply by placing an appropriate article or demonstrative before them: **le grandi** costano 1.500 lire, **le piccole** 1.000; 1.000 lire **le rosse**, 800 **le gialle** e 400 **le rosa**.

30 Adjectives as adverbs

A number of adjectives, especially adjectives of quantity (**poco, molto, troppo, tanto**) and distance (**vicino, lontano**), can also function as adverbs: c'è **molta** gente (adj); mi piacciono **molto** (adv); è **lontana** la stazione? (adj) no, è qui **vicino**, a due passi (adv).

31 Note the way **tutto** is used:

tutto il giorno	*all day*	tutta la scuola	*the whole school*
tutti i giorni	*every day*	tutte le scuole	*all schools*

32 Più *more, most* (or **meno** *less, least*) is placed immediately before the adjective: qual è il **più** secco che avete?; il vino **più** venduto in Orvieto; il negozio **più** vecchio della piazza. A common alternative to **più buono** is **migliore**.

33 There are two ways of expressing the idea *very*, or *extremely*:
1 by using **molto: molto bello, molto cara, molto comode**, etc.
2 by replacing the last vowel of the adjective with **-issimo/a/i/e: bellissimo, carissima, comodissime**; this form is more emphatic than the form with **molto**. A common alternative to **buonissimo** is **ottimo**.

PERSONAL PRONOUNS

34 The subject pronouns

			singular	*plural*
1st person		(*I, we*)	io	noi
2nd person,	familiar	(*you*)	tu	voi
2nd person,	formal	(*you*)	lei	
3rd person	masculine	(*he, they*)	lui	loro
	feminine	(*she, they*)	lei	

35 For when to use **tu** or **lei**, see Ch. 2, p. 23 and the first three interviews in Ch. 19, pp. 218–9. For when to use **voi** or **loro**, see Ch. 10, p. 115.

36 Subject pronouns are generally only used for the sake of emphasis, contrast, or clarity: **sono** di Londra, *but* **io sono** di Londra, **lui** (*or* **lei**) è di Birmingham.

37 Stressed object pronouns

			singular	*plural*
1st person		(*me, us*)	me	noi
2nd person,	familiar	(*you*)	te	voi
2nd person,	formal	(*you*)	lei	
3rd person	masculine	(*him, them*)	lui	loro
	feminine	(*her, them*)	lei	

The stressed pronouns are most commonly used after prepositions, eg:
per **me** va bene; a **me**, mi porti . . .; anche per **te**?; chi paga per **loro**?

Unstressed object pronouns

38 1 *Direct object*

			singular	plural
1st person		(*me, us*)	mi	ci
2nd person, familiar		(*you*)	ti	vi
2nd person, formal		(*you*)	la	le
3rd person	masculine	(*him, it, them*)	lo	li
	feminine	(*her, it, them*)	la	le

eg: questi sandali non sono cari, **li** prendo; conosce Mario? sì, **lo** conosco molto bene.

lo and **la** are usually shortened to **l'** before forms of the verb **avere**: **l'ho** visto; **l'ho** comprata.

Also, **lo** may refer to a particular person or thing, eg **lo vedo**, *I see him*; **lo prendo** *I'll take it*; or to something more general, as in **non lo so** *I don't know*.

39 2 *Indirect object*

			singular	plural
1st person		(*me, us*)	mi	ci
2nd person, familiar		(*you*)	ti	vi
2nd person, formal		(*you*)	le	
3rd person	masculine	(*him, it, them*)	gli	loro
	feminine	(*her, it, them*)	le	

eg: scrivi spesso alla mamma? sì, **le** scrivo ogni settimana; cose **le** do oggi? **mi** dà due etti di prosciutto?; **ci** può portare il conto?; **gli** può dire di telefona**rmi** questa sera?

40 3 *Reflexives*

		singular	plural
1st person	(*myself, ourselves*)	mi	ci
2nd person, familiar	(*yourself, yourselves*)	ti	vi
2nd person, formal	(*yourself, yourselves*)	si	si
3rd person	(*himself, herself, itself, themselves*)		

eg: io **mi** alzo molto presto la mattina; come **ti** chiami? **mi** chiamo Anna. In the plural, these pronouns can have a reciprocal (ie *each other*) as well as a reflexive meaning: il giorno che **ci** siamo sposati . . . *the day we got married* . . . (ie we *married each other*).

41 The pronoun **ci**, *there*: this is most commonly used in the expressions: **c'è** *there is*; **ci sono** *there are*.

42 The pronoun **ne**: for uses of **ne**, see Ch. 17, p.202. It is roughly equivalent to *of it, of them*: quanto **ne** desidera? *how much (of it) would you like?*

Positions of unstressed pronouns

43 Generally, unstressed pronouns come immediately before the verb: sì, **la** prendo, grazie; grazie, non **la** prendo; **le** faccio un pacchetto?

44 When **volere** and **potere** (also **dovere**, and a few other common verbs) are followed by another verb in the infinitive, the pronoun can precede the two verbs: **le** posso fare un piccolo sconto; **mi** può cambiare queste sterline?; or it may follow the infinitive, in which case the pronoun is written as one word with it and the infinitive drops its final **-e**: può far**mi** un piccolo sconto?; posso incartar**lo**, signore?

45 With other verbs, an unstressed pronoun always follows the infinitive and is written as one word with it: cerchiamo di imbottigliar**li** molto presto.

46 Unstressed pronouns also follow the word **ecco** and are written as one word with it: sì, ecco**lo**; c'è anche la zuccheriera . . ., ecco**la**.

47 *Combinatory changes*
Mi, ti, ci, vi, si become **me, te, ce, ve, se** in front of **lo, la, li, le** or **ne**: **se** n'è andata fuori; **me** la puoi incartare?

The pronouns **gli** and **le** change to **glie** when in front of **lo, la, li, le** or **ne** and are written as one word with it: **gli** do *I give him*, but **glielo** do *I give it to him*; **le** do *I give her*, but **glielo** do *I give it to her*; **glielo incarto?** *shall I wrap it up for you?*

RELATIVE PRONOUNS

48 **Che** (*that, which, who, whom*) is the all-purpose relative pronoun in Italian. It is used both as subject: c'è questa **che** comprende anche Stresa; and object: è l'ultimo paio **che** abbiamo.

49 **Chi** (*he who, she who, the one who*) is frequently used with the sense of *some*: **chi** va in giardino, **chi** va a fare una passeggiata . . .

50 **Cui** is used when a preposition is needed: le persone **con cui** si ha un certo rapporto; i giorni **in cui** il bar è più frequentato.

Il quale, (**la quale, i quali, le quali**) is a fuller form which can be used instead of **che** or **cui**. Since it agrees in gender and number, it can help avoid ambiguity, though it's also used as a matter of style: un masso di tufo **sul quale** (su cui) gli uomini hanno fatto . . .

OTHER ADJECTIVES AND PRONOUNS

51 **Uno, una** *one* are used in place of a noun so as to avoid repeating it: c'è un bar/una banca qui vicino? Sì, ce n'è **uno/una** sulla destra.

52 **Qualche** *some* is always followed by a noun in the singular: **qualche cosa** *something*; **qualche volta** *sometimes*; dove io pianto **qualche fiore.**

Note the construction of **qualche cosa** with an adjective: era **qualche cosa di simpatico** *it was something nice.*

53   Verb forms

Regular verbs are so called because their endings follow set patterns regularly. There are four types of regular verbs: one with infinitives ending in **-are**, one ending in **-ere** and two ending in **-ire**.

Infinitive (*Past Participle*)	**parlare** (*parlato*)	**vendere** (*venduto*)	**servire** (*servito*)	**capire** (*capito*)
Present	parlo parli parla parliamo parlate parlano	vendo vendi vende vendiamo vendete vendono	servo servi serve serviamo servite servono	capisco capisci capisce capiamo capite capiscono
Perfect [1]	ho parlato *etc*	ho venduto *etc*	ho servito *etc*	ho capito *etc*
Imperfect	parlavo parlavi parlava parlavamo parlavate parlavano	vendevo vendevi vendeva vendevamo vendevate vendevano	servivo servivi serviva servivamo servivate servivano	capivo capivi capiva capivamo capivate capivano

Irregular verbs are so called because they do not follow the set patterns – and some are more irregular than others. All irregular verbs are marked with a dagger in the glossary, eg **avere†** *to have*, but only the most frequent are given here. For the remainder (eg **morire**, **produrre**, **salire**, **sciogliere**, etc) a reference grammar or a dictionary should be consulted.

essere (*stato*)	**avere** (*avuto*)	**fare** (*fatto*)	**dare** (*dato*)	**stare** (*stato*)
sono sei è siamo siete sono	ho hai ha abbiamo avete hanno	faccio fai fa facciamo fate fanno	do dai dà diamo date danno	sto stai sta stiamo state stanno
sono stato/a *etc*	ho avuto *etc*	ho fatto *etc*	ho dato *etc*	sono stato/a *etc*
ero eri era eravamo eravate erano	avevo avevi *etc*	facevo facevi *etc*	davo davi *etc*	stavo stavi *etc*

andare (*andato*)	volere (*voluto*)	dovere (*dovuto*)	potere (*potuto*)	rimanere (*rimasto*)
vado	voglio	devo	posso	rimango
vai	vuoi	devi	puoi	rimani
va	vuole	deve	può	rimane
andiamo	vogliamo	dobbiamo	possiamo	rimaniamo
andate	volete	dovete	potete	rimanete
vanno	vogliono	devono	possono	rimangono
sono andato/a *etc*	ho voluto *etc*	ho dovuto *etc*	ho potuto *etc*	sono rimasto/a *etc*
andavo	volevo	dovevo	potevo	rimanevo
andavi	volevi	dovevi	potevi	rimanevi
etc	*etc*	*etc*	*etc*	*etc*

sapere (*saputo*)	tenere (2) (*tenuto*)	dire (*detto*)	uscire (2) (*uscito*)	venire (2) (*venuto*)
so	tengo	dico	esco	vengo
sai	tieni	dici	esci	vieni
sa	tiene	dice	esce	viene
sappiamo	teniamo	diciamo	usciamo	veniamo
sapete	tenete	dite	uscite	venite
sanno	tengono	dicono	escono	vengono
ho saputo *etc*	ho tenuto *etc*	ho detto *etc*	sono uscito/a *etc*	sono venuto/a *etc*
sapevo	tenevo	dicevo	uscivo	venivo
sapevi	tenevi	dicevi	uscivi	venivi
etc	*etc*	*etc*	*etc*	*etc*

54 *Notes*

1 Most verbs use **avere** with the past participle to form the perfect tense, but some use **essere** (see Ch. 14, p.165).

With verbs that use **essere**, the past participle agrees with the subject: **sono andata** dal macellaio (female subject, singular); quando **sei tornato** in Italia? (male subject, singular).

The past participle does not agree with the subject with verbs that use **avere**: **ho comprato** della pasta (female subject, singular); **ho comprato** della carne (male subject, singular).

On the other hand, the past participle of a verb using **avere** does agree with a direct object pronoun: non **l'ho comprata** ancora, *but*: non ho comprato ancora **la verdura**; non **l'ho fondata** io, *but*: non ho fondato io **questa cooperativa**; **li ho fatti** da giovane, *but*: ho fatto **questi lavori** da giovane.

2 And verbs derived from them, eg: **mantenere, ritenere, sostenere, riuscire, avvenire**.

55 **Reflexives:** see Ch. 15, p.176.

56   Passives: see Ch. 13, p.154.

57   As with nouns (para **22**), spelling changes occur in some **-are** verb forms to indicate that the pronunciation of the verb stem remains the same.

When a stem ends in **c** or **g**, an **h** is inserted before an **i**: **cercare: cerchi, cerchiamo**, *etc;* **pagare: paghi, paghiamo**, *etc.*

With verbs that have an **i** before the **-are** ending, eg **mangiare, lasciare, cominciare, studiare**, the **i** is dropped before endings that begin with an **i**: **mangi, mangiamo**, *etc;* **lasci, lasciamo**, *etc;* **cominci, cominciamo**, *etc;* **studi, studiamo**, *etc.*

Uses of tenses

58   **The infinitive.** This is commonly used after prepositions, when the subject of the verb is left vague: **per andare** a Firenze . . .?; cosa c'è **da vedere**?; or after another verb when the subject of both verbs is the same: **devo cambiare** a Milano?; **mi può dare** un numero a Roma?; **vorrei provare** quei sandali blu. Infinitives lose their final **-e** when followed by an unstressed pronoun and are written as one word with it (see paragraphs 44 and 45).

You'll also sometimes find the **-e** dropped when the infinitive is followed by a closely linked word: mi può **far vedere** quelle scarpe? = mi può **fare vedere** . . .?; per **far delle compere** = per **fare delle compere**.

59   **The past participle.** This is the part of the verb that is used with **avere** or **essere** to form the perfect tense (see paragraph 54). It is also a verbal adjective that functions like other adjectives: quando **è aperto** il Teatro Olimpico? (*from* aprire); quando l'albergo **è chiuso** . . . (*from* chiudere).

60   **The present.** As in English, this is used when the time reference of the verb is that of the time of speaking: **è buona questa porchetta?**; **quanto costa al chilo?**; **lei cura tutto il giardino?**.

On the other hand, Italian generally uses the present tense where English requires a present continuous (eg not *I do*, but *I'm doing*): **è il primo anno che fai l'inglese?** *is this the first year you're doing English?*; **che cosa impari qui?** *what are you learning here?*; **va in prima o in seconda classe?** *are you going first or second class?*

Also, Italian uses the present tense to express an intention or a suggestion in cases where English uses a future tense: **le prendo, grazie** *I'll take them, thanks*; **li proviamo?** *shall we try them on?*; **andiamo?** *shall we go?*

In much the same way, Italian uses the present when talking about an action that stretches from the past to the moment of speaking, whereas English uses a past tense: **lavoro in questo negozio da circa quindici anni** *I've been working in this shop for about fifteen years*.

61   **The present reflexive.** A reflexive verb is essentially the special form of a verb used when the subject acts upon him or herself: **lavare** *to wash*, **lavarsi** *to get washed, to wash oneself*; or when two subjects act upon each other: **lavarsi** *to wash one another*, **sposarsi** *to get married*.

The main difference between English and Italian is that the reflexive or reciprocal idea is shown by a pronoun in Italian (the reflexive pronoun, see paragraph 40), whereas in English there's often no reflexive pronoun: **non si alzano tutti alla stessa ora** *they don't all get up at the same time*; **il giorno che ci siamo sposati** *the day we got married*.

There is sometimes only the merest shade of difference between the meanings of a verb used reflexively and non-reflexively, eg **ricordare** *to remember, to remind*: **non ricordo altro** *I don't remember anything else*; **ricordarsi** *to remember, to remind oneself*: **non mi ricordo** *I don't remember*.

62 **The present passive.** This is used when the object of an action, eg **il pane** in the sentence **faccio il pane**, is made into the subject of another sentence: **il pane è fatto** da me.

The main difference between English and Italian is that **venire** and **andare** can be used to form the passive as well as **essere**. See Ch. 13, p. 154.

63 **The perfect.** This is used when referring to a past *action*, ie one that is finished at the time of speaking. It corresponds to two tenses in English, 1 the perfect: **ho comperato** un po' di tutto *I've bought a bit of everything*; **ho fatto** la spesa *I've done the shopping*, and 2 the simple past: come **ho comprato** questa mattina *like (the kind) I bought this morning*; **siamo andati** in macchina *we went by car*; il sabato **ho lasciato** la città *on Saturday I left town*; **sono tornato** in Italia l'anno passato *I came back to Italy last year*.

64 **The imperfect.** This tense is used in describing past *states*, ie how people or things used to be, or were: allora Vicenza **era** più familiare *in those days Vicenza was more intimate*; gli etruschi **conoscevano** il vino *the Etruscans knew about wine*.

It is also used in describing past *habitual actions*, ie what people or things used to do: **venivo** a Vicenza moltissime volte *I used to come to Vicenza very frequently*; **facevamo** qualche viaggio *we used to make the occasional trip*; **si andava** a sciare in montagna *we used to go skiing in the mountains*.

ADVERBS

65 The most common adverbs refer mainly to time: **adesso, ora, oggi, domani**, etc; to place: **qui, lì, vicino, lontano**, etc; to quantity: **molto, poco, abbastanza**, etc, or to manner: **bene, meglio, male, peggio**, etc.

Many adverbial phrases are formed by a preposition + noun: **a parte, in fretta, in piedi**, etc.

66 Most adjectives can be made into adverbs by the addition of the suffix **-mente** to the feminine forms of the adjective: **vero** →**veramente**; **certo** →**certamente**; **apparente** →**apparentemente**, etc. Adjectives that end in **-le** or **-re** drop the final **e** when adding **-mente**: **naturale** →**naturalmente**; **maggiore** →**maggiormente**, etc.

67 **Qui** and **qua**, **lì** and **là**. **Qui** and **qua** both mean *here*, **qui** with the meaning of *here, at this spot* and **qua** *over here*. The same difference underlies **lì** *there, at that spot*, and **là** *over there*.

Note also **qui dentro** *in here*, **là fuori** *out there*, etc, where the order of words is the reverse of the order in English.

68 Certain adverbs can be modified by another adverb, like **più, meno, molto, poco**, to produce comparative forms: **più tardi** *later*; **meno tardi** *not so late*; **molto tardi** *very late*; **poco tardi** *not very late* (see the comparison of adjectives, paragraphs 32, 33).

And to be more emphatic still you can use the suffix **-issimo**: **molto tardi** *very late*, **tardissimo** *very very late*; similarly **molto poco, pochissimo**.

Molto and **tanto** have only the emphatic form: **moltissimo, tantissimo**.

69 **Bene** *well* and **male** *badly* cannot be used with **più**: there are the special forms **meglio** *better*, **peggio** *worse*.

PREPOSITIONS

---

70 Most Italian prepositions closely match their equivalents in English in meaning and usage: **con** limone *with lemon*, **senza** zucchero *without sugar*, **per** tutti e quattro *for all four of us*, **sulla** tavola *on the table*, etc.

A few very common prepositions, though, have a variety of usages and are best learned with the words they accompany. The most important uses of these common prepositions are set out below.

NB The most frequently used prepositions combine with the various forms of the definite article to form one word. The full table is given in paragraph 6.

71 **a**
Place (1) – with names of towns where English uses *to*, *in*, *at* or nothing at all: vado **a** Firenze; abito **a** Firenze; devo cambiare **a** Firenze; vorrei telefonare **a** Firenze.

Place (2) – in certain expressions without an article: vado **a casa**; andiamo **a scuola**.

Time – *at, when, until*: **alle** due, **alle** tre, etc; **alle** sette e cinque; **al** mattino, **alla** mattina; **a** che ora . . .? dalle nove **alle** diciannove.

Distance – **a** cento metri; **a** due passi.

Unit cost and frequency – where English uses *a*, *an* or *per*: settecento lire **all'**etto; millesettecento **alla** bottiglia; due volte **alla** settimana; una volta **all'**anno; un litro **al** giorno.

Cooked in, served with, or prepared in a certain style, in names of dishes, etc – un tè **al** latte, **al** limone; spinaci **all'**agro; ravioli **al** ragù; cotoletta **alla** parmigiana; bistecca **ai** ferri; lasagne **al** forno.

Working by means of – fornello **a** gas; carrozza **a** cavalli; tram **a** vapore.

+ noun, to form adverbs – **a** destra, **a** sinistra, **a** piedi, **a** parte, **a** rovescio, **a** volte, **a** posto.

+ adjective, to form adverbs: a lungo, a poco a poco.

a often changes to **ad** before a word beginning with a vowel, especially if the vowel is **a**: anche **ad** altre persone; la stazione è **ad** Orvieto Scalo.

72 da

From a place – è lontano **da** qui?; posso telefonare **da** qui?; è in arrivo il treno **da** Venezia . . .

To somebody's place – vado **da** Giovanni; sono andate **dal** macellaio; ci siamo fermati **da** un antiquario; **da** noi . . .

Time since – **da** molti anni; **da** anni.

Value – un biglietto **da** cinquemila lire; due francobolli **da** cento e venti.

Capacity – una caffettiera **da** tre tazze; un servizio **da** sei; una pellicola **da** dodici pose.

Usage – what for: una tazza **da** caffè; un servizio **da** tè; where for: un orologio **da** polso, **da** tavolo, **da** muro; who for: un orologio **da** uomo; un paio di scarpe **da** donna; cappelli **da** uomo.

+ noun or adjective – **da** bambina; **da** ragazzo; **da** giovane; **da** solo.

+ verb – cosa c'è **da** vedere?; ha i bagagli **da** prendere?; prendiamo qualcosa **da** bere; abbiamo fatto (qualcosa) **da** mangiare.

73 di

Di has a variety of uses. It can express:
Possession – il negozio **del** signor Balzarin; l'amico **di** Giovanni; i monumenti **della** città.

Provenance – sono **di** Venezia; **di** dov'è?; è **di** qui, **della** zona?

Contents – un bicchiere **di** vino; un elenco **degli** alberghi; una guida **di** Stresa; una mappa **della** città.

Time when – d'estate, d'inverno; **di** mattina, **di** notte.

Another use of **di** is that of linking two nouns when the second qualifies the first and is therefore rather like an adjective: un biglietto **di** andata; un giorno **di** riposo; cinque minuti **di** ritardo; una casa **di** montagna; l'Italia **del** Sud.

Note the expression **cosa** + **di** + adjective: cos'ha mangiato **di** buono?; che cosa hai visto **di** bello?; qualche cosa **di** simpatico.

Di is also used in the sense of *than* when making comparisons: la gente era molto più numerosa **di** ora; queste scarpe sono più comode **di** quelle.

Di is also used in the sense of *in* in sentences like: il negozio più vecchio **della** piazza; la città più grande d'Italia.
For the partitive use of **di**, see paragraph 7.

Di is often shortened to **d'** before a word beginning with a vowel, especially if the vowel is **i**: **d'**inverno.

74 **in**

As in English, the typical use of **in** is in expressions of time and place.

It is used with names of countries, where English uses *in*, *to*, or nothing: vado **in** Italia; devo telefonare **in** Svizzera; abito **in** Scozia.

It is also used in a number of expressions without the definite article where English would use *in*, *at*, *to*, or nothing, + *the*:

in | centro, piazza, città, campagna, montagna
camera, albergo, farmacia, banca
ufficio, fabbrica, negozio, vetrina

Time – **in** inverno; **in** stagione; **in** che giorno?

Means of transport – vado **in** treno, **in** macchina, **in** aereo.

Note the expressions: essere **in** vacanza *to be on holiday*; **in** arrivo *now arriving*; essere **in** orario *to be on time*; siamo **in** due, tre, nove . . . *there are two, three, nine of us . . .*

75 As in English, prepositions are sometimes needed to introduce an object after a verb: parlare **a**, *or* con qualcuno *to speak to, or with someone*.

But English and Italian do often differ: telefonare **a** qualcuno *to ring someone up*; dipende **dai** posti e **dai** concerti *it depends on the seats and on the concerts*; ricordarsi **di** qualcosa *to remember something*. It is best to learn which preposition goes with a verb when you first learn it.

CONJUNCTIONS

---

76 The Italian conjunctions **e**, **ma**, **o**, **però**, **oppure**, etc, are reasonably matched by the equivalent words in English. **E** *and* can change to **ed** before a word beginning with a vowel, especially if the vowel is **e**: francese, tedesco **ed** inglese. **O** *or* can be reinforced to **oppure**: **oppure** nei paesi limitrofi. *Either . . . or . . .* is **o** . . . **o** . . .: **o** la mia **o** quella delle mie amiche.

SOME BASIC CONSTRUCTIONS

Negative statements

77 A statement is made negative by placing **non** before the verb: **non è** qui; **non sono** molto comodi; **non costa** molto.

When there is an unstressed object pronoun, this is placed between **non** and the verb: mi dispiace, ma non **le** prendo; non **lo** so; non **lo** conosco.

78 Unlike English, **non** is still required when negatives like **mai**, *never*, are used: Capri, **non** l'ho **mai** visitata; no, **non** ci sono **mai** stato.

Questions

79 Yes/no questions (ie questions that can be answered by *yes*, *no*, *perhaps*, etc): the order of words can remain the same as that for statements, but the query is expressed in the tone of voice: **è lontano** →**è lontano?**; **c'è una banca qui vicino** → **c'è una banca qui vicino?**; **lei cura tutto il giardino** → **lei cura tutto il giardino?**

It is also quite common to change the order of words by placing the subject at the end of the sentence: **Binda** è lontana →è lontana **Binda?**; **questa porchetta** è buona →è buona **questa porchetta?**; **il treno** è diretto →è diretto **il treno?**

When you're sure of the answer and you're simply asking for confirmation, you add **no?** or **vero?** to your statement: voi siete di Venezia, **no?** il vino è caro, **vero?**

80 For questions starting with words like *who, what, where* (which can't be answered with *yes, no,* etc), the most common words in Italian are:
chi? *who?* chi paga per loro?
che? *what?* che desidera?
cosa? *what?* cosa desidera?
che cosa? *what?*: che cosa impari qui?
quale? *which?* (**qual** before **è**): qual è il suo lavoro?; in quali ore della giornata . . .?
dove? *where?* (**dov'** before **è**): dov'è l'imbarcadero?
quando? *when?*: quando parte il pullman?
quanto? *how much?, how many?* (**quant'** before **è**) quant'è?; quanto costa il biglietto?; quante classi ci sono?
come? *how?*: come sta?
perché? *why?*: perché preferisci dare del tu?

Notice that in questions of this kind, the subject of the verb, if expressed at all, comes after the verb: quando parte **il pullman?**; che lavoro fa **lei?**

81 **Putting the object first**
A frequent trick in spoken Italian is to change the normal word order of a sentence and put the grammatical object at the front of the whole sentence. A normal sentence like **serviamo la colazione dalle 7.30 alle 10** thus becomes **la colazione la serviamo dalle 7.30 alle 10.** When this is done, the object is repeated by the appropriate pronoun, in the above example: . . . **la serviamo** . . .

Other examples are: **il rosso lo consiglio con delle carni rosse; Capri non l'ho mai visitata; l'Italia la conosco molto bene.**

Note also: **di gatti ce ne sono diverse qualità**, where the normal order would be: **ci sono diverse qualità di gatti.**

Special constructions
82 The **si** construction. The pronoun **si** is used with a verb in the 3rd person with the meaning of the English *one* as in *one can't breathe in here* (see Ch. 18, p. 212). The odd thing about this construction is that the verb becomes plural if there's a plural direct object; otherwise the verb is always singular: **si andava** a sciare in montagna (no direct object); per andare a Padova **si prende** l'autobus (singular direct object); **si andavano** a fare delle belle passeggiate (plural direct object).

83 **Mi piace**: questa borsa **mi piace** *I like this bag* is literally *this bag pleases me*; queste scarpe **mi piacciono** *I like these shoes* is literally *these shoes please me*. Similarly, **le piace** . . .? *does . . . please you?*; **le piacciono** . . .? *do . . . please you?*

An emphatic way of saying **mi piace, le piace** is to say **a me piace, a lei piace**: **a me piace** e vengo per quello *I like it and that's why I come here* (literally *it is pleasing to me*).

84 **Possession**. When several possessors own one item each, the noun for the item is in the singular in Italian, unlike English: un'inchiesta sugli italiani **e la loro casa** *a survey on the Italians and their homes*. A plural in Italian (. . . e le loro case) would imply that each person owned more than one home.

85 **Times, days, seasons**, etc. Note how the following constructions differ from their equivalents in English:

all'una, alle due, alle tre . . . *at one, at two, at three o'clock* . . .: la *or* alla mattina, la *or* alla sera *in the morning, in the evening*; in *or* d'estate, in *or* d'inverno *in summer, in winter*; la domenica, il lunedì . . . *on Sundays, on Mondays* . . .; domenica, lunedì . . . *on Sunday, on Monday* . . .

SPELLING CONVENTIONS

86 Adjectives and nouns of nationality are spelt with a small initial letter in Italian: una scuola italiana; lavoro con degli inglesi. The same applies to languages: parlo inglese; studio l'italiano.

87 The names of the days of the week and of the months of the year are usually spelt with a small initial letter: il lunedì, il martedì, etc; gennaio, febbraio, etc.

88 A number of expressions made up of several words are often spelt as one: **buongiorno, buonasera, buonanotte; centoventi** lire; **millesettecento** lire, etc. However, they are sometimes spelt as two or more words: **buon giorno**, etc; **cento venti** lire, etc.

With numerals, multiples of hundreds and thousands (**duecento, tremila**, etc) are never split.

CHIAVE ESERCIZI
KEY TO THE EXERCISES

Words which are optional are shown in brackets, eg: E' lontano (da qui)?
Alternative answers are shown thus: in (*or* nella) macchina; Quant'è (*or* Quanto costa) la camera?

Chapter 1

1 1 telefono   2 pasta   3 una   4 bicchiere/bianco   5 banca
6 aranciata   7 agenzia di viaggio   8 guida

2 Scusi, c'è un bar qui vicino? Grazie.
Buongiorno. Una birra, per favore. Grazie.
Scusi, c'è una banca qui vicino? Grazie.

3 tè; o; limone; scusi/c'è/qui; una/Piazza; grazie

4 1 banca   2 supermercato   3 telefono   4 ristorante   5 bar   6 chiesa
7 agenzia   8 albergo   9 farmacia   10 buonasera

Chapter 2

1 1 dov'è il duomo?/E' lontano (da qui)?
2 Scusi, dov'è la stazione?/E' lontana (da qui)?/Dov'è la fermata?
3 Scusi, dov'è il Teatro dell'Opera?/E' lontano (da qui)?

2 1 Scusi, c'è una banca qui vicino?
2 Scusi, c'è un bar qui vicino?
3 Scusi, c'è un telefono qui?
4 Dov'è (il Caffè Greco)?
5 E' lontano (da qui)?
6 Scusi, dov'è la fermata dell'autobus?
7 Scusi, dov'è il Caffè Greco?
8 Un caffè, per favore.

3 1 L'Albergo Venezia   2 Il Teatro Nuovo   3 La stazione (ferroviaria)
4 L'Azienda di Turismo   5 La fermata dell'autobus

4 1 Scusi, dov'è l'Albergo Venezia?
2 Scusi, c'è un bar qui vicino?
3 Scusi, dov'è il Teatro Olimpico?
4 Scusi, dov'è l'Azienda di Turismo?
5 Scusi, c'è una toilette qui?
6 Scusi, dov'è la stazione?
7 Scusi, dov'è Corso Palladio?
8 Scusi, dov'è il Bar Gigi?
9 Scusi, c'è una banca qui vicino?
10 Scusi, c'è una piantina di Vicenza?

Chapter 3

1 1 grandi   2 italiana   3 piccole; grandi   4 inglesi   5 rossi italiani
6 questa   7 questo   8 italiana, inglese, irlandese, tedesca

2   1 fragole   2 francobolli   3 borsa   4 cartoline   5 vino rosso
    6 pomodori   7 francobollo   8 biglietto

3   1   Quanto costa questo ombrello?/Questo costa ventimila lire. (e)
    2   Quanto costa questa borsa?/Quarantamila. (c)
    3   Quanto costa questa piantina?/Questa è gratuita. (a)
    4   Quanto costano le cartoline?/Costano 100 lire l'una. (g)
    5   Quanto costano queste mele?/Queste costano mille lire al chilo. (b)
    6   Quanto costano le fragole?/400 lire al cestino. (h)
    7   Quanto costano i pomodori?/Questi costano 800 lire al chilo. (d)
    8   Quanto costa questo pompelmo?/Questo? 200 lire. (f)

4   Buongiorno./Buongiorno. Desidera?/Quanto costano le cartoline?/
    Cento lire l'una./Allora, queste tre e tre francobolli, per favore./Per
    l'Italia?/No, per la Francia./Allora tre da centocinquanta./Grazie.
    Quant'è?/Settecentocinquanta in tutto./Ecco mille lire./E 250 di resto./
    Grazie. Buongiorno./Grazie a lei. Buongiorno.

5   Buongiorno./Mi dà un chilo di pomodori, per favore?/Quanto costano?/
    Quanto costano le mele?/Mi dà un chilo di queste, per favore?/Un
    pompelmo, per favore./No, grazie. Quant'è?/Ecco duemila (lire)./
    Arrivederla, buongiorno.

Chapter 4

1   1 Non mi piace molto questo vino bianco.   2 Non mi piacciono molto
    queste scarpe.   3 Non mi piace molto l'ombrello verde.   4 Mi
    piacciono i sandali blu.   5 Mi piace la porchetta.   6 Mi piace Stresa.
    7 Mi piace molto la borsa ma è un po' troppo cara.   8 Mi piacciono
    molto le fragole ma sono un po' troppo care.   9 Mi piace molto questo
    ristorante ma è un po' troppo caro.   10 Mi piacciono moltissimo queste
    scarpe nere.   11 Mi piace moltissimo l'Italia.   12 Mi piace moltissimo
    Buongiorno Italia!

2   paio; scarpe; nere; queste; mi piacciono; comode; comode; strette;
    quarantacinque; comode; abbastanza; mi piacciono; nero

3   Buongiorno./Vorrei una borsa./Marrone./Di pelle./Non mi piace.
    E' troppo grande./Quanto costa?/Cinquantaseimila? E' un po'
    cara!/Quanto costa quella borsa (lì)?/Sì, questa mi piace molto. La
    prendo./Sì, grazie. Ecco cinquantamila (lire).

4   una borsa di pelle; due etti di porchetta; un paio di scarpe; un cestino di
    fragole; un'agenzia di viaggio; tre chili di pomodori; un professore di fran-
    cese; un biglietto di entrata; cento lire di resto; una bottiglia di vino bianco

5   Buongiorno./Un cappuccino, per favore./Con zucchero, grazie./E una
    di queste paste./Scusi, di dov'è (lei)?/Le piace Londra?/(Io) sono
    gallese ma Londra mi piace molto./Grazie. Quant'è?/Ecco (a lei).

Chapter 5
In this chapter page references are given so that you can look up and
revise anything you're not too sure about.

1   1 un (p12)   2 lo (p43)   3 strette (p32)   4 piacciono (p42)   5 quel (p42)
    6 l' (p22)   7 sono (p43)   8 costano (p31)   9 piacciono (p42)
    10 Queste (p31)   11 tu? (p23)   12 è (p23)

2 1 duomo 2 arrivederla 3 borsa 4 chiesa 5 prosciutto 6 stretto
7 funivia 8 fruttivendolo 9 bene, grazie 10 scarpe 11 uno scozzese
12 porchetta

3 a) Mi chiamo . . . (**or** sono . . .) (p22)
b) Sono inglese e sono di Norwich. (p22)
c) Sono qui in vacanza. (p22)
d) Mi piace molto questo ristorante. (p31/42)
e) Quella borsa in vetrina è molto pratica. (p42/43)
f) Mi piace il bar in via Verdi. (p42)
g) C'è una farmacia in Piazza Garibaldi. (p12)
h) Vorrei vedere Capri. (p42)
i) Mi dispiace. (p53)
j) Scusi! (p53)

4 a) Di dov'è (lei)? (p22)
b) Qual è il suo lavoro? (*or* che lavoro fa?) (p43)
c) E' qui in vacanza o per lavoro? (p19)
d) Le piace il suo lavoro? (p42/43)
e) Le piace questo ristorante? (p31/42)
f) Le piacciono i vini francesi? (p32/42)
g) E' buono questo vino rosso? (p32/37)
h) Le scarpe italiane sono care? (*or* sono care le scarpe italiane?) (p32/43)

5 1a) Scusi, c'è una banca qui vicino? (p12)
Scusi, c'è un tabaccaio qui vicino? (p12)
Scusi, c'è una farmacia qui vicino? (p12)
1b) Scusi, dov'è la fermata dell'autobus? (p22)
Scusi, dov'è il mercato? (p22)
Scusi, dov'è l'Azienda di Turismo? (p22)

2a) Mi dà un francobollo per l'Italia, per favore? (p31/32)
Mi dà due francobolli da centocinquanta (lire), per favore? (p31/32)
Mi dà tre francobolli per la Gran Bretagna, per favore? (p31/32)
2b) Mi dà mezzo chilo di mele, per favore? (p31/34)
Mi dà tre cestini di fragole, per favore? (p31/34)
Mi dà quattro banane, per favore? (p31)
2c) Mi dà cento grammi (*or* un etto) di burro, per favore? (p34)
Mi dà 150 grammi (*or* un etto e mezzo) di porchetta, per favore? (p34)
Mi dà 200 grammi (*or* due etti) di prosciutto cotto, per favore? (p34)
3) Quanto costa un etto di prosciutto crudo? (p31/34)
Quanto costa questa guida di Orvieto? (p31)
Quanto costano quelle scarpe nere in vetrina? (p31/32/42)

4) Vorrei provare i sandali blu. (p42)
Sono molto comodi. (p43)
Li prendo. (p43)
Mi piace quella borsa di pelle. (p42)
Ma è troppo cara. (p43)
Non la prendo. (p43)

Chapter 6

1 ora / prossimo / Alle / Quanto / un'ora / a / alle / biglietto / Andata / Prima /
mi dà / di / per / Ecco / a lei

2 1 Venice. 2 No. 3 Verona. 4 Yes. 5 Change at Verona. 6 No.
7 Platform two.   8 No, it's about 10 minutes late.

3 A che ora parte il primo treno per Firenze la mattina? / No, sabato. / No,
quello va bene. A che ora arriva a Firenze? / Sì, grazie: andata e ritorno,
seconda. / Sì, uno solo. Quant'è? / Grazie. Arrivederla.

4 Scusi. / Questa fermata è Bassano? / E' lontano? / No, sono scozzese. /
Abito a Londra. / Sì, ma lavoro a Londra. / Ci sono molti ristoranti
italiani a Londra. / Sì, mi piace moltissimo. Lei di dov'è? (*or* Di dov'è
lei?) / Sì, per due settimane. / Grazie mille. Arrivederla.

Chapter 7

1 1 di 2 della 3 degli 4 delle 5 dei 6 dei 7 del 8 di 9 degli
10 di

2 avete / piantina / elenco / questo / principali / vedere / ore / Pozzo / quartiere /
interessante / lontano / macchina / aperto / pomeriggio / mille

3 1 No. 2 10 o'clock Wednesday morning. 3 Yes. 4 It's open only
from 11.00 – 13.00. 5 For restoration. 6 No, it's closed. 7 Friday
morning. 8 12.30.

4 Avete una pianta (*or* piantina) della città? / C'è un elenco dei ristoranti? /
Oh, sì! Cosa c'è da vedere? / Dov'è la Fontana Maggiore? / E' lontana (*or*
lontano)? / Vorrei vedere gli affreschi del Perugino. / E' aperto adesso? /
Va bene. Grazie mille. / Arrivederla.

5 1d; 2i; 3e; 4h; 5a; 6j; 7b; 8f; 9c; 10g

Chapter 8

1 1 No, it's noisy. 2 Very small. 3 Heavy traffic. 4 A baby crying
all night. 5 No, they're hard. 6 At the bar opposite. 7 It's too
expensive in the hotel. 8 Quite good. 9 The rooms are clean.
10 Nothing. 11 Yes, and go to the Hotel Milano.

2 1 telefonare 2 provare 3 lasciare 4 prenotare 5 pagare
6 chiudere 7 parlare 8 prendere 9 partire 10 aprire

3 Buonasera. Prego? / Ha una camera, per favore? / Sì, come la desidera? /
Matrimoniale. / Con bagno o con doccia? / Va bene con doccia. /
Benissimo. Per quante notti? / Per due notti. / Va bene, sì. Camera 240 al
secondo piano. / Quanto costa la camera? / Quarantamila per notte. / La
colazione è compresa? / No, la colazione è a parte. / Benissimo. / Mi
favorisce i documenti, per favore? / Sì, certo. / Grazie. Ha i bagagli da
prendere? / Sì, sono in macchina. / Giuseppe!

4 Avete una camera, per favore? / Sì, per una notte. / Doppia / Quanto costa
la camera? / Va bene una camera con doccia. / Vuole i due passaporti? /
Posso telefonare in Inghilterra da qui? / Qual è il prefisso? / Sì, ma (io)
devo telefonare a Manchester. / Grazie. Dov'è la cabina? / Sì, sono in
(*or* nella) macchina.

Chapter 9

1 petti di pollo / zuppa di verdura / spaghetti al ragù / pecorino stagionato /
pizza al piatto / spinaci all'agro / frutta assortita / agnello arrosto / cotoletta
alla milanese / patate fritte

2   1 del   2 dei   3 dei   4 del   5 del   6 del   7 del   8 delle   9 di
10 dello

3   1 La Grotta.   2 Il Canarino.   3 Il Canarino.   4 Da Peppe has a view
over the lake.   5 It's 5 kms away.   6 Da Mario – they have a
discotheque.   7 La Grotta – they take credit cards.   8 Tuscan
specialities.   9 La Taverna.   10 It's closed from October to March.
11 Da Mario – they're open only in the evening.   12 Moretti – they
have rooms.

4   1 Ham with melon.   2 Mixed hors d'oeuvres.   3 Yes, the tagliatelle.
4 They're fresh and homemade.   5 No, only the man.   6 It's off.
7 Lamb with herbs.   8 On the grill.   9 No, he's only having spinach,
she's having a mixed salad.   10 No.   11 Courgettes.   12 No – he
uses *lei* when speaking to her.

5   Ha delle tagliatelle, oggi? / Va bene. Delle tagliatelle al ragù. / Avete una
cotoletta alla milanese? / Eh . . . zucchini . . . ? No, degli spinaci al
burro. / Mezza bottiglia di vino rosso. / No, grazie, vino della casa. / Mezza
bottiglia. / Benissimo, grazie / No, grazie. Un caffè . . . e il conto,
per favore.

Chapter 10
As before, page references are given so that you can look up and revise
anything you're not certain of.

1   1 all' (p72)   2 parte (p72)   3 c'è (p82)   4 Ha (p94)   5 nella (p83 / 250)
6 Io (p106)   7 Questi (p31 / 107)   8 dell' (p107)   9 degli (p107)
10 prende (p72)   11 lavoro (p72)   12 pagare (p95)

2   1 pollo   2 zucchini   3 tortellini   4 gassata   5 maiale   6 tavolo
7 ascensore   8 forno   9 alla brace   10 patente   11 aliscafo
12 antipasto

3   1a)   C'è un treno per Milano alle dieci (della mattina)? (p72/73)
C'è un treno per Milano alle tredici? (p72/73)
C'è un treno per Milano alle diciassette? (p72/73)

   1b)   A che ora parte il prossimo treno per Roma? (p72/73)
A che ora arriva a Roma? (p72/73)
C'è (la) vettura ristorante? (p72/73)

   1c)   A che ora parte il prossimo aliscafo per Locarno? (p72)
Quanto (tempo) ci mette (*or* vuole)? (p72)
Devo prenotare i posti? (p82)

   2a)   Vorrei una camera singola con doccia. (p90/94)
Vorrei una camera a due letti con bagno. (p90/94)
Vorrei una camera matrimoniale con bagno o doccia. (p90/94)

   2b)   Quant'è (*or* Quanto costa) la camera? (p95)
La (prima) colazione è compresa? (p95)
Avete (il) garage? (p94)

   2c)   Posso avere una camera (*or* stanza) tranquilla? (p95)
C'è (il) telefono in camera? (Grammatica para 4)
Posso pagare con la (*or* una) carta di credito? (p95)

   3a)   Per primo, le tagliatelle. (p106)
Per secondo, una bistecca ai ferri (*or* alla griglia) (p101 / 106)
E come contorno, delle patate fritte e dei fagiolini. (p106)

3b) Posso avere un'insalata mista? (p95)
Avete delle fragole? (p107)
Il ristorante è aperto domani? (p81)

4) Quali sono le chiese più interessanti da vedere? (p82)
A che ora (in)comincia a lavorare la mattina? (p72)
Le piacciono i ravioli? (p42)

4 *Across* 1 difficile 4 pratico 9 interessante 10 buono 11 bianco
13 comodo 14 necessario
Down 2 inglese 3 facile 5 rosso 6 ottimo 7 caro 8 bello
12 nero

Chapter 11

1 1 Tu. 2 To go to Maria's house. 3 Her hair. 4 Carlo, her husband.
5 It's good to get away from the children. 6 Waiting for Anna to arrive.
7 Friday.

2 a) Scusi, (signora,) c'è un autobus per andare in (*or* al) centro? /Dov'è
la fermata? /Grazie. Quanto (tempo) ci mette l'autobus? /Bene.
E l'Albergo Italia è lì in centro? /Grazie (signora).
b) Scusi, per andare in Piazza della Repubblica? /E' questa la fermata? /
Ma quando arriva il prossimo autobus? /Quanto costa (*or* Quant'è) il
biglietto? /Posso comp(e)rare il biglietto sull'autobus? /Una moneta da
cento (lire) no, ma ho due monete da cinquanta (lire).
c) Sì. /Senta, l'Albergo Italia, è vicino alla piazza? /Grazie. /No, sono
inglese. /Di Leeds. /Sono qui per lavoro. /Ho un negozio a Leeds. /Un
negozio di scarpe. E lei che lavoro fa? (*or* Che lavoro fa lei? *or* Qual è il
suo lavoro?) /Le piace fare niente?
d) Buonasera. /Il signor Mazzetti è qui in questo albergo? /Sono il
signor Searle. /Benissimo. Vorrei una camera, per favore. /(Una) singola
con doccia. /Per una notte. Parto domani pomeriggio. /Quanto costa la
camera? /E la prima colazione? /Quant'è? /Va bene, grazie. /Certo. Posso
lasciare qui il bagaglio (*or* i bagagli) domani mattina? /Sì, certo. E posso
pagare con la (*or* una) carta di credito? /Sì, ho soltanto (*or* solo *or*
solamente) questa valigia.

3 *Across* 2 espresso 4 binario 7 vettura 10 ristorante 11 treno
13 nove 14 rapido 17 seconda 18 orario 19 arrivare
Down 1 prima 3 stazione 4 biglietto 5 ritardo 6 parte 7 via
8 ritorno 9 arrivo 12 fermata 15 andata 16 linea

Chapter 12

1 comprare; amico; Posso; taglia; colore; beige; vedere; mi; Vuole; Le; di;
per; cara; Mi può; prezzi; prendo; Posso; lei

2 1 Mi può dare un numero a Roma? 2 Mi può dare il sale? 3 Mi può
dare la chiave? 4 Mi può lavare questi pantaloni? 5 Può farmi uno
sconto? 6 Mi può prestare ventimila lire? 7 Mi può controllare l'olio?
8 Mi può fare un pacchetto? 9 Mi può portare il conto? 10 Può
comprarmi un pacchetto di sigarette? 11 Mi può cambiare mille lire?
12 Può dirmi dove arriva il pullman da Venezia?

3 1 puoi 2 possono 3 posso 4 può 5 potete 6 possiamo
7 possono 8 possiamo (*or* può)

4   Buongiorno. Cerco una maglia./Quarantaquattro./Blu o marrone./
E' (di) pura lana?/E' molto bella, mi piace molto. Quanto costa?/Oh, è
un po' cara!/Posso vedere una maglia marrone?/Il colore mi piace ed è
molto morbida. Quanto costa?/Quanto?/Va bene. La prendo./Sì, grazie.
Ecco (le) quarantamila.

Chapter 13

1   1 aperti   2 chiusi   3 aperti   4 aperte   5 chiuse   6 chiusi   7 aperti
8 aperta   9 aperti   10 aperti   11 chiusi   12 aperto

2   1 venduti   2 conosciuti; apprezzati   3 lasciato; bevuti   4 servito;
bevuto   5 serviti; consigliati   6 imbottigliati

3   1 lavoro   2 torno   3 resto   4 vado   5 prendo   6 parlo (or parliamo)
7 sono   8 vado   9 compro   10 prendo   11 arrivo   12 mangiamo
13 lasciamo   14 andiamo   15 vengono   16 prendiamo   17 andiamo
18 ceniamo   19 torniamo

4   Ha un vino rosso della regione?/Va bene. E' secco?/Perché 'classico'?/
L'Orvieto Classico viene (or è) bevuto giovane?/Sì, ma non so se
prendiamo il secco o l'abboccato./Molto bene. Prendiamo mezza
bottiglia di abboccato subito./E poi una bottiglia di secco.

Chapter 14

1   1 ho   2 ho   3 sono   4 ho   5 ho   6 sono   7 ho   8 sono   9 è   10 è
11 ho   12 ha   13 ha

2   scusi; fatto; comprato; andata; ho; sono; del; dei; degli; tutto; panettiere;
torta; vino; casa; speso; trova; cara; abbastanza; carne; carissimo

3   1 No.   2 Yes, quite well.   3 To learn English.   4 No.   5 No, never.
6 No.   7 About thirty thousand lire.   8 More.   9 Yes, almost.   10 Yes.

4   Molto bene, grazie, e lei?/Otto francobolli per la Gran Bretagna./Sì, ho
comp(e)rato dei regali./Sì. Sono andata al mercato./E ho comp(e)rato
una bella borsa per un'amica. Le piace?/Lo so. Ma oggi ho comp(e)rato
una borsa, una sciarpa e un paio di sandali e ho speso solo (or soltanto or
solamente) cinquantamila lire./Anche in Inghilterra./Mamma mia!/La
vita è diventata molto cara anche in Inghilterra./Non (lo) so.
Quant'è?/Almeno i francobolli non sono troppo cari! Arrivederci.

Chapter 15

1a   1 abbiamo visitato   2 abbiamo visto   3 abbiamo camminato   4 siamo
andati   5 abbiamo comprato   6 abbiamo speso   7 siamo tornati
8 sono alzato   9 sono andato   10 ha dormito   11 è arrivata

1b   1 hanno visitato   2 hanno visto   3 hanno camminato   4 sono andate
5 hanno comprato   6 hanno speso   7 sono tornate   8 è alzata   9 è
andata   10 ha dormito   11 è arrivata

2   1a) f   2a) v   3a) f   4a) v   5a) f   6a) f
1b) f   2b) f   3b) v   4b) f   5b) f   6b) v
1c) v   2c) v   3c) f   4c) f   5c) v   6c) f

3   1 Sono qui da due giorni.   2 Sono arrivato martedì.   3 Sono andato al
cinema.   4 No, sono andato con Enrico e Antonella.   5 No, siamo

tornati dopo mezzanotte.　6 Mi sono alzato presto e sono andato a fare la spesa.　7 Ho comp(e)rato del pane, burro e latte fresco.　8 No, l'ha preparato Antonella.　9 Ottimo!　10 Iole e Valeria, due ragazze molto simpatiche.　11 Le ho incontrate in spiaggia.　12 Sì, tutto il giorno. 13 No, abbiamo comp(e)rato delle pizze e del vino e abbiamo mangiato in spiaggia.　14 Sì, è arrivato più tardi da Roma.　15 Abbiamo mangiato tutti insieme alla Trattoria dei Pescatori.　16 Abbiamo mangiato spaghetti alle vongole, pesce con insalata e frutta fresca. 17 Abbiamo bevuto del buon vino locale.　18 No, stamattina ho dormito fino alle undici!

4　Certamente (*or* certo)/No, sono inglese./No, questa è la prima volta./ Moltissimo./Vado sempre in vacanza in settembre perché non c'è troppa gente./No, sono con mio marito . . ./. . . ma è andato a comp(e)rare un gelato./Da ragazza, ho visitato Firenze con la scuola./No, non la conosco. Siamo arrivati ieri sera a Fiumicino . . ./. . . e da lì siamo venuti qui in macchina./Mio marito è venuto a Roma l'anno scorso./No, in vacanza./No, è venuto con un amico./No, io sono andata in Scozia con un'amica./Questo è Bob./Bob non parla italiano./Ci siamo sposati la settimana scorsa.

Chapter 16

1　1 vado (p154)　2 stata (p175)　3 vi (p176)　4 siamo (p165)　5 venite (p154)　6 andiamo (p154)　7 trovato (p165)　8 Posso (p146)　9 servite (p154)　10 faccio; fai (p176)　11 ci (p176)　12 ci siamo (p176) 13 fatti (p154)　14 ha (p165)　15 può (p145)

2　1 pesce　2 pila　3 funghi　4 gelato　5 parcheggiare　6 agricoltore 7 tegame　8 celeste　9 sposarsi　10 aceto　11 biglietti da diecimila 12 Mi può controllare l'olio?

3　1a)　Può aiutarmi (*or* Mi può aiutare) con le valigie? (p145)
　　1b)　Può prestarmi (*or* Mi può prestare) una piantina della città? (p145)
　　1c)　Può comp(e)rarmi (*or* Mi può comp(e)rare) dei francobolli? (p145)
　　1d)　Può darmi (*or* Mi può dare) il giornale? (p145)
　　2a)　Cerco una cravatta rossa e blu per un amico. (p145)
　　2b)　Cerco una borsa per la moglie di un amico. (p145)
　　2c)　Cerco una camicia per me. (p145)
　　3a)　Ha una taglia più grande? (p146)
　　3b)　Ha una taglia più piccola? (p146)
　　3c)　Ha una camicia meno cara? (p146)
　　3d)　Avete altri colori? (p146)
　　3e)　Avete altri tipi? (p146)
　　3f)　Avete questo colore, ma in cotone?
　　4a)　La maglia è fatta a mano? (p154)
　　4b)　La camicia va lavata a mano? (p154)
　　4c)　I ravioli sono fatti in casa? (p154)

4　1a)　Questa mattina mi sono alzato (*or* alzata) alle otto. (p176)
　　1b)　Ho fatto colazione alle otto e mezzo (*or* mezza). (p165)
　　1c)　Sono andato (*or* andata) a fare una bella passeggiata. (p165)
　　1d)　Ho visitato tre chiese. (p176)
　　2a)　Questo pomeriggio sono andato (*or* andata) in centro. (p165)
　　2b)　Ho cercato una sciarpa. (p165)

2c) Ho comp(e)rato una camicia. (p165)
2d) Sono ritornato (*or* ritornata/tornato/tornata) in autobus. (p165)
3a) Non sono mai stato (*or* stata) a Palermo. (p175)
3b) Sono stato (*or* stata) a Firenze tre volte. (p175)
3c) Vengo spesso in Italia. (p154)
3d) Ma non conosco Roma molto bene. (p175)

Chapter 17

1   1 ci 2 ne 3 conoscerla 4 le 5 la 6 ci 7 li 8 ci 9 ne 10 ne
11 la 12 lo

2   sua; mia; suo; Mia; sua; suoi; Mia; Mio; suo; suoi; sua; Mia; sua; sue; sua

3   1 Lavora in un'agenzia di viaggio. 2 A Vicenza, in centro. 3 No, abita
in campagna. 4 No, abita in una villetta. 5 Sì, c'è. 6 Ha una sorella.
7 Perché è sposata. 8 Vive con la famiglia (con suo padre e sua
madre). 9 Ne hanno due. 10 Sì. 11 Con la piccola.

4   quanti; aperta; classi; insegna; mia; volte; gli; vengono; troppo; corso;
pochino; cominciato; ballare; essere; è; ho;
Meglio un uovo oggi che la gallina domani.

5   Abito in città. / Ho un appartamento. / Al terzo piano. / No, è piccolo. /
(Ci sono) due camere da letto, un piccolo soggiorno (*or* un salotto),
cucina e bagno. / Siamo in tre: io, mia moglie e mio figlio. / No, in un
appartamento in città non è possibile. / No, ma c'è un parco vicino. / Be',
sì, abbastanza. / No, di notte è abbastanza tranquillo. / No, non molto. /
Ci devo abitare per il mio lavoro.

Chapter 18

1   1 abitava 2 faceva 3 andava 4 prendeva 5 erano 6 viaggiava
7 guadagnava 8 costava 9 permetteva 10 facevano 11 andavano
12 usava 13 aveva 14 permetteva 15 era

2   1 so 2 conosco 3 conosco; so 4 so; so; conosco 5 conosco 6 so
7 conosco; so 8 conosco 9 conosco; so 10 so

3   1 mi alzavo 2 andavo 3 facevo 4 era 5 arrivavano 6 stavo
7 prendevo 8 mi vestivo 9 andavo 10 andavo 11 dormivo
12 leggevo 13 era 14 erano 15 andavamo 16 prendevamo
17 restavamo 18 guardavamo

4   Nella mia ditta si lavora dalle nove fino alle cinque e mezzo (*or* mezza). /
No, non tutti i giorni. Non si lavora il sabato. / Dipende. Si prende la
macchina e si va in campagna. Oppure si rimane (*or* si resta) a casa. Si
legge il giornale, oppure, se il tempo è bello, si lavora nel (*or* in) giardino,
si lava la macchina. ... E la domenica a mezzogiorno si va al *pub* e si
chiacchiera con gli amici. / E' un tipo di bar. / Si beve molta birra ma si
può anche bere whisky, vino o semplicemente un'aranciata. / No, non
si può bere il tè in un *pub!* / No, non è vero. E in Inghilterra si dice che
gli italiani mangiano spaghetti mattina, mezzogiorno e sera!!

Chapter 19

1   1 da 2 di 3 di; della 4 da 5 di 6 da 7 del 8 di; da 9 dal
10 da 11 di 12 della; del 13 della; dei; da 14 dei; di 15 da 16 di;
di 17 del; della 18 dei; di 19 da 20 da

2   1 siamo arrivati   2 avete fatto   3 è andato   4 siete stati   5 era   6 ci
siamo divertiti   7 era   8 era   9 giocavano   10 era   11 è   12 abbiamo
fatto   13 abbiamo parlato   14 siete rimasti   15 avete visto
16 abbiamo visitato   17 siamo stati   18 erano (*or* sono)

3   1 lui   6 loro
    2 io; loro   7 lei; lui
    3 voi; noi   8 io; lei
    4 io; lui   9 noi; voi
    5 lui   10 loro; noi

4   descrivere; sua; abito; mia; molto; città; chilometri; autobus; guido;
marito; ragazzo; anni; bambina; vanno; incominciato; abbastanza;
ci sono; camere; sala; soggiorno; cucina; due; sempre; fare; congelatore;
lavastoviglie; gatto; chiama

5   Cerco una tee shirt. / Quarantaquattro. / No, non mi piacciono questi
colori. / Che tipo di rosso è? / E' puro cotone? / Sì, è bella, il colore è molto
bello, mi piace molto. Posso provarla? (*or* la posso provare?) / Sì, la
prendo. Quanto costa? / Oh! Ho lasciato i soldi in albergo (*or* nell'
albergo). / Grazie. A che ora chiudete stasera (*or* questa sera)? /
Bene, grazie.

Chapter 20

1   1 E' l'Albergo Miramare? / Buongiorno. Sono il signor Robinson. / Sono
partito stamattina verso le otto. / E ho lasciato una borsa nell' (*or* in)
albergo. / Non (lo) so. Forse nel ristorante quando ho fatto colazione. /
Forse l'ho lasciata in camera. / Centocinquantadue. / Allora (*or* Be'), è una
borsa nera, abbastanza piccola. E' di plastica, non di pelle. / Ci sono una
macchina fotografica, un paio di sandali da donna, . . . il mio passaporto e
. . . oh! del prosciutto! / Dov'era? / Sì, (ri)torno subito. / No, sono quasi a
Ventimiglia. / Sì, grazie mille. Arrivederci.

2   Sì, sono stato in vacanza. / In Italia. / No, con mia moglie e i bambini. /
No, siamo andati in macchina. / La prima notte abbiamo dormito a
Milano. / Sì, ma è una città grande e è un po' (*or* abbastanza) cara. / No,
solo una notte. La mattina dopo abbiamo visitato il duomo e poi siamo
partiti per Venezia. / Sì, ma abbiamo preso l'autostrada. Siamo partiti da
Milano alle undici e siamo arrivati a Venezia verso le quattro. / No, ci
siamo fermati una volta per prendere un panino e un caffè. / Cosa (**or**
Che cosa) posso dire? E' meravigliosa. Ci siamo rimasti tre giorni. / No,
siamo andati in un piccolo paese (*or* villaggio) che si chiama Ripe, vicino
a Senigallia. / No, è a dieci chilometri dal mare ma siamo andati al mare
tutti i giorni. / Perché abbiamo degli amici che hanno una casa a Ripe. /
No, sono italiani. / No, gli amici sono (ri)tornati a Vicenza, dove vivono
(*or* abitano) e noi siamo andati a Santa Margherita. / Sì, ma era troppo
lontano (*or* lontana). Non abbiamo avuto il tempo. / Abbiamo mangiato e
bevuto molto bene e i bambini hanno passato tutto il giorno nell'acqua. /
Da lì, siamo andati a Genova per una notte e poi siamo (ri)tornati in
Inghilterra. / Mia moglie ha lasciato una borsa in (*or* nell') albergo a
Genova. / Ho telefonato da Ventimiglia e siamo (ri)tornati a prenderla. /
Grazie. C'erano delle trasmissioni alla televisione e alla radio. / Certo. Ho
visto tutte le trasmissioni alla televisione e quasi tutte le trasmissioni alla
radio, e ho comp(e)rato il libro. / Un cappuccino, per favore.

VOCABOLARIO
VOCABULARY

Notes

1 The English translations given apply to the words as they are used in this book.
2 Abbreviations: (f) feminine (m) masculine (s) singular (pl) plural (pp) past participle.
3 Verbs shown thus: partire*, usually form the past with **essere**.
4 Irregular past participles are shown thus: bere (pp bevuto).
5 A letter in bold type indicates where to stress the word when it does not follow the pattern given on p248.
6 Verbs marked † are irregular; a page reference is given for those set out in more detail.
7 Verbs that perform like capire (rather than servire – see p 258) are shown thus:
preferire (-isco) *to prefer*

A

a *to, at, in (see* Grammatica, *para 71)*
abbandonato *abandoned, deserted*
abbastanza *fairly, quite, enough*
abbia: che abbia fatto *that it reached (lit. made)*
abbiamo *see* avere
l'abbigliamento *clothing*   negozio di abbigliamento *clothes shop*
abboccato *sweet (of wine)*
l'abete (m) *fir*
l'abitante (m *or* f) *inhabitant*
abitare *to live*
abitato *inhabited*   una città abitata *a town that's lived in*
l'abitazione (f) *house*
l'abito *costume, dress*
abituare *to accustom*
l'accademia *academy, art gallery*
accadere* *to happen*
accanto *next door, just here*
accendere *to light*
l'accento *accent*
accomodarsi* *to make oneself comfortable*   s'accomodi *please go ahead, please do, do sit down*   s'accomodi alla cassa *please pay at the cash desk*
accompagnare *to accompany*
l'accordo *agreement*   d'accordo *fine*   essere* d'accordo *to agree*
l'aceto *vinegar*
l'acqua *water*   minerale *mineral water*

ad *to, at, in (form of* a *when followed by a word beginning with a vowel)*
addirittura *really*
adesso *now, nowadays*
l'adorazione (f) *adoration*
l'adulto *adult*
l'aereo *plane*
l'aeroplano *aeroplane*
l'aeroporto *airport*
gli affari (pl) *business*
affascinante *fascinating*
affermarsi* *to become established*
l'affetto *affection*
l'affresco *fresco*
affumicato *smoked*
l'agente (m *or* f) *agent*
l'agenzia *agency*   agenzia di viaggi(o) *travel agency*
agio: a suo agio *comfortable, at ease*
agli *see* al
l'aglio *garlic*
l'agnello *lamb*
gli agnolotti *stuffed pasta shapes*
agosto *August*
agricolo *agricultural*
l'agricoltore (m) *farmer*
agro: all'agro *with oil and lemon*
ai *see* al
l'aiutante (m *or* f) *assistant*
aiutare *to help*
al, all', alla, *etc.* *to | at | in the; with*
alato *winged*
l'albergatore (m) *hotelier*

l'albergo *hotel*
l'albero *tree* albero da frutta *fruit tree*
alcuni *some*
l'aliscafo *hydrofoil*
allacciarsi* *to tie, to do up*
allegro *merry, happy*
allevare *to raise, to breed*
allora *so, then, right then, well now*
almeno *at least*
l'alpaca *alpaca*
alto *high* in alto *high up*
altro *other* altro? *anything else?*
   non . . . altro *nothing else*
   qualcosa d'altro *something else*
   senz'altro *certainly, of course*
l'altro *the other (one)*
altrove *elsewhere*
alzarsi* *to get up*
amabile *sweet (of wine)*
amare *to love*
l'amaro *after-dinner liqueur*
ambientale: temperatura ambientale
   room temperature
l'ambiente (m) *environment*
ambulante: venditore ambulante
   travelling street-vendor
l'amenità (f) *amenity*
americano *American*
l'amica *friend (f)*
l'amicizia *friendship* fare amicizia *to*
   make friends
l'amico (pl gli amici) *friend (m)*
ammazzarsi* *to kill oneself*
analcolico *non-alcoholic*
anche *also, too, as well, even*
ancora *again, yet, more* ancora meno
   less still
andare*† *to go (see p 259)* andare a
   casa *to go home* andare a vedere
   to go and see, have a look
andarsene* *to go away, to be off*
l'andata *single (ticket)* andata e
   ritorno *return (ticket)*
l'angelo *angel*
l'animale (m) *animal*
animarsi* *to come to life*
l'annata *year (eg of crop)*
l'anniversario *anniversary*
l'anno *year* anno scolastico *school*
   year all'anno *per year*
   l'altr'anno, l'anno passato *last year*
   quanti anni ha? *how old are you?*

l'antichità (f) *thing of the distant past*
antico *old, ancient*
l'antipasto *hors d'oeuvre*
l'antiquario *antique dealer*
anzi *as a matter of fact*
anziano *elderly*
gli anziani (pl) *the aged, elderly*
l'ape (f) *bee*
l'aperitivo *aperitif*
aperto *open*
l'apertura *friendliness, openness, opening*
apparentemente *apparently*
l'appartamento *flat*
appartenenza: di appartenenza *that*
   they belong to
appartenere* *to belong*
appena *as soon as, barely* appena
   appena *only just*
l'appetito *appetite* buon appetito!
   enjoy your meal!
apposta *specially*
l'apprendista (m *or* f) *apprentice*
apprezzare *to appreciate, to enjoy*
appunto *in fact* per l'appunto *as a*
   matter of fact
aprile (m) *April*
aprire (pp aperto) *to open*
aprirsi* *to open, to give on to*
l'arancia *orange*
l'aranciata *orange squash*
l'arazzo *tapestry*
archeologico *archaeological*
l'architetto *architect*
l'arco *arch*
l'area *area*
l'argento *silver*
l'aria *air* aria condizionata *air*
   conditioning
l'aritmetica *arithmetic*
Arlecchino *Harlequin*
armato *armed*
l'armonium (m) *harmonium*
arrabbiarsi* *to get angry*
l'arredamento *furniture, interior design*
arredato *furnished*
arrivare* *to arrive*
arrivederci, arrivederla *goodbye*
l'arrivo *arrival* in arrivo *(now)*
   arriving
arrosto *roast*
arrotolato *rolled*
l'articolo *item*

artificiale *artificial*

artigianale *craft-type (of work, industry)*

l'artigiano *craftsman*

l'artista (m *or* f) *artist*

artistico *artistic*

l'ascensore (m) *lift*

asfaltato *asphalted*

aspettare *to wait*

l'aspetto *aspect*

l'aspirapolvere (m) *vacuum cleaner*

assaggiare *to taste*

assai *very much, a lot*

assieme *together*

l'assistente (m *or* f) *assistant*

l'assistenza *assistance*

l'associazione (f) *association*

assolutamente *absolutely*

assortito *mixed*

l'atmosfera *atmosphere*

l'attenzione (f) *attention* attenzione! *attention please!*

attesa: la lista d'attesa *waiting list*

attico *Attic (ie of Athens)*

l'attimo *moment* un attimo *just a moment*

l'attività (f) *activity*

l'atto *act, action*

attraversando *crossing*

attraversare *to cross*

attraverso *through*

attuale *present day, current*

attualmente *at present*

Augusto *Augustus*

aumentare* *to go up*

l'Austria *Austria*

l'auto (f) (pl le auto) *car*

l'autobus (m) (pl gli autobus) *bus*

automatico *automatic*

l'automobile (f) *car*

l'automobilista (m *or* f) *driver*

l'autorità (f) *authority*

l'autostrada *motorway*

l'autunno *Autumn*

avanti: avanti Cristo *before Christ (AD)*

avere† *to have (see p 258)* avere bisogno di *to need* avere paura *to be afraid* avere ragione *to be right*

avete, avevi *see* avere

l'avorio *ivory*

avremo: avremo tutto ottobre *we'll be at it the whole of October*

avvenire*† (pp avvenuto) *to occur, to happen*

avviato *established*

l'avvocato *lawyer*

l'azalea *azalea*

l'azienda *business, firm* Azienda Autonoma di Soggiorno e Turismo *State Tourist Office*

azzurro *pale blue*

B

la babysitter *babysitter*

il baccano *noise, row*

il bagaglio *luggage*

il bagno *bathroom*

ballare *to dance*

la ballerina, il ballerino *dancer (m or f)*

la bambina *little girl* da bambina *as a little girl*

il bambino *child, little boy*

la bambola *doll*

la banana *banana*

la banca *bank*

il banchetto *banquet*

la banda *band*

il bar (pl i bar) *bar*

il barbaro *barbarian*

la barca *boat*

il barman (pl i barman) *bartender*

barocco *baroque*

la base *base*

la basilica *basilica*

il basilico *basil*

Bassano *small town north of Vicenza*

basso *low* in basso *down below*

il bassorilievo *bas relief*

bassotto: cane bassotto *basset hound*

bastare* *to be enough* basta! *(that's) enough!* basta così *that's all, enough* basta così? *is that all?*

il battello *boat*

la batteria *(car) battery*

battezzare *to christen*

be' *well*

beige *beige*

bel *see* bello

il belga (pl i belgi) *Belgian*

il Belgio *Belgium*

bello *beautiful, lovely* cosa avete fatto/visto di bello? *did you do/see anything nice?*

bene *right, fine, well* ben caldo *nice and hot* ben cotto *well done, well-cooked* va bene *fine, certainly, all right*

benedettino *Benedictine*

la beneficenza *charity*

beneficio: a beneficio di *in support of*

la benzina *petrol*

il benzinaio *petrol-pump attendant*

bere† (pp bevuto) *to drink* (qualcosa) da bere? *(something) to drink?*

il bestiame *cattle*

la bevanda *drink (usually hot)*

beve, bevete *see* bere†

bianco *white* bianco e nero *black and white* in bianco *with butter*

la bibita *(soft) drink*

il bicchiere *glass*

la bicicletta *bicycle*

la bigliettaia, il bigliettaio *ticket clerk* (m *or* f)

la biglietteria automatica *ticket machine*

il biglietto *ticket; banknote*

il binario *(railway stn) platform, track*

biondo *fair, blond*

la birra *beer*

il bisnonno *great grandfather*

bisogna *you've got to, one must*

bisogno *see* avere; quando c'è bisogno *when necessary*

bisognoso *poor, needy*

la bistecca *steak*

il bitter (pl i bitter) *bitter (type of aperitif)*

il bivio *fork (in road)*

il blocco *block*

blu (pl blu) *blue*

bollente *boiling*

bollire *to boil*

il bollito *boiled meat dish*

bordeaux *claret (colour)*

la borsa *handbag*

il bosco *wood*

botanico *botanical*

la bottega *workshop*

la bottiglia *bottle*

la brace: bistecca alla brace *barbecued steak*

la braciola *chop*

bravo! *very good!, well done!, good for you!*

breve *short*

brillante *brilliant*

il brindisi (pl i brindisi) *toast (drink)*

la brioche *plain bun or croissant*

il brodo *broth, stock*

bucato *full of holes*

buon *see* buono

buonanotte *good night*

buonasera *good evening*

buongiorno *good morning/afternoon*

buono *good* a buon prezzo *cheap* buon appetito! *enjoy your meal!* buon divertimento! *enjoy yourself!* buon lavoro! *hope the work goes well!* buona vacanza! *have a good holiday!* cosa ha mangiato di buono? *had anything nice to eat?*

il burro *butter*

C

la cabina *telephone booth*

la cacciagione *game (of food)*

il caffè *coffee; café*

la caffettiera *coffee machine, coffee pot*

il calamaro *squid*

caldo *hot* ben caldo *nice and hot* tavola calda *self-service snack bar/restaurant*

calmo *quiet*

la calza *sock, stocking*

calzare *to wear, to put on (footwear)*

il calzolaio *shoemender*

cambiare *to change*

il cambio *exchange (rate)* Collegio del Cambio *medieval Exchange Bank*

la camelia *camellia*

la camera *(bed)room* camera da letto *bedroom* camera da pranzo *dining-room*

la cameriera *waitress* il cameriere *waiter*

il camerino *fitting room*

la camicia *shirt*

il caminetto *fireplace*

il camino *fireplace*

camminare *to walk*

il cammino *walk*

il camoscio *Alpine chamois, antelope*

la campagna *country(side)* in campagna *in/to the country, on the farm*

la campana *bell*

il campeggio *camp site*

il campo *field* campo da gioco
playground campo da tennis
tennis court

il Canadà *Canada*
canadese *Canadian*

il canale *canal* Canal Grande *Grand
Canal, Venice*

il canarino *canary*

il cane *dog*

i cannelloni *stuffed rolls of pasta (see also
p 100)*

la cantina *cellar*

il capannone *shed*

il capitano *captain*

capire (-isco) *to understand* ho capito
I see, I've understood far capire *to
make people understand*

il Capitano del Popolo *military governor
of medieval commune*

Capodimonte *district of Naples*

il capogiardiniere *head gardener*

la cappella *chapel*

il cappello *hat*

il cappero *caper*

il cappuccino *white coffee*

la capra *goat*

Capua *small town north of Naples*

carbonara: spaghetti alla carbonara
spaghetti dish (see also p 100)

il carciofo *artichoke*

il cardellino *goldfinch*

caricare *to load*

carico *heavy*

carino *pretty, attractive*

la carne *meat*

caro *dear, expensive*

la carota *carrot*

la carrozza *carriage* carrozza a cavalli
horse-drawn carriage

la carta *paper* carta di credito *credit
card*

la cartolina *postcard*

caruccio *lovable; rather expensive*

la casa *home, house, firm* a casa *(at)
home* fatto in casa *homemade* in
casa *at home* casa di riposo *old
people's home*

casareccio *homemade (eg bread)*

la cascata *waterfall*

il caso *case* per caso *by chance*

la cassa *cash desk*

la cassiera, il cassiere *cashier* (m *or* f)

il castello *castle*

la categoria *class (of hotel), category*
causa *owing to, because of*
causando *causing*

il cavaliere *knight, hon. title (see also
p 187)*

il cavallo *horse*

la cavità *cavity*
ce *see* ci

il cedro *cedar* cedro atlantico *Atlantic
cedar*

celeste *pale blue*

la cena *dinner, supper*
cenare *to have dinner/supper*

il centesimo *cent, hundredth*

cento *hundred* cento per cento
hundred per cent

il centro *centre* centro storico *old part
of city* in centro *in/to the centre
(of town)*

la ceramica *pottery*

il ceramista *potter*

cercare *to look for; to try*

certamente *certainly*

certo *certainly*

un certo *a certain (kind of)* certe, certi
certain, some

certosino *Carthusian*

il cervo *stag*

il cestino *punnet*

che *which, that*

che ...? che cosa ...? *what ...?*
a che ora? *at what time?* che ora
è?/che ore sono? *what's the time?*

che *than* più che *more than*

lo chef *chef*

chi(?) *who(?)* chi va ... *some go ...*

chiacchierare *to talk, to chat*

chiamare *to call*

chiamarsi* *to be called* come si
chiama? *what is your name? what is
he/she/it called?* come ti chiami?
what is your name? mi chiamo...
my name is ...

il Chianti *Chianti (wine)*

la chiave *key*

chiedere (pp chiesto) *to ask*

la chiesa *church* Chiesa dei Frari,
Chiesa della Madonna della Salute
famous churches in Venice

il chilo *kilo*

il chilometro *kilometre*
il chiostro *cloister*
chiudere (pp chiuso) *to close*
chiuso *shut, closed*   chiuso per turno *closed (by rota)*
ci *here, there*   c'è *there is*   ce n'è *there is (one, some)*   ce l'abbiamo *we've got one*   ce n'abbiamo *we've got some*   ce ne sono *there are (some)*   ci sono *there are*   ci stanno *there are*   non ci sono mai stato *I've never been there*   ci vogliono *you need (lit. are needed)*   ci vuole *you need (lit. is needed)*
ci *us, ourselves, each other*   ci può portare . . .? *could you bring us . . .?*   ci siamo divertiti *we enjoyed ourselves*   ci siamo sposati *we got married*   ci vediamo dopo *see you later*
ciao *hello, goodbye*
ciascuno *each*
il Cile *Chile*
il cimitero *cemetery*
il cinema (pl i cinema) *cinema*
il cinghiale *boar*
cinquanta *fifty*
cinque *five*
cinquecento *five hundred*
il Cinquecento *16th century*
cioè *that is, in other words*
la cipolla *onion*
circa *about, around*
circondare *to surround*
il circondario *surrounding area*
circostante *surrounding*
la città *town, city*
la cittadina *small town*
il ciuffo *tuft*
civile *civic*
la civiltà *civilization*
la classe *form, class*
classico *classic*
il cliente *customer*
la clientela *clientèle, customers*
il cognato *brother in law*
il cognome *surname, family name*
col *with the*
la colazione *breakfast, lunch*   prima colazione *breakfast (see also p 95)*
il colle *hill*
il collega, la collega *colleague (m or f)*

il collegio *college*
la collezione *collection*
la collina *hill*
il colombo *pigeon*
colonizzare *to colonize*
la colonna *column*
il colore *colour*   a colori *colour (of film, television, etc)*
il colpo: deve avere fatto colpo *he must have been quite a hit*
coltivare *to cultivate*
il coltivatore *farmer*
la coltura *crop, cultivation*
come *as, like, how*
come? *what?, how?*
cominciare *to begin*
commerciale *commercial*
il commerciante *dealer, businessman*
il commercio *commerce*   portare al commercio *to put on the market*
la commessa, il commesso *shop assistant (m or f)*
comodo *comfortable; convenient*
la compagnia *company*
il compenso *fee*
comperare *to buy*
le compere (pl) *shopping*
il compleanno *birthday*
completamente *completely*
completare *to complete*
completo *full*
complimenti! *congratulations!*
composto: è composto di *(it) consists of*
comprare *to buy*
comprendere (pp compreso) *to include*
il comprensorio *administrative district*
comunale *municipal, of the commune*
il comune *local authority, commune*
comunicare *to communicate, to let someone know*
comunque *however*   comunque c'è *but at least there is one*
con *with*
concentrico *concentric*
il concerto *concert*
conclamato *celebrated, famous*
la concorrenza *competition*
condizionato: aria condizionata *air conditioning*
confezionare *to parcel up*
la confidenza *familiarity*

confronto: in confronto a *compared to*
la confusione *confusion*
il congelatore *freezer*
il congresso *conference* Palazzo dei
    Congressi *Conference Centre*
il conoscente *acquaintance*
conoscere (pp conosciuto) *to know*
conquistare *to conquer*
conservare *to preserve*
la conservazione *preservation*
consigliare *to recommend*
consolarsi* *to cheer oneself up*
il consumatore *consumer*
il consumo *consumption* mettere/
    portare al consumo *to put/place on
    the market*
il contadino *peasant farmer*
contenere† *to contain*
contento *happy*
la contessa *countess*
contiene *see* contenere
continuare *to continue*
continuo *constant, continuous*
il conto *bill, account* per conto loro *on
    their own*
il contorno *vegetables accompanying a
    main dish* di contorno *for
    vegetables*
contrario *contrary* al contrario *on
    the contrary*
contribuire *to contribute*
contro *(as) against, opposed to*
controllare *to check*
il controllo *control*
il convento *convent*
la cooperativa *cooperative (see also p 166)*
copiare *to copy*
la coppia *couple*
la corazza *breastplate, armour*
il corpo *body*
il Corporale *cloth on which the chalice is
    stood during mass*
correre (pp corso) *to run*
la corriera *coach, country bus*
il corso *avenue; course (of study)*
il corteo *procession* Corteo Storico
    *procession in medieval costume (see
    also p 118)*
la cortesia *courtesy* per cortesia *please*
il cortile *courtyard*
la cosa *thing* una cosa del genere *that
    sort of thing* una cosa normale

nothing out of the ordinary prima
    cosa *first of all*
cosa?/che cosa? *what* cosa c'è . . .?
    what is there . . .? cosa ci possiamo
    fare? *what can we do about it?*
così *so, like this, so to speak* così si
    crede *so they say* così così *so so*
cosiddetto *so-called*
costante *constant*
costare *to cost*
costeggiare *to skirt*
costringere (pp costretto) *to constrict,
    to limit*
la costrizione *constriction*
costruendo *making, building*
costruire (-isco) *to build, to make*
la costruzione *construction*
il costume *costume, dress*
la cotoletta *cutlet, escalope*
il cotone *cotton*
cotto *cooked* ben cotto *well done*
la cottura *firing (of pottery)*
il cratere *crater*
la cravatta *tie*
creare *to create*
credere *to believe*
il credito *credit*
la crepa *crack*
crescere* (pp cresciuto) *to grow up*
la crisi (pl le crisi) *crisis*
Cristo *Christ* Cristo Redentore
    Christ the Redeemer avanti Cristo
    before Christ (BC) dopo Cristo
    anno Domini (AD)
il crocefisso *cross, crucifix*
crollare *to collapse*
il crollo *collapse*
il crostino *fried bread*
crudo *raw* prosciutto crudo *smoked
    ham (see also p 53)*
la cucina *cooking; kitchen* cucina
    casalinga *family cooking*
cucinare *to cook*
cui *whom* con cui *with whom* per
    cui *therefore* tra cui *amongst
    whom, which*
la cultura *culture*
culturale *cultural*
il cunicolo *underground passage*
la cuoca, il cuoco *cook (m or f)*
cuocere (pp cotto) *to cook*
il cuore *heart*

cupo *dark*
la cura *care*
curare *to look after*
il curato *curate*
il custode *caretaker, attendant*

D

da *from, at, to, by, for, of (see*
Grammatica, *para 72)*
dà, dai, danno, *etc see* dare
dal, dall', dalla, dai, *etc from the, at the,*
by the, to the
il damasco *damask*
dando: dando del 'tu' *using 'tu' (lit.*
giving)
danneggiato *damaged*
la danza *dance* danza classica *ballet*
dare† *to give (see p 258)* dare da
mangiare *to feed* dare su ... *to*
give on to ... dare del 'lei'/'tu' *to*
use 'lei'/'tu'
dato: dato che *since, as*
davanti *in front*
davvero? *really?*
la dea *goddess*
debbono *see* dovere
decidere (pp deciso) *to decide*
decorativo *decorative*
decorato *decorated*
la decorazione *decoration*
dedicato *dedicated*
del, dell', della, dei, *etc of the, some, any*
delicato *delicate, mild (of flavour)*
delizioso *delightful*
il denaro *money*
dentro *inside*
la dépendance *annexe*
il dépliant *leaflet*
descrivere (pp descritto) *to describe*
desiderare *to wish, to desire*
desidera?, desiderano?, *etc what*
would you like?
il dessert *dessert, sweet, pudding*
la destra *right* a/ sulla destra *to/ on the*
right
il detersivo *detergent*
il dettaglio *detail*
detto *see* dire
devo, devi, deve, devono *see* dovere
di *of, from, than, in (see* Grammatica,
para 73)

diamo *see* dare†
la diapositiva *transparency, slide*
dica, mi dica *yes? (lit. tell me)*
dicembre (m) *December*
dico, dice, diciamo *see* dire†
dieci *ten*
dietro *behind*
difficile *difficult*
la difficoltà *difficulty*
la diga *dam*
digerire *to digest*
dimmi *tell me*
la dinastia *dynasty*
Dio *God* oh Dio! *oh dear! my*
goodness!
dipendere *to depend*
il diplomato *graduate*
dire† *to say (see p 259)* come si può
dire? *how can I put it?*
direi *I'd say*
direttamente *directly*
il direttissimo *fast, express train*
diretto *direct* diretto a *en route to*
il diretto *average speed stopping train*
il direttore *director (m), manager*
la direzione *management*
diritto *straight (on)*
la disciplina *discipline*
il discjockey *disc jockey*
il disco *record*
la discoteca *discoteque*
discutere *to discuss*
disegnare *to design*
il disegnatore *designer, draughtsman*
il disegno *design* dietro disegni di
based on drawings by
disorganizzato *disorganised*
dispiace: mi dispiace *I'm sorry*
dispiacersi*† *to be upset, to mind*
la disposizione *disposition*
disposto *set out, arranged*
la distinzione *distinction*
distruggere (pp distrutto) *to destroy*
la ditta *firm* la ditta Pinchi *Pinchi & Co*
diventare* *to become*
diverso *different* diversi *several,*
quite a few, various, all sorts
divertente *amusing*
il divertimento *entertainment* buon
divertimento! *have a good time!*
divertirsi* *to enjoy oneself, to have a*
good time

dividere (pp diviso) *to divide*
do *see* dare
DOC *a wine classification (see also p 116)*
la doccia *shower*
documentario *documentary*
il documento *document*
il dolce *dessert, sweet, pudding*
la dolcezza *sweetness, warmth*
la domanda *question*
domandare *to ask*
domani *tomorrow*
la domenica *Sunday*
dominare *to dominate*
il dominio *dominion*
la donna *woman*   da donna *woman's*
dopo *after, then*   dopo di che *after which*
doppio *double*
dormire *to sleep*
dove? *where?*   dov'è? *where is (it)?*   di dov'è? *where are you (is he/she/it) from?*
dovere† *(see p 259) to have to*
drammatico *dramatic*
dritto *straight (on)*
il dubbio *doubt*
ducale *ducal*
due *two*   duemila *two thousand*   del duemila *futuristic (of the year 2000)*
dunque *well, so*
il duomo *cathedral*
durante *during*
durare *to last*
duro *hard*

E

e *and*
è *see* essere
eccetto *except*
eccezionale *exceptional*
ecco *here (it) is, here (they) are, there, well, that's what I mean*   eccoci *here we are*   eccolo,-a *here he/she/it is*
l'economia *economy*
economico *economic*
ed *and (form of e, when followed by a word beg. with a vowel)*
l'edificio *building*
l'effetto *effect*

l'Egitto *Egypt*
elegante *elegant, smart*
elementare *elementary, primary*
l'elemento *element*
l'elenco *list*
l'elettrodomestico (pl gli elettrodo-mestici) *household appliance*
l'elmetto *helmet*
embè *well (regional)*
emblematico *emblematic*
l'entrata *entrance*
entro *within, by*
l'episodio *episode*
l'epoca *period, era*
era, eravamo, eravate *see* essere
l'erba *herb*   alle erbe *(cooked) with herbs*
l'erosione (f) *erosion*
l'esame (m) *exam*
esatto *exact, exactly, that's right*
esce, esci, *etc. see* uscire
esclusivamente *exclusively*
escluso *except, excluding*
l'escursione (f) *excursion*
eseguire *to execute, to carry out*
l'esempio *example*   per esempio *for example*
esercitare *to practise, to exercise*
l'esercizio *exercise*
esistente *existing*
esistere* (pp esistito) *to exist*
l'esperienza *experience*
l'esperto *expert*
esplorare *to explore*
esposto *exposed*
espressamente *specially, specifically*
l'espresso *fast, express train (see also p 74)*
esprimere (pp espresso) *to express*
essenziale *essential*
essere*† (pp stato) *to be (see p 258)*   c'è *there is*   ce n'è *there is (some)*   ci sono *there are*   ce ne sono *there are (some)*   ce ne sono stati *there have been*
esso,-a *he, she, it*
l'est (m) *east*
l'estate (f) *summer*   d'estate *in, during the summer*
estemporaneo *extemporary, improvised*
estendere (pp esteso) *to extend*   nell'estendere *in extending*

l'esterno *outside*

estero: all'estero *abroad*

esteso *extensive*

estivo: nel periodo estivo *during the summer*

l'età (f) *age* che età hanno . . .? *how old are . . .?*

etrusco *Etruscan* all'etrusca *in the Etruscan style*

l'ettaro *hectare (10,000m²)*

l'etto *hectogram (100 grams)* all'etto *per 100 grams*

l'ettolitro *hectolitre (100 litres)*

l'eucaristia *eucharist*

l'Europa *Europe*

europeo *European*

extra *extra*

F

fa *see* fare un anno fa *a year ago, last year*

la fabbrica *factory*

la faccia (pl le facce) *face*

la facciata *facade*

facendo: stiamo facendo *we are making*

faccio, facciamo, facevo, facevamo, facevano *see* fare

facile *easy*

il fagiolino *green bean*

il fagiolo *bean*

fai *see* fare

il falegname *carpenter*

la famiglia *family*

familiare *as (it is) at home; intimate, friendly*

familiari: i miei familiari *my family*

famoso *famous*

fanno *see* fare

la fantasia *fantasy*

fare† (pp fatto) *to do, to make (see p 258)* fare benzina *to get some petrol* fare il biglietto *to buy/get your ticket* fare colazione *to have breakfast* fare dei viaggi *to travel* fare dello sci *to ski* fare un esame *to take an exam* fare fotografie *to take photos* fare il cuoco, l'insegnante *to work as a cook, a teacher* fare la valigia *to pack* far parte di *to be part of* fare ragioneria *to study accountancy*

fare riposo *to take a day off/a rest* fare una passeggiata *to go for a walk* fare uno sconto *to give a discount* cosa ci possiamo fare? *what can we do about it?*

la farmacia *chemist's*

la fascia (pl le fasce) *band; bandage*

fate *see* fare

faticoso *tiring*

fatto *see* fare fatto a mano *handmade* fatto in casa *homemade* fatto cucinare *left to cook*

il favore *favour* per favore *please*

favorire (-isco) *to favour* mi favorisce . . .? *would you be good enough to give me . . .?*

febbraio *February*

il fegato *liver* fegato alla veneziana *liver cooked with onions (see also p 101)*

femminile *female*

le ferie (pl) *holidays*

fermare *to stop*

fermarsi* *to stop (oneself)*

la fermata *stop*

la fermentazione *fermentation*

il ferro *iron* ai ferri *grilled* ferro battuto *wrought iron*

ferroviario: stazione ferroviaria *railway station*

il ferroviere *railway worker*

la festa *fête, party*

festeggiare *to celebrate*

la fetta *slice*

fiammingo *Flemish*

fianco: a fianco *beside, next to*

il fico *fig*

la fidanzata, il fidanzato *fiancé(e)*

fidanzato *engaged*

Fiesole *hill town near Florence*

il figlio *son* i figli *sons, sons and daughters*

la figura *figure*

figurati! *it's no trouble!*

la filodiffusione *ringmain/cable radio*

il filoncino *long-shaped loaf of bread*

la filosofia *philosophy*

finale *final*

la fine *end*

il finesettimana *weekend*

la finestra *window*

finire (-isco) *to finish*

fino a *until, up to*   fino a che è
    necessario *as long as it's necessary*
il finocchio *fennel*
    finora *up to now*
il fioraio *florist*
il fiore *flower*
    fiorente *flourishing*
    fiorire (-isco) *to flower*
    Firenze *Florence*
la fisarmonica *accordion*
    fisico (pl fisici) *physical*
    fisso *fixed*   prezzi fissi *fixed prices*
la foglia *leaf*
il foglio *sheet (of paper)*
la fogna *sewer*
    fognaria: rete fognaria *sewerage system*
    Foligno *town in Umbria famous for the*
    manufacture of keyboard instruments
    fondamentale *fundamental*
    fondare *to found, to set up*
    fondazione: alla fondazione *when we*
    started
    fondo: in fondo *at the end/bottom, at*
    the far end   là in fondo *down there*
il fondo *background; fund*
la fontana *fountain*
la forma *shape, type; whole cheese*   una
    forma di *a kind of*
il formaggio *cheese*
    formare *to shape, to throw (of*
    pottery)
il fornello (a gas) *(gas) cooker*
il forno *oven*   messo/cotto al forno
    baked
il foro *forum*
    forse *perhaps, maybe*
la fortuna *fortune*   per fortuna
    fortunately, luckily
    fortunato *fortunate, lucky*
la fotografia *photograph, print*
    fra *between*
la fragola *strawberry*
la frana *landslide*
    francescano *Franciscan*
    francese *French*
la Francia *France*
il francobollo *stamp*
il fratello *brother*
la frazione *village, part of a country*
    district
    freddo *cold*
il freezer *freezer*

frequentare *to frequent, to be with, to*
    know
    frequentato *popular*
    fresco *fresh, chilled, cold*
    fretta: in fretta *quickly, in a hurry*
il frigo *fridge*
il frigorifero *refrigerator*
    fritto *fried*
    fronte: di fronte *opposite*   di fronte a
    in front of
la frutta *fruit*   albero da frutta *fruit tree*
il fruttivendolo, la fruttivendola
    greengrocer (m or f)
    fruttuoso *fruitful*
la fuga *flight, escape*
    fumare *to smoke*
il fungo *mushroom*
la funivia *cable car*
il fuoco *fire*
    fuori *out, outside*   al di fuori di
    outside, beyond

G

la galleria *gallery*   Galleria degli Uffizi
    Uffizi Gallery, Florence
    gallese *Welsh*
la gallina *chicken*
il gallo *cockerel*
il garage *garage*
il gas *gas*
    gassato *sparkling, fizzy*   non gassato
    non-fizzy (of drinks)
il gatto *cat*
il gelato *ice-cream*
    generale *general*   in generale
    generally
    generalmente *generally, usually*
il genere *kind, type*   cosa del genere
    this/that sort of thing   in genere
    generally
il genitore *parent*
    gennaio *January*
    Genova *Genoa*
la gente *people*   le genti *peoples, tribes*
    gentile *kind*   molto gentile! *very kind*
    of you!
la gentilezza *kindness*   per gentilezza
    please
la geografia *geography*
la Germania *Germany*
    gestire (-isco) *to run, to manage*

già *already*   già in piedi? *up already?*
   già, è vero *yes, that's true*
giallo *yellow*
il giardiniere *gardener*
il giardino *garden*   giardino all'italiana
   Italian-style garden
Ginevra *Geneva*
giocare *to play*
il gioco *game, play*
la gioia *joy*
il giornale *newspaper*
la giornata *day*
il giorno *day*   al giorno *per day*   tutti i
   giorni *every day*
   giovane *young*   da giovane *as a young
   man*
il giovane *young man*
il giovedì *Thursday*
girare *to turn*
il girarrosto *spit (for roasting)*
giri *turn*
il giro *tour, trip*   in giro *around, out and
   about*
la gita *trip*
   giù *down*   giù di qui *down here*
giudiziario *judicial*
giugno *June*
la giustizia *justice*
giusto *right*
il gladiolo (*or* gladiolo) *gladiola*
gli *the*
gli *to him*   gli dica *tell him*
glielo: glielo incarto? *shall I wrap it for
   you?*
globale *global*
gli gnocchi *gnocchi*
la gondola *gondola*
il gonfaloniere *standard bearer*
   Gonfaloniere di Giustizia *chief
   magistrate of medieval commune*
il gorgonzola *gorgonzola cheese*
gotico-francese *French Gothic*
il governatore *governor*
   graffito *sgraffito*   tutto graffito *all
   decorated in sgraffito (incised)*
il grafico (pl i grafici) *graphic artist*
la grammatica *grammar*
il grammo *gram*
gran *see* grande
la Gran Bretagna *Great Britain*
grande *big, large*
grandino *fairly large*

il granito *granite*
il grano *wheat*
il grappolo *bunch (eg of grapes)*
gratuitamente *free of charge*
gratuito (*or* gratuito) *free*
grazie *thank you*   grazie mille *many
   thanks*
grazioso *charming*
greco (pl greci) *Greek*
grigio *grey*
la griglia *grill*   alla griglia *grilled*
grosso *large, big*   il lavoro più grosso
   the most work; the busiest time
la grotta *cave*
la groviera *gruyère cheese*
il gruppo *group*
guadagnare *to earn*
il guanto *glove*
guardare *to look*   guardi! *you know!,
   look!*   mi guarda ...? *will you
   check ... for me?*
la guerra *war*
il guerriero *warrior*
il gufo *owl*
la guida *guide*
guidare *to drive; to guide*   visita
   guidata *guided tour*

H
---

ho, hai, ha, hanno *see* avere
l'hobby (m) *hobby*
l'hotel (m) *hotel*

I
---

i *the*
l'idea *idea*
ideale *ideal*
il *the*
illustrato *illustrated*
imballare *to pack, to package*
l'imbarcadero *landing stage*
imbottigliare *to bottle*
immaginare *to imagine*   s'immagini!
   not at all!, don't mention it!
immenso *huge*
immodestamente *immodestly*
imparare *to learn*
l'imperatore (m) *emperor*
imperiale *imperial*

impiegare *to employ*
l'impiegata, l'impiegato *clerk, employee
(m or f)*
importante *important*
imprevisto *unexpected*
imprigionato *imprisoned*
improvvisare *to improvise*
in *in, to (see* Grammatica, *para 74)*
incartare *to wrap* glielo incarto?
shall I wrap it up for you?
l'inchiesta *survey*
incirca *about* all'incirca *round about*
incluso *included*
incominciare *to begin*
incompleto *incomplete*
incontrare *to meet*
incredibile *incredible, unbelievable*
l'incrocio *crossroads, junction*
indicare *to indicate, to direct*
indipendente *independent*
indubbiamente *undoubtedly*
l'industria *industry*
industriale *industrial*
l'inesattezza *inaccuracy*
l'inesperienza *lack of experience*
infatti *as a matter of fact, in fact*
infilare *to thread* infilare allo spiedo
to skewer
infine *finally*
l'inflazione (f) *inflation*
l'informazione (f) *(piece of) information*
l'Inghilterra *England*
inglese *English*
l'ingrediente (m) *ingredient*
l'ingresso *entrance*
iniziare *to begin, to start*
gli innamorati *people in love, lovers*
l'insalata *salad*
l'insegna *standard*
l'insegnante (m or f) *teacher*
insegnare *to teach*
inseparabile *inseparable*
insieme *together*
insomma *in other words*
l'intaglio *carving*
intanto *to begin with, in the meantime*
l'intarsio *inlay, marquetry*
integrato *made up, subsidised*
l'intelligenza *intelligence* intelligenza
pronta *lively intelligence*
intendere (pp inteso) *to mean*
interamente *entirely*

interessante *interesting*
l'interesse (m) *interest*
internazionale *international*
interno *interior, inside*
interrato *underground*
l'intervento *intervention, repair*
intorno *around*
intricato *intricate*
l'intuito *intuition*
invalido *disabled*
invecchiare *to age*
invece *on the other hand, instead*
l'inverno *winter* d'inverno *in winter*
invitare *to invite*
l'invitato *guest*
io *I*
irlandese *Irish*
l'iscrizione (f) *inscription*
l'isola *island, isle*
isolato *isolated* villetta isolata *small
detached house*
ispirare *to inspire*
l'Italia *Italy* l'Italia del Sud *Southern
Italy*
italiano *Italian*

J

il jazz *jazz*

L

la, l' *the; you, her, it*
là *there* là in fondo *down there, at the
end*
il laboratorio *workshop*
il lago *lake*
la lana *wool* di lana *woollen*
le lasagne *baked pasta dish (see also p155)*
lasciare *to leave* lasciare libero *to
vacate* se mi può lasciare . . . *if
you could just leave . . . with me*
latino *Latin*
il lato *side, aspect*
il latte *milk*
la lavanderia *laundry* lavanderia a secco
dry cleaners
lavare *to wash*
lavarsi* *to wash (oneself)*
la lavastoviglie *dishwasher*
la lavatrice *washing machine*
lavorare *to work*
il lavoratore *worker*

la lavorazione: – delle ceramiche *pottery*
– del ferro *ironwork* – del legno
woodwork – del metallo
metalwork

il lavoro *work, job* buon lavoro! *hope
the work goes well!* che lavoro fa?
what (work) do you do? qual è il
suo lavoro? *what's your job?*

le *the;* le *to/for you* le piace? *do
you like it?* le piacciono? *do you
like them?*

legato *connected, tied*

la legge *law*

leggere (pp letto) *to read*

il legno *wood*

lei *you (sing.), she, her* e lei? *and for
you (sing.)?*

lentamente *slowly*

il leone *lion*

il letto *bed* camera da letto *bedroom*

levar: il levar del sole *sunrise*

levigare *to (make) smooth*

li *them*

lì *there* è lì *it's (over) there*

libero *free*

la libreria *bookcase*

limitato *limited*

limitrofo *neighbouring*

il limone *lemon*

la linea *line*

la lingua *language*

il liquore *liqueur*

la lira *lira*

la lista *list* lista d'attesa *waiting list*

il litro *litre*

lo *the; him, it*

locale *local*

la località *locality, area*

la locanda *small hotel, boarding house*

la loggia *loggia* Loggia Bernarda (*or* del
Capitanio) *civic building in Vicenza*

Londra *London*

lontano *far, far away, distant*

loro *you (pl), they, them* il loro, la
loro, *etc your, yours (pl), their,
theirs* loro stessi, -e *they
themselves*

il loto *lotus*

lucidare *to polish*

la lucidatrice *floor polisher*

luglio *July*

lui *he, him*

il lunedì *Monday*

lungo *long* caffè lungo *diluted black
coffee* a lungo *a long time*

il lungolago *lakefront*

il lungomare *seafront*

il luogo *place*

la lupa *she-wolf* Lupa di Roma
mythical she-wolf of Rome

il lusso *luxury*

M

ma *but, well*

la macchina *car, machine* in macchina
by car, in the car macchina
fotografica *camera*

la macedonia *fruit salad*

il macellaio *butcher*

la madre *mother* madre superiora
mother superior

il maestro *teacher*

magari! *I'd love to, that would be lovely*

maggio *May*

la maggiorana *marjoram*

maggiore *elder, eldest, major* in
maggior modo *above all* in
maggior parte *for the most part*

maggiormente *above all, mostly*

i magi *the 3 kings, the magi*

la maglia *jumper*

magnifico *splendid*

magro *lean* di magro *pasta filling of
cheese and spinach (see also p 155)*

mai *never; ever*

il maiale *pork* maialino da latte *sucking
pig*

la maionese *mayonnaise*

la majorette *majorette*

la malattia *disease, illness*

la mamma *mummy* mamma mia!
goodness me!

manca: manca un po' *it's a bit low*

mancare *to be lacking, missing*

mandare *to send*

mangiare *to eat*

la mano (pl le mani) *hand* fatto a mano
handmade

il mantello *mantle, cloak*

mantenere† *to maintain, to retain*

il manzo *beef*

la mappa *map*

il mare *sea*

la marea *tide*
la marionetta *puppet*
il marito *husband*
il marmo *marble*
marrone *brown*
il marsala *marsala wine (see also p 116)*
il martedì *Tuesday*
marzo *March*
maschile *male*
massimo *maximum, at the most*
il masso *rock, mass*
la matematica *mathematics*
la materia *subject*
il materiale *material*
matrimoniale *matrimonial* camera
matrimoniale *hotel room with double bed*
il matrimonio *wedding* anniversario di matrimonio *wedding anniversary*
la mattina *morning* la mattina/alla mattina *in the morning*
mattinata: che mattinata! *what a morning!*
il mattino *morning* al mattino *in the morning*
il mattone *brick*
maturo *ripe*
il mazzo *bunch (of flowers)*
me *me, for me* a me piace *I like it*
il meccanico *mechanic*
media: in media *on average*
il medico (pl i medici) *doctor*
medievale *medieval*
il Medioevo *Middle Ages*
meglio *better* in meglio *for the better*
la mela *apple*
la melanzana *aubergine*
il melone *melon*
il membro *member*
meno *less, fewer, least* ancora meno *less still* più o meno *more or less*
mentale *mental*
mentre *while*
il menù *menu*
meraviglioso *wonderful*
il mercato *market*
il mercoledì *Wednesday*
il merletto *lace*
mescolare *to stir*
il mese *month*
il messaggio *message*
messicano *Mexican*

il mestiere *craft, job*
Mestre *industrial town near Venice*
la metà *half*
la metafora *metaphor*
il metallo *metal*
il metro *metre*
mettere (pp messo) *to put* mettere al forno *to bake* mettere da parte *to put aside* quanto ci mette? *how long does it take?*
mettersi* *to put on (of clothing), to wear*
il meublé *hotel without restaurant service*
la mezzanotte *midnight*
mezzo *half* in mezzo *in the middle* mezzo chilo *half a kilo*
il mezzogiorno *midday*
mi *me, to/for me, myself*
il miele *honey*
milanese *Milanese* cotoletta alla milanese *veal escalope in egg and breadcrumbs*
Milano *Milan*
il miliardo *one thousand million*
militare *military*
mille (pl mila) *thousand* grazie mille *many thanks*
il Millecento *twelfth century*
minerale *mineral*
il minestrone *minestrone*
minimo *at the very least, minimal*
il minore *youngest (of children), minor*
il minuto *minute*
mio, mia, *etc* *my, mine*
il miracolo *miracle*
misto *mixed*
la misura *size (of clothing)*
il mobile *piece of furniture*
la mobilia *furniture*
la moda *fashion* di moda *fashionable*
il modello *type*
moderatamente *in moderation*
moderno *modern*
modesto *modest*
il modo *manner* in modo particolare *particularly* in maggior modo *above all*
la moglie *wife*
molto *a lot (of), many, very, very much*
il momento *moment*
il monastero *monastery*
il mondo *world* in tutto il mondo *all over the world*

la moneta *coin*
la montagna *mountain(s)*
il monte *mountain, mount* Monte di
    Pietà *pawnshop*
il monumento *monument*
  morbido *soft*
  morto *dead* stanco morto *dead tired*
  morire*† (pp morto) *to die*
il mosaico (pl mosaici) *mosaic*
il mosto *must, unfermented new wine*
la mostra *exhibition*
il motivo *reason*
la moto *motorbike*
la motocicletta *motorcycle*
il movimento *movement, exercise*
la mozzarella *type of cheese (see also p 53)*
il municipio *town hall*
  muoversi* (pp mosso) *to move
    (oneself)*
  Murano *island near Venice, famous for
    its glass*
il muro *wall* orologio da muro
    wall-clock le mura (pl) *city walls*
il museo *museum*
la musica *music*
il mutamento *change*

nessuno *no, none*
niente *nothing, anything, no . . .*
    nient'altro? *nothing else?*
no *no*
la noce *nut, walnut*
  noi *we* da noi *at our place, in our
    part of the world*
  noioso *boring*
il nome *name*
  non *not* non più *not any more* non
    proprio *not exactly* non tanto
    not particularly
  nonché *as well as*
il nonno *grandfather*
il nord *north* nord-ovest *north-west*
  normale *normal*
  normalmente *all the time, usually*
  nostro *our, ours*
la notte *night*
  nove *nine*
  novembre (m) *November*
  nudo *naked*
  nulla *anything, nothing*
il numero *number; size (of shoes)*
  numeroso *numerous*
  nuovo *new* di nuovo *again*

N

Napoli *Naples*
nascere* (pp nato) *to be born*
la nascita *birth*
il Natale *Christmas*
  naturalmente *of course, naturally*
  nazionale *national*
  ne *some/any (of it/them)* ce n'è *there
    is* ce ne sono *there are*
  né . . . né *neither . . . nor*
  neanche *neither, not either, not even*
la nebbia *fog*
  necessario *necessary*
la necessità *necessity*
la necropoli (pl le necropoli) *necropolis,
    burial place*
  negativo *negative*
il negoziante *shopkeeper, dealer*
il negozio *shop*
  nel, nella, nei, *etc in the*
  nemmeno *neither, not either, not even*
  neppure *neither, not either, not even*
  nero *black* bianco e nero *black and
    white*

O

o *or*
l'obelisco *obelisk*
  occasionalmente *occasionally*
  occupare *to occupy*
  occuparsi* *to look after, to take care of*
  offrire (pp offerto) *to offer*
l'oggetto *thing, object*
  oggi *today, these days* oggi
    pomeriggio *this afternoon*
  ogni *every*
  olimpico *olympic, olympian*
l'olio *oil* olio d'oliva *olive oil*
l'oliva *olive*
  oltre a *besides, as well as*
l'ombrello *umbrella*
l'opera *opera, work*
l'operaio *worker, employee*
  oppure *or else*
l'opuscolo *booklet*
  ora *now*
l'ora *hour* a che ora? *at what time?*
    che ora è?, che ore sono? *what's the
    time?*

oralmente *orally*
l'orario *timetable*   in orario *on time*
    orario di visita *opening times*
l'orchestra *orchestra*
l'orefice (m) *goldsmith*
l'oreficeria *jeweller's shop*
l'organista (m *or* f) *organist*
  organizzare *to organise*
l'organo *organ*
  orgoglioso *proud*
  originariamente *originally*
l'origine (f) *origin*
l'oro *gold*
l'orologio *watch, clock*   -da muro
    wall-clock -da polso *wrist-*
    watch -da tavolo *mantel clock*
  orvietano *of/from Orvieto*
  Orvieto *town in Umbria, in Central*
    Italy
  oscuro *obscure*
l'ospedale *hospital*
  ospitare *to put up*
l'ospite (m *or* f) *guest*
  osservare *to watch, to observe*
  ossia *that is, in other words*
l'osso *bone*   (pl le ossa *human bones:*
  gli ossi *animal bones*)
  ottimo *excellent, superb*
  otto *eight*
  ottobre (m) *October*
l'Ottocento *19th century*
  ovest *west*

P

il pacchetto *parcel*
  Padova *Padua*
il padre *father*
il paesaggio *landscape, scenery*
il paese *country, village*
la paga *pay*
  pagare *to pay*
il paggio *page boy*
la pagnotta *large round loaf of bread*
il paio (pl le paia) *pair*
il palazzo *palace*
il palcoscenico *stage*
  Palladio, Andrea *Italian architect*
    (see also p 23)
  palladiano *Palladian*   Basilica
    Palladiana *civic building in Vicenza*
    (see also p 225)

la palma *palm tree*
la panca *bench*
il pane *bread*
il panettiere *baker*
il panino *bread roll*
la panna *cream*   alla panna *with cream*
il panorama *view*
i pantaloni *trousers*
il papa *pope*   Palazzo dei Papi *Papal*
    Palace
  parallelo *parallel*
il parasole *parasol*
  parcheggiare *to park*
il parcheggio *car park*
il parco *park*   parco zoologico
    zoological gardens
  parecchio *quite a lot, several*
il parente *relative, relation*
  Parigi *Paris*
  parlare *to speak, to talk*
il parmigiano *parmesan cheese*   alla
    parmigiana *with parmesan cheese*
    sauce
la parrocchia *parish*
la parrucca *wig*
il parrucchiere *hairdresser*
la parte *part*   a parte *separately*   da
    parte di *on the part of*   in gran/
    maggior parte *for the most part*   in
    parte *partly, some (of them)*
    mettere da parte *to put to one side*
la partenza *departure; start-up (of a*
    business)
  particolare *particular, special*
  particolarmente *particularly*
  partire* *to leave, to depart*   a partire
    da … *from as early as …*
  passaggio: zona di passaggio *place*
    with a lot of passing trade
il passante *passer-by*
il passaporto *passport*
  passare *to spend (time), to transfer*
  passare* *to pass, to pass through, to*
    call by
il passeggero *passenger*
  passeggiare *to walk, to go for a walk*
la passeggiata *walk*
la passione *passion, enthusiasm*
il passo *step*   (a) due passi *very near*
la pasta *cake, pastry; pasta*   pasta
    verde *pasta made with spinach*
il pasto *meal*

la patata *potato*
la patente *driving licence*
il patrimonio *heritage* patrimonio
    artistico *artistic heritage*
la paura *fear*
il pavimento *floor*
il pavone *peacock*
la pazienza *patience*
la pazzia *madness*
    peccato: che peccato! *what a pity!*
la pecora *sheep*
il pecorino *sheep's cheese (see also p 107)*
    pedonale *pedestrian*
    peggio *worse* in peggio *for the worse*
la pelle *leather*
la pellicola *film*
    pena: vale la pena *it's worth (it)*
    pensare *to think*
il pensionato *pensioner*
la pensione *small hotel, boarding house;*
    pension
il pepe *pepper (spice)*
il peperone *pepper (vegetable)*
    per *for*
la pera *pear*
    perché *because* perché? *why?*
    perciò *therefore*
    perdere (pp perduto *or* perso) *to lose*
    perfetto *perfect*
    perfezionare *to perfect, improve*
    pericoloso *dangerous*
la periferia *outskirts, suburbs*
il periodo *period*
    permettere (pp permesso) *to allow, to*
        permit
    però *but, however*
    persino *even*
la persona *person* le persone *people*
il personaggio *figure, personality*
    personale *personal*
    personalmente *personally*
    Perugia *cap. city of Umbria*
    pesante *heavy*
    pesare *to weigh*
la pesca *peach; fishing*
    pescare *to fish*
il pescatore *fisherman*
il pesce *fish* pesce d'acqua dolce *fresh-
        water fish*
il petto *chest, breast*
il pezzo *piece*
    piace, piacciono *see* piacere

piacere*† *to please* le/ti piace?/
    piacciono? *do you like it/them?*
    mi piace/piacciono *I like it/them*
    a me piace *I like it*
il piacere *pleasure* per piacere *please*
    piacere! *pleased to meet you!*
    piacevole *pleasant*
    piallare *to plane (carpentry)*
    piangere† (pp pianto) *to cry*
    piano: piano piano *little by little*
il piano *floor, storey* piano urbanistico
    town plan
il pianoforte *piano*
la pianta *plant; (town) map*
la piantagione *plantation*
    piantare *to plant*
la piantina *small map, map of small town*
il piatto *plate, dish* primo/secondo piatto
    first/second course
la piazza *square*
il piazzale *square*
    piccante *strong (of flavour)*
    piccolissimo *tiny*
    piccolo *small*
il piede *foot* in piedi *up and about*
la pietà *pity* Monte di Pietà *pawnshop*
la pietra *stone*
la pila *battery*
la pinacoteca *art gallery*
il pino *pine tree*
il Pinot grigio *type of white wine (see also
    p 116)*
la pioggia *rain*
    piovere* (*or* piovere) *to rain*
la piscina *swimming pool*
il pisello *pea*
    Pitti: Palazzo Pitti *Pitti Palace, art
        gallery in Florence*
il pittore *painter*
    pittoresco *picturesque*
la pittura *painting*
    più *more, most* di più *most of all* in
        più *more, extra, in addition* non
        più *not any more* più che *more
        than* più o meno *more or less*
    piuttosto *rather*
la pizza *pizza*
il pizzaiolo *pizza cook*
la pizzeria *snack-bar, pizza shop*
il pizzo *lace*
la plastica *plastic*
il Po *River Po*

po': un po' *a little (bit)* un po' di
più *a little more* un po' di tutto *a
bit of everything* è un po' di più
it's a bit over
pochi *not many, few*
pochino: un pochino *a little bit*
poco: un poco *a little* a poco a poco
little by little non poco! *not a
little!*
il podere *farm, small-holding*
il podestà *mayor (medieval)*
poi *then*
la polenta *dish made with maize
(see also p 178)*
la politica *politics*
politico *political*
il pollo *chicken* pollo alla cacciatora
chicken chasseur petti di pollo
chicken breasts
il polso *wrist* orologio da polso
wrist-watch
il pomeriggio *afternoon* oggi
pomeriggio *this afternoon*
il pomodoro *tomato*
Pompei *site of Roman city south of
Naples*
il pompelmo *grapefruit*
il pompiere *fireman*
il ponte *bridge* Ponte dei Sospiri
Bridge of Sighs
popolare *popular*
la popolazione *population*
il popolo *the people*
la porchetta *whole roast pig
(see also p 44)*
porpora *purple*
la porta *door*
il portabagagli *porter*
portare *to bring, to take, to carry* – al
consumo *to put on the market*
il portiere *(hotel) porter, receptionist*
la posa *exposure (of film)*
possibile *possible*
la possibilità *possibility*
posso, possiamo *see* potere
il posto *place, seat* a posto *in order, OK*
non c'è posto *there's no room*
potente *powerful*
potere† *to be able to (see p 259)*
povero *poor* poveri noi! *poor us!*
il pozzo *well* Pozzo di San Patrizio *St
Patrick's Well in Orvieto*

pranzare *to have lunch, to dine*
il pranzo *lunch* camera/sala da pranzo
dining room
praticamente *practically*
pratico *practical*
il prato *meadow, field*
la precarietà *precariousness*
precisamente *precisely*
preciso *precise*
la predilezione *predilection, liking*
preferenziale *preferential*
preferire (-isco) *to prefer*
preferito *favourite*
il prefisso *dialling code*
pregiato *exceptional, outstanding*
prego *that's all right, not at all, don't
mention it*
prego? *what would you like?, yes?*
prenda *take*
prendere (pp preso) *to take, to have, to
fetch, to catch* prendere
moglie/marito *to get married*
prenotare *to book*
preparare *to prepare*
i preparativi *preparations*
presentare *to present, to offer (for sale)*
il presidente *president*
pressappoco *roughly*
prestare *to lend*
presto *early, soon*
la pretesa *pretension*
prevalentemente *mainly*
previsto *expected*
prezioso *precious*
il prezzemolo *parsley*
il prezzo *price* a buon prezzo *cheap*
la prigionia *imprisonment*
prima (di) *before*
la primavera *Spring*
primo *first* dai primi del secolo *since
the beginning of the century* i primi
di luglio *early July* per primo *to
start with (first course)* prima
cosa *first of all*
principale *main*

il/la principiante *beginner*
il priore *prior* Palazzo dei Priori
Prior's Palace
privato *private*
probabilmente *probably*
la processione *procession*

il processo *process*
il prodotto *product*
produco, produce *see* produrre
produrre† (pp prodotto) *to produce*
il produttore *producer, grower*
produttrice: casa produttrice *firm,*
production company, grower
la produzione *production*
professionale *professional*
la professione *profession*
il professionista *professional person*
il professore *teacher*
il profiterole *profiterole (pastry)*
il programma *programme*
il progresso *progress*
proibito *forbidden*
pronto *ready* pronto! *certainly! ready!*
here it is!; hello! (on phone only)
la pronuncia *pronunciation*
il proprietario *owner*
proprio: proprio dietro *just behind*
proprio qui/lì *just here/there* non
proprio *not exactly*
proprio: il proprio *one's own*
il prosciutto *ham*
il prospetto *leaflet, prospectus*
prossimo *next*
la prova *evidence, proof*
provare *to try, to try on* prova un
po' *have a go, give it a try*
la provincia *province*
provvedere (pp provvisto) *to provide*
lo psicologo (pl gli psicologi) *psychologist*
la pubblicità *advertisement, advertising*
il pubblico *public*
pulito *clean*
il pullman (pl i pullman) *coach, bus*
la punta *point* a punta *pointed*
scarpette da punta *ballet shoes*
può, puoi *see* potere
pure *too, also*
puro *pure*
purtroppo *unfortunately, sadly*

Q

qua *here*
il quadro *picture*
qual . . . ? *see* quale
qualche *some* qualche cosa
something, anything qualche volta
sometimes

qualcosa *something* qualcosa d'altro
something else
qualcuno *someone*
il quale, la quale, *etc, which* qual . . . ?
quale . . . ? *what?, which (one)?*
qualificato *qualified*
la qualità *quality*
quando *when* da quando *since*
quanto, -a, -i, -e? *how much?, how*
many? quant'è? *how much does that*
come to? da quanto? *what value?*
in quanti siete? *how many of you*
are there?
il quartiere *district, part of a town*
il quarto *quarter* quarto d'ora *quarter*
of an hour
quasi *nearly, almost*
quattro *four*
il Quattrocento *15th century*
quel, quell', quella, quei, *etc that, those*
quello, quella, quelli, quelle *that*
(one), those (ones)
questo, questa, questi, queste *this*
(one), these (ones)
qui *here* giù di qui *down here* qui
vicino *near here*
quindi *so, well, therefore*
il quintale *100 kilos*
quinto *fifth*
quotidianamente *every day, daily*
quotidiano *daily*

R

raccogliere† (pp raccolto) *to pick up*
la raccolta *harvest*
la radio (pl le radio) *radio*
la ragazza *girl* da ragazza *as a girl*
il ragazzo *boy* da ragazzo *as a boy* da
ragazzino *as a little boy*
raggiungere (pp raggiunto) *to get to, to*
reach
ragione: avere ragione *to be right*
la ragioneria *accountancy*
il ragioniere *accountant*
il ragù *meat sauce*
randagio *stray*
rapido *fast*
il rapido *very fast inter city train*
(see also p 74)
il rapporto *relationship*
rappresentando *representing*

rappresentare *to represent*
i ravioli *ravioli*
la razza *race*
realizzare *to carry out*
recente *recent*
regalare *to give (as a present)*
il regalo *present*
la regione *region*
regolarsi* *to work something out (for oneself)*
religioso *religious*
il reliquiario *reliquiary*
Remo *Remus, twin brother of Romulus, mythical founders of Rome*
rendere (pp reso) *to pay, to be profitable*
la rendita *income*
il reparto *department* reparto macchine *machine shop*
il repertorio *repertory*
la repubblica *republic*
il residente *resident*
il respiro *breath, breathing*
restare* *to stay, to remain*
restaurare *to restore*
il restauro *restoration work*
i resti *ruins, remains*
il resto *change, rest*
la rete *net* rete fognaria *sewerage system*
il retro *back* dà sul retro *it gives onto the back*
il Rialto *bridge on Grand Canal, Venice*
il ricamo *embroidery*
ricco *rich*
la ricetta *recipe*
ricevere *to receive*
il ricevimento *reception*
richiamare *to recall, to call back*
richiedere (pp richiesto) *to require*
ricominciare *to start again*
ricoprire (pp ricoperto) *to cover up again*
ricordare *to remember, to commemorate*
ricordarsi* *to remember*
il ricordo *memory*
ricostruire (-isco) *to rebuild*
riesco *see* riuscire
rifinire *to finish off*
la riga *line*
il rimanente *rest*
la rimanenza *change, remainder*

rimanere*† (pp rimasto) *to remain, to stay (see p 259)*
rimangono *see* rimanere†
rimodernato *modernised*
rinascimentale *of the Renaissance*
il Rinascimento *Renaissance*
il rintocco *chime*
riparare *to repair*
ripartire* *to leave (again)*
ripido *steep*
ripieno *stuffed*
il ripieno *filling, stuffing*
riportare *to transfer, to reproduce*
riposarsi* *to (have a) rest*
il riposo *rest* giorno di riposo *day off*
la riproduzione *reproduction*
ripulire *to clean up*
risalire a*† *to date back to*
risanare *to repair*
riscavare *to re-dig*
riservato *reserved*
il riso *rice* risi e bisi *rice and peas dish*
il risotto *risotto*
rispetto a *compared with*
rispondere (pp risposto) *to reply*
la risposta *answer*
il ristorante *restaurant*
ristrutturato *restored, re-built*
il risultato *result*
il ritardo *delay, lateness* in ritardo *late*
ritenere† *to think, to believe (see p 259)*
ritirare *to take in*
il ritmo *rhythm*
ritornare* *to come/go back, to return*
il ritorno *return* andata e ritorno *return ticket*
ritrovare *to find, to meet* ti ritrovo? *shall we meet up?*
riuscire*† *to succeed, to be able to (see uscire p 259)*
la riva *shore*
rivediamo: rivediamo un po' *let's have another look*
la roccia *rock*
il rododendro *rhododendron*
Roma *Rome*
romanico-lombardo *Lombard-Romanesque*
romano *Roman* alla romana *Roman style*
Romolo *Romulus (see* Remo)
rosa *pink*

la rosa *rose*
rosato *rosé*
il rosmarino *rosemary*
il rosone *rose window (eg of cathedral)*
rosso *red*
la Rotonda *Palladian villa, Vicenza*
rotondo *round*
rovescio: a rovescio *inside out*
rovina: in rovina *in ruins*
rullare *to roll (of drums)*
il rumore *noise*
la rupe *mound, steep rock*
rustico *rustic, country-style*

S

sa? *you know?* sa, sai *see* sapere
il sabato *Saturday*
Sabaudia *seaside resort south of Rome*
il saccheggio *pillage*
il sacchetto *carrier bag*
il sacrificio *sacrifice*
sacro *sacred*
la sala *sitting-room* sala da pranzo
   dining-room sala da ballo
   ballroom
il salame *salami*
salato *salted*
il sale *salt*
salire*† *to go up*
il salmone *salmon* salmone affumicato
   smoked salmon
il salone *large reception room*
il salotto *drawing-room*
la salsa *sauce* Salsa del Curato *Curate's*
   Sauce
il saltimbocca alla romana *veal cooked in*
   white wine (see also p 101)
il salumiere *grocer*
salute! *cheers!*
la salvia *sage*
il sandalo *sandal*
San Marco *St. Mark's, Venice*
San Miniato *Romanesque church near*
   Florence
sano *healthy*
Santa Marinella *seaside resort north of*
   Rome
santo *holy*
sapere† *to know (see p 259)*
sappiamo *see* sapere

il sarcofago *sarcophagus*
la scaloppina *escalope*
gli scampi (pl) *scampi*
la scarpa *shoe*
scarpetta: le scarpette da punta *ballet*
   shoes
la scatola *box*
lo scatto *unit (of telephone call)*
scavare *to dig*
lo scavo *excavation*
la scena *scene*
scendere* (pp sceso) *to get off*
lo scherzo *joke*
schiacciato *crushed, squashed*
lo sci *ski* sci nautico *water-skiing*
sciare *to ski*
la sciarpa *scarf*
la scienza *science*
lo scienziato *scientist*
la scimmia *monkey*
sciogliere† (pp sciolto) *to melt*
sciogliersi*† (pp sciolto) *to loosen*
   (oneself) up
scolastico: anno scolastico *school year*
scolpito *engraved, sculpted*
scommettere (pp scommesso) *to bet*
lo sconto *discount* fare uno sconto *to*
   give a discount (see also p 146)
lo scontrino *bill, receipt*
lo scopo *purpose, aim*
scorso *last* l'anno scorso *last year*
la scorta *escort*
la Scozia *Scotland*
scozzese *Scottish*
la scrittura *notation, written form*
scrivere (pp scritto) *to write*
lo scudiero *foot-soldier*
lo scudo *shield*
lo scultore *sculptor*
la scultura *sculpture*
la scuola *school* scuola alberghiera
   hotel school
scusa! *excuse me! I'm sorry (* tu *form)*
scusi! *excuse me (please)! I beg your*
   pardon (lei *form)*
se *if, unless* se no ... *otherwise ...*
sé *yourself, himself, herself, itself*
seccare *to dry*
secco *dry*
il secolo *century*
secondo *second* il secondo (piatto)
   main course

secondo *depending on, according to*
secondo lui *in his opinion*
la sede *head office*
sedicesimo *sixteenth*
la segnalazione *(road) sign*
il segno *sign*
la segretaria, il segretario *secretary (m or f)*
il segreto *secret*
seguente *following*
seguire *to follow*
sei *see* essere
sei *six*
il Seicento *17th century*
selvatico *wild*
sembrare* *to seem*   mi sembra *I think, I believe (lit. it seems to me)*
seminare *to sow*
semplice *simple, single*
semplicemente *simply*
sempre *always*
la sensazione *feeling*
il senso *sense*
senta!, senti!, sentite! *listen!*
sentirsi* *to feel*
senza *without*   senz'altro *certainly*
la sera *evening*   di sera *in the evening*
la serie (pl le serie) *series*
servire *to serve*
il servizio *service, set*
la seta *silk*
sette *seven*
settembre (m) *September*
settentrionale *northern*
la settimana *week*
si *oneself, yourself, yourselves, herself, himself, themselves; one (you, we, they)*   si spera *one hopes, we hope, it is hoped*   si lavora male *you can't work properly*
si *yes*
sia: penso che sia *I think it is*
siamo *see* essere
la Sicilia *Sicily*
siete *see* essere
la sigaretta *cigarette*
il significato *meaning, intention*
la signora *lady, Mrs, madam*
il signor(e) *gentleman, Mr, sir*   Piazza dei Signori *Palladian square in the centre of Vicenza*
la signorina *young lady, Miss*

silenzioso *quiet*
il simbolo *symbol*
simpatico (pl simpatici) *nice, likeable, friendly, pleasant*
il sindaco (pl i sindaci) *mayor*
singola *single*
sinistra *left*   a/sulla sinistra *to on the left*
situato *situated*
smettere (pp smesso) *to stop (doing something)*
so *see* sapere
so' = sono *see* essere
il Soave *dry white wine (see also p 116)*
sobrio *sober*
il socio *partner*
soddisfatto *satisfied*
la soddisfazione *satisfaction*
la soffitta *attic, loft*
il soggiorno *living room; stay*
solamente *only*
i soldi (pl) *money*
il sole *sun*
solito *usual*   di per solito *usually*
solo *only; alone*   da solo *on one's own*   uno solo *just one*
soltanto *only*
il sommelier *wine waiter*
sono *see* essere
sopra *above*
soprattutto *above all, especially*
sorgere* (pp sorto) *to rise*
la sorella *sister*
il sostegno *support*
sostenere† *to maintain (see p 259)*
sotto *under, beneath*
spaccato *half and half, split*
la spada *sword*
gli spaghetti (pl) *spaghetti*
lo spago *string*
lo spazio *space, room*
spazioso *spacious*
lo specchio *mirror, glass*
speciale *special*
la specialità *speciality*
specializzato *specialized*
la specie: una specie di *a sort of*
spendere (pp speso) *to spend*
sperare *to hope*
la spesa *shopping*
spesso *often*
la spiaggia *beach*

spiegare *to explain*
gli spinaci (pl) *spinach*
la sponda *shore*
spontaneamente *spontaneously*
lo sport *sport*
sposarsi* *to get married*
spruzzare *to spray*
sta, stai *see* stare
staccare *to detach*
stagionato *matured, seasoned*
la stagione *season*
la stalla *stable*
stamattina *this morning*
stancarsi* *to get tired*
stanco *tired*   stanco morto *dead tired*
stanno *see* stare
la stanza *room*   stanza da letto *bedroom*
stanziare *to assign*
stare*† (pp stato) *to be (when referring to health or place), to stay (see p 258)*   come sta?/stai? *how are you?*   sono stato a *I've been to, I went to*
stasera *this evening*
statale *of the state, national*
gli Stati Uniti *United States*
stato *see* stare
la statua *statue*
la stazione *station*
la sterlina *pound sterling*
stesso *myself, yourself, etc*
lo stesso *(the) same*
stiamo *see* stare
lo stile *style*
lo stipendio *salary*
lo stivale *boot*
sto *see* stare
la stoffa *material*
la storia *story, history*
storico *historical, ancient*
la strada *road*
lo straniero *foreigner*
strano *strange*   che strano! *how strange!*
lo strato *layer*   a strati *in layers*
stressante *stressful*
stretto *tight, narrow*
lo strumento *instrument*
lo studente *student*
studiare *to study*
lo studio *office, studio, study*
lo stufato *stew*

stupendo *wonderful*
su *on, up*
subito *right away, immediately*
succedere* (pp successo) *to happen*
il sud *south*   Italia del sud *Southern Italy*
sufficiente *sufficient*
il sugo *sauce*
sul, sulla, sui, *etc on the*
suo, sua, suoi, sue *your/yours, his, her/hers, its*
la suocera *mother in law*
suonare *to play (music)*
la suora *nun*
superiore *superior*   madre superiora *mother superior*
il supermercato *supermarket*
surgelato *frozen (food)*
svegliarsi* *to wake up*
sviluppare *to develop*
svilupparsi* *to develop (oneself)*
lo sviluppo *development*
la Svizzera *Switzerland*
svizzero *Swiss*

T

la tabaccaia, il tabaccaio *tobacconist (m or f)*
il tabacco *tobacco*
il tacchino *turkey*
la taglia *size (of clothes)*
tagliare *to cut*
le tagliatelle (pl) *tagliatelle*
i tagliolini (pl) *very fine tagliatelle*
il tamburo *drum*
tanto, *a lot, lots (of)*   non tanto *not much, not particularly*
tardi *late*   più tardi *later*
la taverna *tavern*
il tavolino *small table, café table*
il tavolo, la tavola *table*   tavola calda *self-service snack bar/restaurant*
la tazza *cup*
la tazzina *coffee-cup, small cup*
te *you*
il tè *tea*
il teatro *theatre*   Teatro Olimpico *Palladio's Olympic Theatre in Vicenza*
la tecnica *technique*
tedesco *German*

il tegame *saucepan*
la tela *linen, cloth*
telefonare (a . . .) *to telephone, to ring (. . .)*
la telefonata *telephone call*
il telefono *telephone*
la televisione *television*
la temperatura *temperature* temperatura ambientale *room temperature*
il tempio *temple* Tempio del Belvedere *remains of Etruscan temple in Orvieto*
il tempo *time* in questi ultimi tempi *recently* più vivace di un tempo *livelier than it used to be* quanto tempo ci mette/ci vuole? *how long does it take?*
la tendenza *tendency*
tenere† *to keep, to have (see p 259)* tengo moltissimo a che . . . *I'm very keen that . . .*
tenersi*: tenersi per mano *to hold hands*
tengo, tengono *see* tenere
la tenuta *(country) estate, farm*
le terme (pl) *spa, baths*
la terra *land, earth*
la terrazza *terrace*
il terreno *land*
terribile *terrible*
il territorio *territory*
terzo *third*
la tessitura *weaving*
la testa *head*
il tetto *roof*
il Tevere *Tiber (river)*
ti *you, to/for you, yourself* ti sei divertito? *did you enjoy yourself?*
tiene *see* tenere
tipico (pl tipici) *typical*
il tipo *type, kind* tipo artigianale/ industriale *on a craft/mass production scale*
il toast *toasted sandwich*
il Tocai *white wine (see also p 116)*
il tocco *touch*
la toilette *toilet, lavatory*
la tomba *tomb, grave*
tondo *round*
il tonno *tuna fish*
Torino *Turin*

tornando *going back, coming back*
tornare* *to come/go back, to return*
il toro *bull*
la torre *tower*
la torta *gateau, cake* torta della casa *homemade gateau (in restaurant)*
i tortellini (pl) *small stuffed pasta shapes*
i tortelloni (pl) *large stuffed pasta shapes* tortelloni di magro *as above, with spinach and cheese filling*
la Toscana *Tuscany*
toscano *Tuscan*
il totale *total* in totale *in all*
tra *amongst*
la traccia *trace*
tradizionale *traditional*
la tradizione *tradition*
il traffico *traffic*
il tram (pl i tram) *tram*
tramandare *to pass on*
tranne *except*
tranquillamente *quite happily/easily*
tranquillo *quiet*
trasferirsi* *to move (away)*
trasformato *transformed*
la trasmissione *transmission*
trasportare *to transport*
trattare *to treat, to deal with* è stato trattato bene? *were you treated well?*
il trattore *tractor*
la trattoria *restaurant, country inn*
tre *three*
il Trecento *14th century*
il treno *train* in treno *by train*
trequarti *threequarters*
triste *sad*
il tritacarne *mincer*
la tromba *trumpet*
il trombettiere *trumpeter*
troppo *too, too much*
la trota *trout*
trovare *to find*
trovarsi* *to find oneself, to be situated*
tu *you (sing.)*
il tufo *rock of volcanic origin*
tuo, tua, tuoi, tue *your/yours*
il turismo *tourism, tourist trade*
la turista, il turista *tourist (m or f)*
turistico (pl turistici) *tourist*
turno: a turno *in turn* chiuso per turno *closed by rota*

tutti, -e *all, everyone*   tutti e due *both*
  per tutti e quattro *for all four of us*
tutto *all, everything*   in tutto *in all*
  tutto quanto *the whole lot*   tutto a
  posto *all in order*   a tutt'oggi *up
  till now*
tutto, *every, all; everything*   tutti i
  giorni *every day*   tutta la
  settimana *all week*

U

ubriacarsi* *to get drunk*
l'uccello *bird*
l'ufficio *office*   ufficio postale *post office*
ugualmente *equally*
l'ulivo *olive*
ultimo *last*
umano *human*
le umbrichelle (pl) *long, thick pasta*
  umbro *Umbrian, of the region of
  Umbria*
un, un', uno, una *a, an, one*   all'una
  at one o'clock   l'uno, -a *each*   uno
  solo *just one*
l'uncinetto *crochet*
unico *just one, only*
l'uomo (pl gli uomini) *man*   da uomo
  man's
l'uovo (m) (pl le uova f) *egg*
l'urbanista (m or f) *town-planner*
usare *to use*
uscendo: sta uscendo *it's coming on*
uscire*† *to go out, to come out*
l'uso *usage*
l'utensile (m) *tool*
l'uva (s) *grapes*

V

va *see* andare   va bene *fine, OK,
  certainly*   va bene così? *is that all
  right?*   ma va! *go on with you!*
la vacanza *holiday*   buona vacanza!
  have a good holiday!   in vacanza
  on holiday
la vacca *cow*
vada *go*
vado, vai *see* andare
vale: vale la pena *it's worth (the effort)*
la valigia *suitcase*

la valle *valley*   Valle del Po *Po Valley*
il valore *value*
  vanno *see* andare   come vanno? *how
  are they?, do they fit?*   come vanno
  le cose? *how are things?*   vanno
  bene? *are they all right?*
il vapore *steam*
il vaporetto *small steamboat*
  vaporizzare *to vaporize*
  vari *several*   vario *varied, different*
il vaso *vase*
la vecchietta, il vecchietto *little old lady,
  man*
  vecchio *old*   Palazzo Vecchio *palace
  in the centre of Florence*
  vedere (pp veduto *or* visto) *to see*
  vediamo . . . *let's see . . .*   ci
  vediamo! *see you later!*   era bello a
  vedersi *it was lovely to see*
la vedova/il vedovo *widow/widower*
il velluto *velvet*
la vendemmia *grape harvest, vintage*
  vendere *to sell*
la vendita *sale*
  venditore: il venditore ambulante
  travelling street vendor
  venendo *coming*
il venerdì *Friday*
il Veneto *region of North-East Italy*
  Venezia *Venice*
  veneziano *Venetian*
  vengo, veniamo, vengono *see* venire
  venire*† (pp venuto) *to come (see
  p 259)*
  venti *twenty*
il vento *wind*
  venuto *see* venire
  veramente *really*
  verde *green*
il Verdicchio *dry white wine (see also
  p 116)*
la verdura *vegetable, vegetables*
  vergine *virgin*   olio di oliva extra
  vergine *olive oil obtained from first
  pressing*
il vermut (pl i vermut) *vermouth*
  verniciare *to varnish*
  vero *real, true*   vero? *isn't it?, aren't
  they? etc   isn't that so?*
  veronese *from Verona*
  verosimile *likely*
  verso *about*